LE CLANDESTIN

CHRISTOPHE DE PONFILLY

LE CLANDESTIN

dans la guerre des résistants afghans

EDITIONS ROBERT LAFFONT
PARIS

ISBN 2-221-04709-5

A Mathilde à qui je dois tant.
A Julien, Adrien
et à tous les enfants du monde
à qui il faut donner beaucoup...

Remerciements

Un film, un livre, un reportage ne sont pas des aventures solitaires. Je tiens à exprimer du fond du cœur ma gratitude à tous ceux qui ont bien voulu passer des heures à me transmettre leurs connaissances : en premier lieu, Olivier Roy, à la science inépuisable (il achève en ce moment un ouvrage — *Afghanistan, Islam et Résistances* — qui sortira bientôt aux éditions du Seuil), mais aussi Jean-José Puig, Michael Barry, Alexandre Bennigsen, Jean-Christophe Victor, Patrice Franceschi, Pierre Issot-Sergent, Laurence Laumonier, Olivier Warin, Dominique Vergos, Alain Guillo; et tous ceux, médecins, journalistes, amis et parents qui m'ont apporté leurs appréciations, leurs observations, leurs conseils.

Une pensée toute particulière à Bertrand Gallet qui a partagé avec moi les épreuves du voyage, m'a assisté durant le tournage et a supporté mes humeurs.

Pensée aussi à Daniel Radford, éditeur enthousiaste qui a su comprendre ma passion de ce métier.

Et bien sûr rien de tout ceci n'aurait été possible sans l'avance financière du ministère de la Culture, le soutien de mes associés de l'agence *InterScoop* et le culot de Michel Thoulouze, directeur de l'information d'Antenne 2, qui a cru à mon pari...

Prologue

Juin 84, dans un bureau de la rue Cognac-Jay où siège encore la rédaction d'Antenne 2, Jacques Abouchar et Christophe de Ponfilly étudient une carte d'Afghanistan. Michel Thoulouze, directeur de l'information, est d'accord sur l'envoi de deux équipes. La première, celle d'Abouchar, filmera et enquêtera sur la réalité de la guérilla urbaine. Elle se rendra à Hérat, deuxième ville d'Afghanistan située au nord-ouest du pays. L'autre équipe, Ponfilly et Bertrand Gallet, couvrira la zone difficile des montagnes de l'Hindou-Koush et enquêtera, dans la vallée du Panjshir, sur ce qu'est devenue l'organisation d'un des plus grands leaders de la résistance afghane, Ahmad Shah Massoud, prétendu mort.

Le rêve prend forme sur la carte d'état-major. Les traces se précisent, les routes, les risques; le pays se met à bouger, à dégager ses odeurs, à faire du bruit. Bien que plus jeune, moins vieux routier que Jacques Abouchar — reporter surtout spécialiste du Proche-Orient — avec une certaine fierté j'étale ma « science ». J'en rajoute, je récite l'Afghanistan comme quelque réminiscence de poèmes appris par cœur à l'école secondaire, je décline pour Jacques Abouchar les noms de tous ceux qui ont parcouru et écrit sur ce pays complexe, mal connu, sur les montagnes, la beauté des sites, l'étendue des déserts, la limpidité de l'eau des torrents, le bleu du ciel couleur de lapis-lazuli. Je mentionne les extraordinaires photographies de Roland et Sabrina Michaud. Je cite les noms de Louis Dupré, Alexandre Bennigsen, Olivier Roy, Michael Barry, Patrice Franceschi, Jean-Christophe Victor. J'énumère les titres de leurs ouvrages, vante la richesse de leurs expériences, la variété de leurs analyses.

Et les médecins! Comment parler de l'Afghanistan d'aujourd'hui sans mentionner les aventures héroïques des quatre cents toubibs et toubibesses qui sans beaucoup de pub se sont balancés dans ces contrées rudes, sous les bombes, dans le froid et la neige, pour soigner, pour aider, pour assister un peuple qu'on tue.

— Vois-tu, Jacques, les journalistes ont été moins nombreux que les médecins français à aller en Afghanistan. Pense que ce malheureux pays s'est vidé de quatre millions d'habitants, et que les résistants luttent pour leur liberté depuis presque cinq ans dans l'indifférence de l'Occident, qui n'a même pas mauvaise conscience.

Pour comprendre ces hommes, ces Afghans, ces hommes rudes, au caractère aussi abrupt que leurs paysages, il faudra faire des efforts. Pour traverser les espaces de leur royaume il faudra souffrir. Oui, peiner. Ça ne sera pas drôle tous les jours. Pas aussi confortable que l'hôtel Commodore de Beyrouth ou les Inter-Cont des pays moins sauvages.

Paysages afghans : une anarchie de rocs, de pierres, de rivières, de précipices où s'entremêlent des tapis d'herbes grasses ou pauvres selon les régions, des touffes de buissons, des jets d'arbres géants. Magique, je dis, c'est un pays magique. Jacques écoute et sourit, indulgent.

L'Afghanistan est un pays unique où les hommes se perdent, se confondent avec la nature, un pays démesuré, complexe, où le reporter est contraint d'aller à la limite de lui-même. Grosse théorie sur le reportage de guerre, les civils, la terre, la vie quotidienne. Un reportage qui montre des scoops, bien sûr, bien sûr, mais aussi, ce que je veux, un film, un poème en images sur des êtres humains, un vrai film qui n'épargnera rien, qui saura mettre en relief tout ce qui m'a échappé lors des deux premières expéditions, tout ce qui a fui devant l'image : les sons, les odeurs, la peur, les mouches, l'altitude, la respiration qui s'étouffe sous l'effort, les caravanes qui peinent sur les pentes raides des versants à vaincre, à gagner. C'est ça qu'il faut montrer : l'effort, le désordre anarchique de ce peuple d'individualistes, ces nomades de l'indépendance, ces enfants, ces femmes, ces hommes qui vivent la guerre liés à cette terre insoumise qui leur ressemble. Et puis aussi ces contrastes qui s'opposent mais s'assemblent : l'eau et le sable, la neige et le roc, l'ombre et la lumière.

Et les Russes, perdus dans les replis de ce relief étrange, jetés comme des milliers de dés sur l'étendue de ces contrées sublimes de magnificence, je dirais presque d'absolu, et pourtant si inhospitalières, à croire que la terre colle à la semelle des hommes qui la possèdent et finit par leur obéir.

Et cette armée soviétique, si puissante, si effrayante ne parvient toujours pas, après des années d'efforts, à coups de roubles, d'inventions de propagande, de bombes et de sang versé, à domestiquer ces chats sauvages, nés de la liberté.

Les Afghans sont chez eux. Les montagnes de leur pays, découpées pour leurs pieds et les sabots de leurs chevaux, sont leur arche d'alliance, la recherche de la justice jaillit d'instinct pour ces ancêtres d'Ismaël qui se refusent à devenir esclaves d'aucune grande puissance. N'ont-ils pas repoussé les armées mongoles et même la très brillante armée des Indes?

En Afghanistan, étrangement, les dominants sont dominés, dévorés par la vodka et le haschisch, écrasés par la peur. Loin de chez eux, ils finissent par se battre contre eux-mêmes, ces jeunes Soviétiques de dix-huit ans à qui on a dit qu'il fallait combattre auprès des communistes afghans contre les impérialistes américains et chinois, prétendus agresseurs! L'attente vrille leur ventre, les pensées pour une fiancée, une femme laissée à Moscou, à Kiev ou à Leningrad obsèdent leurs esprits : ici, pour eux, dans ce pays de la solitude éternelle, tout s'arrête. Les Russes dans ces vallées : de pauvres hommes isolés, égarés, qui ont oublié le fil de l'histoire et la justice de leur action. « Où sont les Américains et les Chinois? »

Jacques Abouchar m'écoute, il hésite encore à partir. J'emporte le morceau quand je lui parle de Massoud, ce chef du Panjshir au charisme indomptable, et surtout de Isma'il Khan, le chef de la zone de Hérat. Celui qu'il devra rencontrer.

Dominique Vergos, photographe grand voyageur, et Olivier Roy, un des meilleurs spécialistes de l'Afghanistan, qui sont parmi les rares Occidentaux à s'être rendus à Hérat depuis décembre 1979, disent de ce chef mal connu : « C'est un peu le contraire de Massoud. Bien qu'ancien capitaine de l'armée régulière afghane, il est plus politique que militaire. Plus chaleureux que Massoud, plus calme aussi. Il a une grande dimension intérieure. Mais comme Massoud il a su étendre son autorité sur une vaste zone : il contrôle la province de Hérat, une partie de Badghis et le nord de Farah. »

— O.K. On y va... Et Jacques soupire en rigolant : Qu'est-ce que je vais foutre dans cette galère! A mon âge...!

Ça y est, le projet dépasse le champ de la carte d'état-major : tout se dessine, prend du relief, se met à vivre. Les frontières se découpent, les problèmes à résoudre se précisent en se multipliant : Comment arriver discrètement au Pakistan? Comment emporter un matériel léger? Où se procurer un capteur solaire pour ravitailler nos batteries gourmandes en énergie électrique? Les films résisteront-ils aux différences de températures, très chaud le jour, très froid la nuit?

Il faudra trouver de bons guides. Je recommande à Jacques Abouchar de se mettre en contact avec un jeune Français, Hugues de Latude, free-lance, qui m'a fait part de son projet de se rendre à Hérat. Pour ma part je ferai ce film avec un jeune étudiant afghan Merhabuddin, originaire du Panjshir. Nous parlons, prenons des notes, organisons notre travail. Il faut des coéquipiers sûrs, fiables, résistants à toute épreuve. Jacques cherche un bon caméraman. Pas facile à trouver! Les volontaires pour l'Afghanistan ne se pressent pas au portillon! Je n'ai pas ce genre de souci : je tiens moi-même la caméra et le magnétophone; innovation des équipes de l'agence indépendante *InterScoop* que j'ai créée avec Antoine Roblot, Véronique Barbey et Antoine de Broglie. Abouchar partira donc vers le sud-ouest de l'Afghanistan, traversera les déserts du Seistan, montera vers le nord en longeant la frontière iranienne : longue route pour rejoindre Hérat, une des villes les plus magnifiques de l'Afghanistan. Sacrée aventure! Bertrand Gallet et moi, en équipe réduite, partirons à la recherche de Massoud, à travers les montagnes de l'Hindou-Koush.

— Tu auras sans doute moins à marcher que nous. Avec Jérôme Bony, pour réaliser *Une vallée contre un empire*, nous avions parcouru plus de 1 000 kilomètres à pied et franchi six cols entre 4 500 et 5 500 mètres d'altitude. Je pense que nous allons faire le même parcours avec Bertrand, peut-être plus en raison d'un accroissement de la pression soviétique.

Jacques me fait part de quelques doutes : « Es-tu sûr de l'intérêt de Hérat? Isma'il Khan a-t-il la même carrure que Massoud? » Je réponds sans hésiter : « Deux équipes en Afghanistan, l'une à l'ouest, jusqu'à Hérat, l'autre au nord-est, dans le Panjshir : ça permettra d'avoir un reportage plus complet sur la réalité de la résistance afghane. Car, enfin, personne n'est allé aussi loin. La plupart des films tournés depuis le début de la guerre l'ont été dans les provinces proches de la frontière pakistanaise : dans le Kunar, le Loggar, le Wardak ou le Paktya. Ce que nous allons faire sera un grand reportage, un événement. »

Un imbécile, l'hypocrite de service qui hante toutes les salles de rédaction du monde, celui qui n'a jamais quitté son bureau et rentre toujours chez lui avant le ramassage des corbeilles à papiers, nous tape sur l'épaule et s'écrie, l'air enthousiaste :

— Quelle chance vous avez de partir là-bas! » — comme si nous allions dans quelque Club-Med pour journaliste ringard à la retraite anticipée.

Nous sommes loin, j'enregistre la phrase sans répondre. « Pauvre con »; ces deux mots traversent ma tête trop occupée par l'agitation que procure l'enthousiasme, mais déjà aussi la peur d'un tel voyage. C'est moi le pauvre con. J'aurais presque envie de rattraper le temps et sa cohorte de décisions prises sans doute comme un jeu. C'est vrai quoi, je vais risquer ma vie. Qu'est-ce que j'ai été imaginer? Une telle galère! Et pourquoi?

Lorsque l'équipe de Jacques Abouchar tombe dans une embuscade, le 17 septembre 84, Gallet et Ponfilly ont déjà franchi la frontière et passé sept cols à plus de 4 500 mètres d'altitude. Ils ont échappé aux commandos soviétiques, ont atteint indemnes le Panjshir et se trouvent avec Ahmad Shah Massoud, dans un abri de pierre d'une kararga *(garnison de moudjahidin)...*

JOUR APRÈS JOUR

Un homme qui ne sait ni voyager ni tenir un journal a composé ce journal de voyage. Mais, au moment de signer, tout à coup pris de peur, il se jette la première pierre. Voilà.

Henri Michaux,
Ecuador, Journal de voyage, 1928.

Écrit pendant toute la durée du voyage, ce carnet constitue un ensemble de notes, d'impressions, de comptes rendus de travail. Il a été rédigé au fil de la plume. A la relecture, je lui ai laissé ses imperfections pour ne pas lui enlever sa valeur de document, mais j'avoue m'être laissé aller à ajouter quelques commentaires, des notes d'information, et à développer des flashes-back.

Compte tenu du risque qu'il y avait à ce qu'il tombe entre les mains des Soviétiques, les noms de certains villages ont été volontairement occultés. Certains lieux déplacés. Quelques identités d'Afghans modifiées. On comprendra pourquoi!

Bertrand Gallet et moi-même partons en Afghanistan pour réaliser un film qui, mieux qu'un simple reportage, s'attachera à faire connaître la réalité de la vie des hommes qui se battent dans la vallée du Panjshir. Là où, voici trois ans, j'ai réalisé un reportage avec Jérôme Bony : *Une vallée contre un empire.*

Pour entreprendre ce projet, un jeune Afghan de vingt ans, Mehrabuddin, nous accompagne. Infirmier auprès des médecins de l'organisation française *Aide Médicale Internationale* de 1980 à 1982, il est venu passer un an en France pour subir une opération chirurgicale. Son français excellent en fait l'assistant-interprète idéal.

Un problème se pose pourtant : l'ambassade du Pakistan à Paris demande au moins deux mois pour lui délivrer un visa d'entrée au Pakistan! Délai trop long pour l'exécution de notre projet. Nous prenons le risque de partir sans son visa...

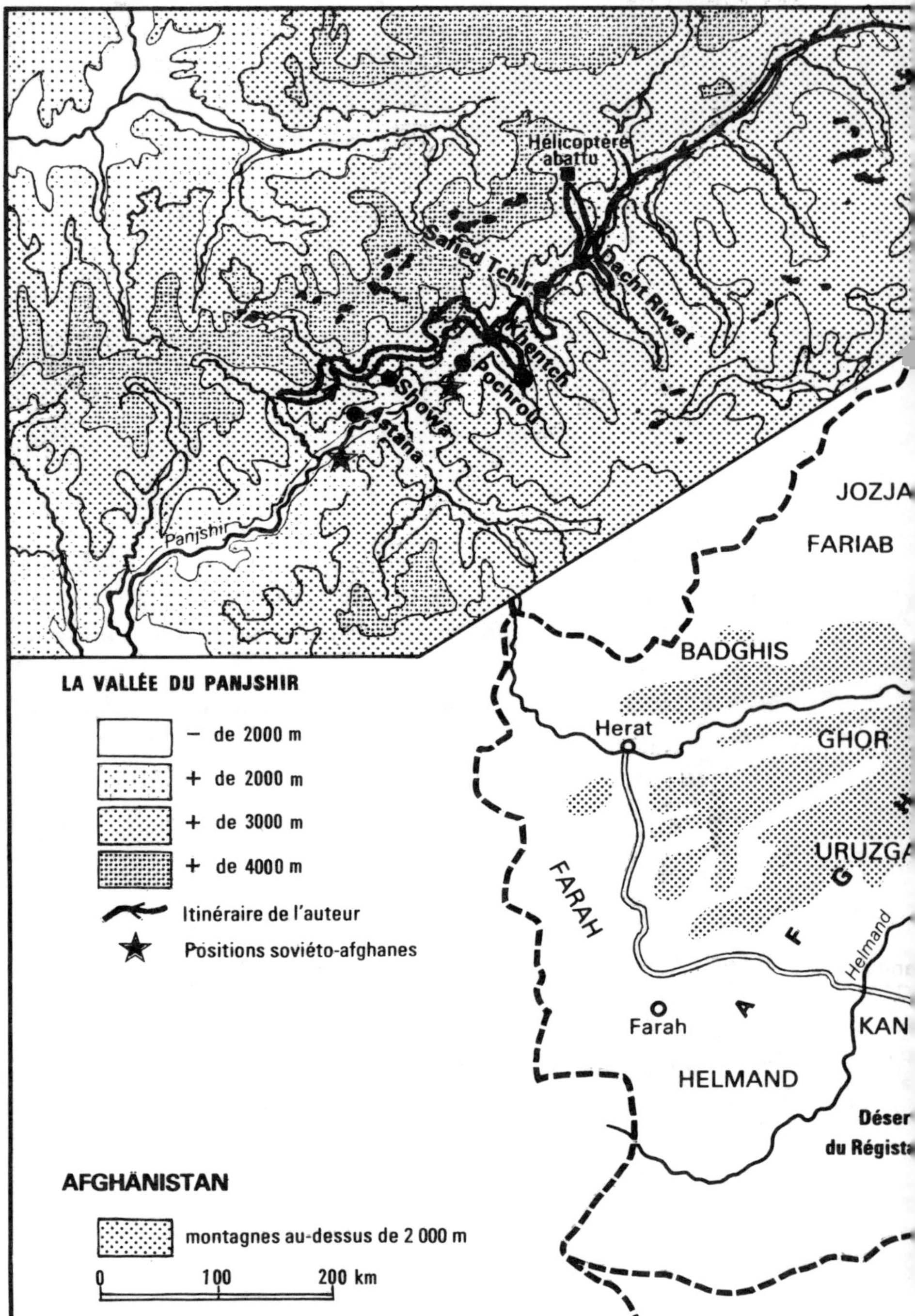

Hélicoptère abattu
Safied Tchir
Dacht Riwat
Khentch
Pochrou
Showa
Astana
Panjshir
LA VALLÉE DU PANJSHIR
– de 2000 m
+ de 2000 m
+ de 3000 m
+ de 4000 m
Itinéraire de l'auteur
Positions soviéto-afghanes
AFGHĀNISTAN
montagnes au-dessus de 2 000 m
0
100
200 km
JOZJA
FARIAB
BADGHIS
Herat
GHOR
URUZGA
FARAH
Helmand
Farah
KAN
HELMAND
Déser
du Régist

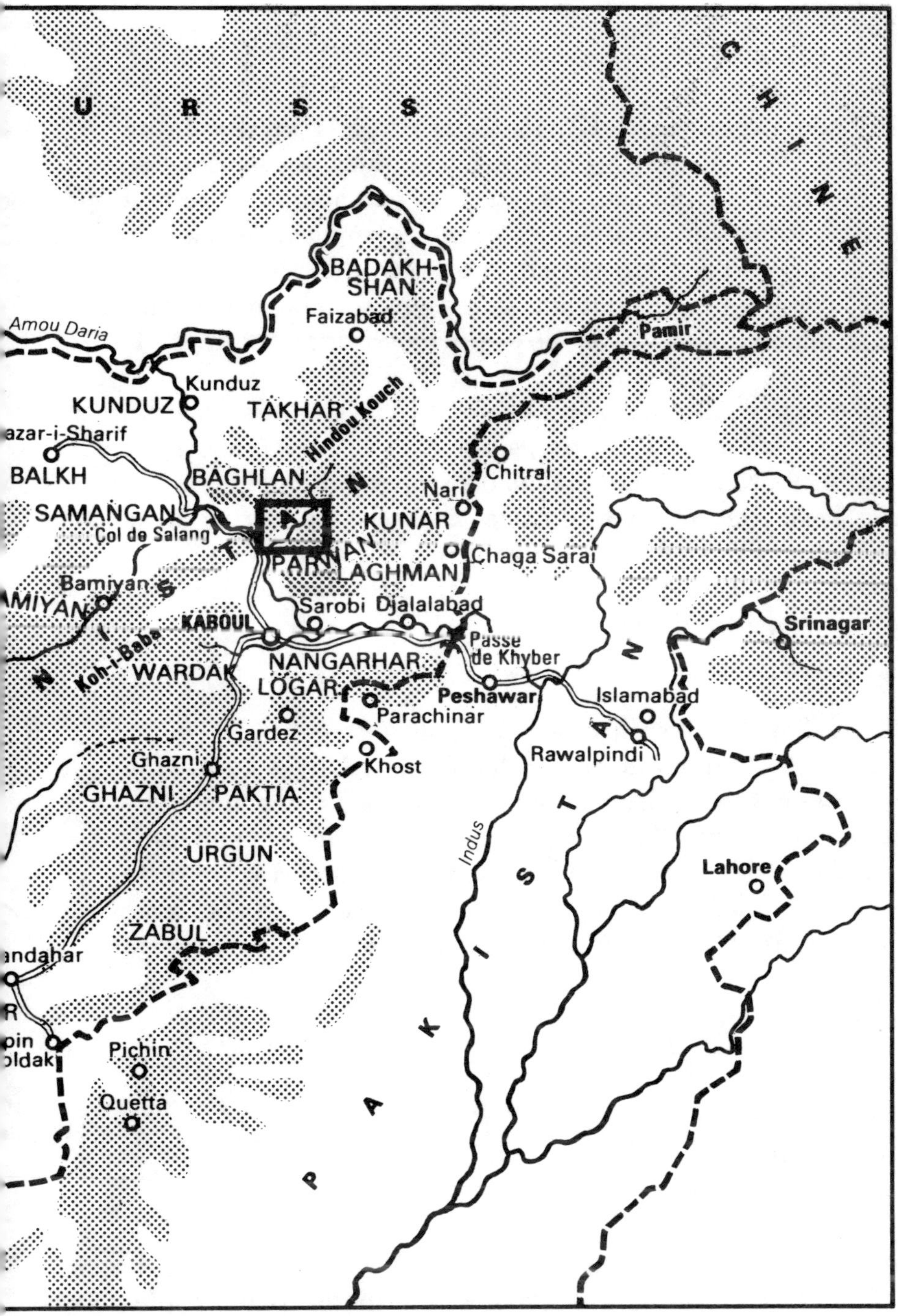
URSS
CHINE
BADAKH-SHAN
Faizabad
Amou Daria
Pamir
Kunduz
KUNDUZ
TAKHAR
Hindou Kouch
azar-i-Sharif
BALKH
BAGHLAN
Chitral
Nari
SAMANGAN
Col de Salang
KUNAR
Chaga Sarai
PARWAN
LAGHMAN
Bamiyan
MIYAN
Sarobi
Djalalabad
KABOUL
Passe de Khyber
Srinagar
Koh-i-Baba
WARDAK
NANGARHAR
LOGAR
Peshawar
Islamabad
Parachinar
Gardez
Rawalpindi
Khost
Ghazni
GHAZNI
PAKTIA
URGUN
Indus
PAKISTAN
Lahore
ZABUL
andahar
Pichin
Quetta

Lundi 6 août 1984

Départ pour Amsterdam. L'avion transforme la France en un patchwork de couleurs : les champs, les routes, les maisons de notre monde s'en vont sous les nuages. Pour nous, tout reste à faire. Les films sont vierges, les caméras révisées, les carnets parés à enregistrer l'expérience que nous allons vivre. Nous sommes comme neufs, prêts à écouter sans relâche, à voir sans trêve, à aller là où sévit un fléau du monde des hommes : la guerre.

Une heure plus tard le problème du visa de Mehrabuddin se pose : les hôtesses de la compagnie K.L.M. s'opposent à son embarquement pour Athènes. Palabres, présentation de la lettre d'*InterScoop* qui officialise notre mission. On arrive à se comprendre. En signant un engagement comme quoi nous acceptons de payer son billet de retour, Mehrabuddin finit par faire encore partie du voyage.

ATHÈNES. Trois heures plus tard. La police grecque s'oppose à l'entrée de Mehrabuddin sur son territoire. Là, rien à faire : le permis de voyage délivré à notre ami en France n'est pas reconnu par les autorités grecques. Mehrabuddin est condamné à passer la nuit dans la salle d'attente de l'aéroport. Figure triste d'un réfugié apatride. Nous l'abandonnons sur un banc, avec son sac plastique contenant quelques affaires.

Mardi 7 août

Nous envoyons une carte postale à Michel Thoulouze, le directeur de l'information d'Antenne 2 : superbe photo représentant deux soldats grecs en fustanelle : « Avons renoncé au pays des galettes pour accepter petit job bien rémunéré. Vous enverrons films sur touristes. A bientôt. »

Nous visitons Athènes en touristes. Autour de l'Acropole le parti communiste grec anime une manifestation pour la paix dans le monde et contre l'installation des missiles Pershing en Europe. Les jeux politiques sont souvent loin des réalités. Dans quelques jours, nous le savons, nous serons sous les bombes soviétiques, ces bombes qui sont lancées contre un peuple sorti du Moyen Age au nom d'une révolution dont peu, très peu d'Afghans, comprennent le sens.

Nous avons failli partir sans Mehrabuddin. Il avait oublié de changer l'heure de sa montre et se trouvait au restaurant alors que nous le cherchions dans la salle de transit. A peine trois minutes avant le départ, il est apparu, avec son petit sac, l'air fatigué de celui qui n'a dormi qu'en pointillé. Les soucis étaient pourtant encore devant nous!

Dans l'avion de la J.A.L., nous décidons de deux stratégies pour le passage de la douane et de la police pakistanaises :

1. Mehrabuddin reste dans la salle d'arrivée, sans se faire remarquer et surtout sans prêter attention à nous. Il attend une vingtaine de minutes, le temps que nous passions les postes de contrôle, puis se présente à la police, l'air abruti, disant qu'il est venu attendre des amis français, qu'il est perdu, que c'est la première fois qu'il vient à l'aéroport de Karachi... A ce moment-là, nous faisons mine de l'apercevoir pour la première fois, à grand renfort d'exclamations. Ce plan nous semble d'autant plus valable que Mehra possède une carte de réfugié afghan au Pakistan, une carte d'identité du parti politique de la résistance Jamiat Islami et quelques roupies dans ses poches. C'est un plan simple dont l'exécution va dépendre du degré de vigilance des policiers de l'aéroport.

2. Solution de remplacement en cas d'échec de la première stratégie : Mehra reconnaît avoir voyagé avec nous dans l'avion de la J.A.L., explique qu'il était à Paris pour se faire opérer des genoux, exhibe ses cicatrices et sa carte de réfugié afghan au Pakistan.

En réserve nous tenons une troisième carte, faible : la lettre d'*InterScoop*, la vérité sur les raisons de notre voyage et l'importance de la présence de Mehrabuddin.

L'heure H moins 10 minutes : l'avion amorce sa descente sur Karachi. Il est minuit, heure locale. Inquiets de l'heure tardive, peu favorable à l'exécution du premier plan, nous venons de faire le tour de l'avion. Il n'y aura que six passagers à descendre à cette escale, les autres, somnolant, s'en vont tranquilles à Tokyo. Pas de chance. Espérons qu'il y aura du monde à l'arrivée!

Descente d'avion : un petit bus où nous nous installons. La chance n'a pas l'air de notre côté. Un stewart confie sous nos yeux la liste des passagers à un policier. Le bus s'ébranle et nous débarque devant la porte gardée — elles le sont toutes — d'un hall d'aérogare quasiment désert!...

Du sang-froid : nous décidons néanmoins d'utiliser la première stratégie. Pas de problèmes pour Bertrand et moi. Nos visas valables pour une durée de trois mois sont en règle. On nous tamponne nos passeports... nous passons dans le hall. Une surprise désagréable pourtant : il manque deux sacs à dos à l'appel. Mais notre esprit est ailleurs, du côté du hall d'arrivée où nous apercevons Mehrabuddin qui passe la tête par la porte des toilettes. Nous lui faisons signe d'attendre encore un peu. Il faut absolument que le policier porteur de la liste des passagers foute le camp. Chose faite, quelques instants plus tard. Ils n'ont même pas pointé la liste des noms. Ce qui leur aurait permis de constater qu'il manquait un passager à l'appel. Mehrabuddin se jette à l'eau. Nous l'apercevons qui s'approche d'un groupe de policiers. Bertrand aussi, de son côté. Mehra explique son problème. Les policiers commencent à l'engueuler, à lui demander comment il est entré dans le hall. C'est alors que le pauvre Mehra feint de voir Bertrand pour la première fois, un Bertrand qui s'esclaffe de joie :

— Te voilà, vieille fripouille! Nous pensions que tu nous avais oubliés!!!

Débordés, les policiers laissent passer Mehrabuddin. Bertrand et Mehra viennent vers moi, nous nous embrassons en faisant un vacarme terrible. Le tour est joué. Notre joie n'est pas feinte. Nous les avons bien eus, la chance est avec nous.

Malheureusement, il manque bel et bien deux bagages absolument indispensables à l'exécution de notre reportage. Bertrand et Mehra s'en vont en vitesse en taxi pendant que je me lance dans la déclaration concernant la perte des sacs. Le marathon de la paperasserie administrative pakistanaise venait de commencer pour moi ! J'espère alors pouvoir les récupérer très rapidement. A l'heure où j'écris ces lignes, je me trouve dans le même bar de l'aéroport où, il y a exactement trois ans, j'avais attendu le vol de correspondance pour Islamabad. L'aéroport a fait peau neuve, c'est aujourd'hui un bâtiment moderne. Les dollars américains font leur effet. Seuls les policiers avec leurs longues matraques et les Pakistanais affalés sur les bancs semblent sortir inchangés de mes souvenirs : des êtres vêtus de pantalons et de chemises amples, flottant dans l'air tiède de la nuit, des êtres au visage souvent renfrogné, vous scrutant avec une pointe de mépris, d'envie, ou de méchanceté. Je n'ai jamais bien compris si les Pakistanais avaient été à jamais détruits par les Anglais ou si le climat était la cause de leur manière d'être. Mais je généralise trop : je parle surtout, bien sûr, de cette population des gares et des aérogares qui ne sait où passer la nuit ailleurs que sur les bancs des lieux publics.

Mercredi 8 août

Départ pour Islamabad à 7 heures du matin, après une nuit blanche dans le restaurant de l'aérogare, blanchi à lire le livre de Edward Behr : *Y a-t-il ici quelqu'un qui a été violé et qui parle anglais ?* [1] Livre de circonstances dont le début a pour décor la ville de Peshawar durant la dernière guerre mondiale, époque où Behr était jeune officier de renseignements dans l'armée britannique. Il y décrit les tueries incroyables qui se sont

---

1. Coll. « Notre Époque », Éd. Robert Laffont, 1978.

déroulées au moment de la création de l'État du Pakistan. Avec l'humour qui lui a permis de traverser indemne les drames du Congo, du Viêt-nam et de l'Algérie, il m'a transmis, par son livre, une expérience que j'assimile avec plaisir.

Nos bagages, dans lesquels se trouvent deux caméras, un capteur solaire pour charger nos batteries d'alimentation et la plupart de nos films, n'ont toujours pas été retrouvés.

Arrivée à Islamabad, visite et déjeuner de routine et de courtoisie avec un diplomate de l'ambassade de France, histoire de les informer de notre imminent départ clandestin en pays interdit. Nous demandons de l'aide pour la chasse aux bagages perdus.

Journée de repos.

Jeudi 9 août

Voyage en taxi pour Peshawar où nous apprenons que le départ pour « l'intérieur » est imminent... hélas! nos bagages se trouvent toujours entre Paris et Athènes, à moins qu'ils n'aient poursuivi leur errance vers Tokyo.

Vendredi 10 août

Les sacs sont restés à Athènes, dans la cohue des touristes.

Dîner chez une doctoresse afghane responsable d'un hôpital réservé aux femmes. Peshawar est un lieu d'espoir pour les réfugiés afghans et les blessés qui y parviennent; un mouroir pour les plus atteints. Les hôpitaux de la Croix-Rouge internationale abritent, en permanence, une centaine de blessés de guerre. Il faut être entré dans les salles pour comprendre la souffrance humaine : des hommes, des femmes, des enfants mutilés, meurtris, traumatisés, qui se sont traînés jusqu'à la frontière ou que des mains secourables ont bien voulu porter. Lorsque nous y étions avec Jérôme Bony, en 1981, un homme était mort sous nos yeux, au cours d'une opération désespérée. Combien mourront encore, ici et ailleurs, des conséquences de la bêtise humaine ?

Samedi 11 août

Nous retrouvons Mehrabuddin qui nous avait précédés à Peshawar pour préparer notre voyage et surtout organiser le passage clandestin de la frontière. Ce qui promettait d'être du sport !

Rencontre avec l'ingénieur Rahim. Mehrabuddin est plutôt consterné par l'inorganisation du bureau du Jamiat. La preuve en est qu'à notre arrivée à la porte, aucun des gardes présents ne connaissait les noms des trois responsables politiques de ce parti. Un comble ! Is'haq, le responsable de l'information et du contact avec les journalistes, se trouve à Islamabad et, comme nous devons avoir son dernier accord pour entrer en Afghanistan, il va falloir l'attendre. Le prix des chevaux a augmenté.

La résistance afghane [1] n'a pas de logistique bien organisée. Un groupe venu du fin fond de l'Afghanistan, de Maymana ou de

1. Ce carnet est jalonné de commentaires in-texte restituant les mœurs et coutumes, l'histoire, la vie quotidienne des populations afghanes. Ces pauses, écrites avec le recul de Paris, ne pouvaient être fondues dans le déroulement de l'histoire sans en altérer quelque peu la spontanéité et la fraîcheur ; elles sont devenues la ponctuation de ce journal, comme autant de parenthèses indispensables à la compréhension du terrain.

Hérat, doit organiser lui-même le transport des armes ou des médicaments. Le matériel est généralement livré sur la frontière, dans de petits bazars qui servent de dépôts. Là, il faut trouver les moyens de transport. Dans le Nord montagneux, on utilise des animaux de bât : ânes, chevaux ou mulets, ces derniers très appréciés mais hors de prix : un mulet vaut dans les 5 000 francs, un cheval 1 500. Dans le Sud, on cherchera des jeeps (les plus prisées étant les « symorgh » fabriquées sous licence en Iran) ou des chameaux. Ces moyens divers appartiennent à des propriétaires, qui les vendent ou les louent au gré des prix du marché. Y a-t-il eu embuscade ou bombardement la semaine précédente? Les prix doublent aussitôt. Le commandant venu de loin préfère louer les montures en même temps que le guide pour traverser des régions qu'il ne connaît pas, et, surtout, où il ne connaît personne. Un Afghan est perdu sans son petit réseau de relations personnelles qui l'hébergent et le guident.
Le départ se fait brusquement quand tout est là : guides, montures, matériel et moudjahidin; on prend quelque information sur l'état de la route et on se lance plein d'inquiétude. Les zones proches de la frontière sont généralement désertées par la population; on s'arrête dans des auberges rustiques. Ici tout se paie : nourriture comme fourrage. Dans quelques rares régions, de petits chefs locaux n'hésitent pas à racketter les résistants en transit. Plus loin, la population est plus hospitalière mais peut difficilement nourrir tout un groupe de vingt à trente personnes et leurs montures. Le voyage se fait dans la faim et la fatigue, au milieu des alertes et des contre-marches pour éviter un danger dont on ne sait s'il est réel ou imaginaire. Pour rejoindre Hérat ou Maymana, c'est trois semaines de voyage et des dépenses importantes qui obligent souvent le chef de groupe à revendre quelques armes pour survivre et avancer. C'est aussi abandonner les montures défaillantes, porter le matériel à dos d'hommes dans les passages difficiles, rester des jours dans un village déserté pour veiller un malade ou attendre que la voie soit libre. Il n'y a pas de piste Hô Chi Minh en Afghanistan, seulement des centaines de sentiers par où circule tout un peuple en armes. Régulièrement les caravanes sont bombardées, tombent dans une embuscade ou un champ de mines. Mais il faudrait aux Soviétiques des effectifs considérables pour espérer bloquer, même partiellement, une frontière qui s'étend sur des milliers de kilomètres de montagnes et de déserts.

Nous apprenons que la situation est dramatique pour la population non combattante, de nombreux réfugiés sont arrivés à la frontière, il n'y a rien à manger dans toute la région qui s'étend du Panjshir à Khost et Andarab. Sur le plan militaire, ce sera un des frères de Massoud — de retour du Panjshir — qui nous confiera qu'elle est plutôt bonne : les Soviétiques se trouvent actuellement à Bozorak. Les moudjahidin se préparent à lancer leur offensive.

Nous réservons trois billets d'avion pour Chitral sur le vol de lundi 10 h 35. Agha Gul s'y trouve à ce qu'il paraît. Mais aurons-nous récupéré nos bagages ? Les communications téléphoniques avec l'aéroport de Karachi sont interrompues à cause des inondations. Pas de chance !

Dimanche 12 août

Nos bagages doivent arriver à Peshawar demain vers 17 heures. Nous dormons en prévision des jours de marche et restons discrets sur notre destination, ne circulant qu'un minimum dans la ville fourmilière.

Peshawar : une bourgade de province qui a grandi trop vite. Une population balancée brusquement dans les remous d'une adaptation brutale : un afflux impressionnant de réfugiés installés à sa périphérie, de « résistants », de « politiques », de « conseillers » en tout genre. On y trafique, on y profite des subsides des organisations internationales, on y rackette, on tente de contenir ce flot d'Afghans soudainement mêlé à cette foule pakistanaise où se brassaient déjà tant d'ethnies différentes. Peshawar a du charme sous ses nuages de poussière, dans ses effluves de parfums épicés ou d'odeurs nauséabondes. Un bazar, le Kayber, où se sont installés de nombreux commerçants afghans : grouillant d'une foule crasseuse, bruyante, mouvante. Une circulation digne d'un match de stock-cars où s'affrontent les « rickshaws » — petites vespa-taxis — décorés de mille taches de couleur, de rubans et de plaques d'alu brillantes au soleil, et les voitures qui lancent leurs sons de klaxon pour un rien, pour éjecter un cycliste trop lent ou imprudent. Peshawar c'est aussi le lieu des casernes, ex-garnison de l'Armée des Indes. Une ville de militaires et de policiers. Une ville où siègent les partis politiques de la résistance afghane en exil, traits d'union entre le monde et « l'intérieur », c'est ainsi que se désigne, ici, l'Afghanistan.

Réfugiés au Pakistan depuis le début de la guerre les partis politiques de la résistance afghane sont nombreux et ne partagent pas tous les mêmes objectifs. Les principaux peuvent être « classés » en deux groupes, les sunnites et les shiites, avec des sous-groupes :

PARTIS SUNNITES :

1. ISLAMISTES :
   Hezb-i islami : islamiste radical, dirigé par Gulbuddin Hekmatyar, recrute parmi les anciens élèves des écoles gouvernementales.
   Hezb-i islami (Khales) : islamiste modéré, dirigé par Malawi Younous Khales, recrute parmi les intellectuels et les *ulemâ* des tribus Khugiani et Jadran ainsi que dans la région de Kaboul et Kandahar.
   Jamiat-i islami : islamiste modéré, dirigé par Borhanuddin Rabbani, recrute parmi les anciens élèves du réseau scolaire gouvernemental (religieux et non religieux), les *ulemâ* du Nord et les réseaux soufis du Nord.
2. TRADITIONALISTES :
   Harakat-i enqelâb-i islami : clérical modéré, dirigé par Mohammad Nabi Mohammadi, recrute parmi les *ulemâ* formés dans les écoles religieuses privées.
   Jebhé-yi Nejad-i melli : (« Front de libération nationale ») laïc, dirigé par Sebghatullah Mojaddidi, recrute parmi les cadres tribaux, l'establishment de l'ancien régime et les soufis du Sud.
   Mahaz-i islami : (« Front islamique ») royaliste, dirigé par Pir Sayyad Ahmad Gaylani, recrute parmi l'establishment de l'ancien régime, les cadres tribaux et les soufis du Sud.

PARTIS SHIITES :

Shura-yi ettefâgh-i islami : traditionaliste, dirigé par Sayyad Behesti, recrute parmi la paysannerie hazara.

Nasr : islamiste radical, dirigé par un conseil, recrute parmi les jeunes Hazara formés en Iran.

Harakat-i islami : islamiste modéré, dirigé par Sheykh Assef Mohseni, recrute parmi les shiites éduqués de toute ethnie.

Pasdaran : islamiste radical, émanation de l'Iran, dirigé par Saddiqi.

Lundi 13 août

Nos bagages sont bien arrivés... mais ils sont consignés à la douane! Il nous manque un indispensable papier pour les en retirer. Le marathon continue. C'est rageant de les voir sans pouvoir les emporter. Nous jouons les touristes écœurés et découragés par la complexité de l'administration pakistanaise. Un certain « Mister John », officier des Douanes, veut nous aider, met une bonne volonté à nous plaindre, mais ne peut céder à nos supplications sans ce formulaire.

Mardi 14 août

Jour férié! Pas de chance. Les bagages sont toujours à l'aéroport de Peshawar. Cette histoire me fait penser au sketch de Robert Lamoureux racontant l'aventure du canard que personne n'arrive à mettre à la casserole : « Et le canard était toujours vivant! » Peut-être allons-nous passer tout le mois d'août à aller visiter religieusement le service des Douanes de l'aéroport, service où s'empilent, pêle-mêle, dans le plus grand désordre, des paquets de toute sorte, des magnétoscopes, des bidons, des malles... Ici règne le sacro-saint bordel, dans une chaleur humide qui vous rend l'énervement douloureux.

Rencontre avec Agha Gul, le guide merveilleux qui a toujours veillé sur nous lors de mon premier séjour en 1981. Rencontre chaleureuse. Nous nous souvenons, ensemble, des moments difficiles de mon premier voyage vers le Panjshir. C'était il y a trois ans déjà. Agha Gul est grave, il se plaint de ne pas être soutenu par l'Occident.

Personne n'aide le peuple afghan.

Et il est bien placé pour savoir, par exemple, que les armes n'arrivent pas, ou peu, car c'est lui, maintenant, qui organise les caravanes à destination des fronts de l'intérieur.

En fait, la résistance a trois sources d'armes :

— Le stock déjà présent dans le pays et qui consiste en armes datant d'avant-guerre (les meilleures étant le fusil anglais Lee-enfield).

— Les armes prises ou achetées à l'ennemi, ce qui permet aux résistants d'être équipés come le fantassin d'en face; ce sont surtout des AK 47 soviétiques (kalashnikof) et leurs munitions.

— Les armes importées de l'étranger.

Au début, les armes venues de l'étranger consistaient surtout en armes de contrebande achetées au célèbre bazar de Darrah, situé dans les zones tribales pakistanaises. A condition d'y mettre le prix, on y trouvait de tout; mais beaucoup de ces armes, fabriquées sur place par des forgerons ingénieux, laissaient à désirer quant à l'efficacité.

A partir de 1982, une aide internationale a commencé d'arriver. Les armes sont essentiellement de fabrication chinoise et ont l'avantage d'utiliser les mêmes munitions que celles de l'adversaire. On y retrouve toute la panoplie du fantassin, ainsi que des mitrailleuses lourdes de 12.7 mm (dashaka) et des lance-roquettes anti-tanks (RPG). Cependant, ces armes sont livrées en quantité assez faible : un groupe attend facilement six mois avant de toucher son lot. D'autre part, l'aide ne dépasse pas un seuil qualitatif : pas d'artillerie, pas de mortiers lourds. Certes, depuis 1983, quelques missiles SAM-7 antiaériens ont fait leur apparition, mais ils semblent surtout provenir du marché noir et sont peu efficaces.

On ne connaît pas les modalités de distribution des armes, ni quels sont les gouvernements impliqués dans la livraison d'armes, quoiqu'il soit évident que Saoudiens, Chinois et sans doute Américains jouent un rôle. La résistance ne contrôle pas du tout son approvisionnement et doit se contenter de ce qui lui est livré à intervalles irréguliers et selon des critères bien éloignés de l'efficacité militaire.
Sur le marché libre, les armes valent une fortune : 10 000 FF pour une kalashnikof, 60 000 pour un RPG 7. Les acheteurs sont plus nombreux que les vendeurs, preuve indiscutable que l'aide à la résistance afghane n'arrive qu'au compte-gouttes.
L'origine des armes importe peu aux combattants : il en faut, d'où qu'elles viennent. Chaque année on constate cependant une amélioration dans l'armement : les vieux fusils sont abandonnés et la kalashnikof est devenue l'arme standard. Si le fantassin est bien armé, les armes lourdes, en particulier anti-aériennes, continuent de faire cruellement défaut.

Dîner avec Is'haq et Massoud Khalili. Is'haq a une bonne histoire pour expliquer la mentalité pakistanaise . « Les Pakistanais sont des gens qui possèdent une maison et un jardin. Il n'y a qu'un seul mur devant le jardin, un seul pan de mur dans lequel est percée une porte. Les Pakistanais mettent un cadenas à la porte pour protéger leur propriété alors que tout le monde peut passer de chaque côté du mur! » Il rit de bon cœur de son histoire. Nous parlons de l'aide extérieure.

— Laquelle? Il n'y a pas d'aide extérieure!

Nous parlons des prisonniers soviétiques. Is'haq se fait grave : Certains sont des hommes braves, courageux, que nous respectons.

Mercredi 15 août

Pour récupérer nos sacs, nous avons pénétré dans l'abîme insondable de la bureaucratie pakistanaise : à chaque nouveau fonctionnaire rencontré pour obtenir l'autorisation de récupérer nos biens, on nous demandait de remplir un nouveau formulaire. Il a même fallu nous rendre à l'autre extrémité de la ville rencontrer le « collector » responsable pour obtenir une signature et un numéro abracadabrant. La dernière séquence de ce marathon, après nos menaces de leur casser la gueule, a été un gag : le fameux « Mister John » était toujours là, avec ses galons posés sur une chemise nickel, son calme hérité sans doute des Britanniques et sa bonne volonté à notre égard. Au moment ultime de remplir le dernier des derniers papelards-autorisation, voici un extrait de la conversation que nous avons eue avec ce bon samaritain des douanes :

— Qu'est-ce que vous avez dans ces sacs ?

— Des effets personnels, un sac de couchage, des films Super 8 vierges, un capteur solaire, une caméra...

— Une caméra de cinéma ?

(La conversation a lieu en anglais, avec cet accent extraordinairement roulant des Pakistanais.)

— Oui, une caméra pour filmer le mouvement, la vie quoi, les beaux paysages, les Kalaches.

— Bon, vous savez, les caméras sont soumises à une taxe élevée...

— Allons bon !

— En fait, le mieux serait que vous n'ayez pas de caméra.

— Oui, mais pour ramener des films de souvenirs c'est embêtant de se passer de cette caméra. Nous en avons besoin.

Mister John soupire :

— Je veux tout faire pour vous aider. Vous n'êtes pas obligés de déclarer cette caméra, après tout.

Il griffonne quelque chose sur le nième imprimé et lève à nouveau la tête :

— Alors, qu'est-ce qu'il y a vraiment dans vos sacs à dos ?

Je dis la vérité, puisqu'il me la demande :

— Des effets personnels, un sac de couchage, des films Super 8 vierges, un capteur solaire, une caméra...

Mister John sursaute :

— Mais non, je vous ai dit qu'il ne fallait pas déclarer la caméra. C'est pour vous aider. Alors, reprend-il en s'accrochant à son stylo, qu'est-ce qu'il a *vraiment* dans vos sacs?

— Des effets personnels.

— C'est tout? Vous êtes sûr?

— Ben, oui!

— Bon, alors je remplis le formulaire.

Mister John-Jekyll venait de supplanter Mister John-Hyde.

Autre absurdité de ces Pakistanais qui, décidément, ne nous semblent pas sympathiques : la censure « bonnes mœurs » des films vidéo diffusés sur le circuit interne de l'hôtel Inter-Continental : à chaque baiser l'opérateur coupe la séquence. Certains films perdent complètement leur sens comme nous pûmes le constater, écroulés de rire, en voyant *Victor Victoria* haché de coupures qui occultaient les moments clefs de l'intrigue.

Jeudi 16 août

Au Pakistan, les voyages s'effectuent en autocar et en avion. La route est un lieu « magique » pour les chauffeurs de poids lourds et de cars, un lieu où l'on s'amuse à se faire peur : il faut monter un jour à bord d'un de ces transports en commun pour ne plus avoir peur en voiture. Les chauffeurs pakistanais, souvent « défoncés » au haschish, adorent rouler sur la voie réservée à ceux qui viennent en face, tous feux éteints la nuit, klaxon à deux, trois ou quatre temps le jour. On ne se rabat dans sa file qu'à l'ultime instant... et on se marre... plaisanterie douteuse pour l'Occidental que vous êtes, dont le subconscient est marqué par les tristes palmarès des retours de Pentecôte, en France. L'avion, bon marché, comporte moins de risque, bien que la

P.I.A. tienne une bonne place dans le peloton de tête des compagnies aériennes à risques! Pour se rendre à Chitral, un obstacle perturbe régulièrement les horaires et les réservations : le mauvais temps. Si les nuages stationnent autour des montagnes, le vol est annulé et reporté au lendemain... avec un nombre accru de passagers. Chacun doit attendre son tour et le bon vouloir de la météo.

Aujourd'hui il pleut, l'avion pour Chitral a donc été annulé.

Nous ne supportons plus l'attente. Isolés dans notre chambre, nous errons dans nos pensées. Voilà dix jours que nous sommes partis et nous n'avons pas progressé. L'Afghanistan est loin, très loin, comme dans les médias occidentaux.

Vendredi 17 août

C'est parti. Il est 11 heures, je suis assis près d'Agha Gul dans le petit bimoteur de la P.I.A. qui nous emmène vers Chitral, au nord du Pakistan. Reste le passage de la frontière, point délicat dans cette période où les autorités pakistanaises semblent s'acharner à empêcher les Occidentaux de passer en Afghanistan : des médecins des associations humanitaires françaises *Aide Médicale Internationale* et *Médecins Sans Frontières* viennent d'être arrêtés à la frontière et expulsés. Trois journalistes trouvés dans la montagne près de Chitral ont été eux aussi appréhendés et ramenés, manu militari, à Peshawar. Je les connais bien, puisqu'il s'agit d'Edward Girardet, du *Christian Science Monitor*, de Peter Jouvenal, reporter anglais qui bosse pour C.B.S. et d'un journaliste français, Saint-Exupéry.

Pourquoi les policiers pakistanais font-ils ainsi la chasse aux Occidentaux désireux d'aller soigner ou témoigner? Je ne comprends pas et j'ai bien l'intention d'en demander les raisons à mon retour. Les Pakistanais auraient-ils peur de froisser les

Soviétiques? Attitude bizarre lorsque l'on sait que les forces soviéto-afghanes se sont déjà rendues coupables de près de quatre cents agressions sur le territoire pakistanais. On ne devrait plus en être aux mimiques diplomatiques!

Par chance, un groupe de onze touristes de *Nouvelles Frontières* se trouvent dans l'avion. Ils s'en vont visiter la région des Kalaches. Nous faisons connaissance et sympathisons. L'avion descend entre les montagnes et fait un atterrissage acrobatique sur la courte piste de l'aéroport de Chitral. La vue est magnifique. La montagne enneigée du Trichmir domine le site. Je retrouve l'hôtel Trichmir View et son patron rigolard (qui fabrique du vin en cachette). Retour trois ans en arrière. Il me reconnaît, c'est un ami des Afghans.

Agha Gul s'en va s'occuper de l'achat de nos chevaux. Nous nous fondons dans le groupe des touristes. Le stratagème pour franchir la frontière : partir demain avec le groupe, vers un col qui borde la vallée des Kalaches. Nous resterons à l'hôtel après avoir passé un « check-point » — poste de police surveillant la route et une zone donnée, car nous sommes ici en zone tribale, c'est-à-dire sujette à des troubles, vendetta ou trafics divers — et nous être faits enregistrer comme touristes. La nuit, nous serons rejoints par Agha Gul, un guide responsable des chevaux et Mehrabuddin. Direction : le col (4 500 mètres), pour franchir la frontière juste avant l'aube. Tout paraît simple!

« Qu'on soit journaliste ou médecin, les problèmes pour franchir la frontière afghane sont les mêmes. Il faut d'abord trouver son taxi : le groupe qui vous fera passer. On traîne d'un bureau à un autre : préférence est donnée aux petits groupes sans trop de matériel.

L'accueil dans les comités installés au Pakistan est toujours chaleureux; la plupart ne se soucie même pas de vérifier l'identité ou les raisons professionnelles des candidats au voyage. Une bonne tête est plus importante que des lettres de recommandation. Les visiteurs « importants » (équipe de télévision, médecins) sont traités de la même manière que le premier free-lance venu. Exemple de démocratie ou de laisser-aller selon le point de vue qu'on adopte.

Le passage est généralement gratuit, sauf si on a besoin de

plusieurs chevaux ou d'une jeep pour transporter du matériel; dans le Sud, le danger et la multiplication des passages de journalistes ont fait monter les prix d'autant plus que bien souvent les moudjahidin ne disposent pas de moyens de transport et les louent à des particuliers.

Les Afghans préfèrent que les « volontaires » se joignent à une colonne qui passe des armes. Mais, c'est aussi le meilleur moyen de tomber dans une embuscade et il n'est pas rare qu'on attende des semaines au Pakistan le départ de la colonne, toujours prévue pour le lendemain. C'est ici qu'on rencontre le premier obstacle culturel, qui ne cessera d'obérer tout le voyage : le rapport au temps. Attendre, pour un Afghan, c'est une seconde nature. Le deuxième problème est l'absence totale de discrétion. Avec beaucoup de philosophie, les Afghans estiment que, puisqu'on ne peut espérer contrer les réseaux d'information du K.G.B., le mieux est de les ignorer superbement. Cependant la tâche des réseaux n'est pas si aisée : jusqu'au dernier moment le chef de groupe n'a lui-même aucune idée de l'heure du départ et les bureaux de renseignements de Kaboul doivent crouler sous les rapports qui annoncent chaque jour le même départ pour le lendemain.

Le premier obstacle est la police pakistanaise qui interdit la traversée des zones tribales aux étrangers : déguisés en Afghans, ça passe; au pire c'est l'expulsion. Arrivés sur la frontière, le « dépôt » des moudjahidin, généralement un petit village, avec maison de thé et bureau des partis est la première étape. C'est là que les dernières nouvelles sur l'état de la route sont échangées. Pour partir, les Afghans patientent jusqu'à ce que le rapport soit bon. C'est à ce moment que les Soviétiques peuvent repérer le groupe avec précision et savoir s'il y a des étrangers, car si le déguisement peut tromper un auxiliaire pakistanais, les Afghans repèrent tout de suite un Occidental au comportement et à la gestuelle. Le passage se décide brutalement et se fait la plupart du temps en plein jour.

Un autre aspect de la résistance apparaît ici : les Afghans sont très casaniers et attachés à leurs habitudes, ils n'aiment pas traverser des zones où ils n'ont ni parents ni relations. Du coup, on emprunte toujours les mêmes itinéraires, on s'arrête chez l'aubergiste que le chef de groupe fréquente depuis des années; on fait halte dans le village où on est sûr d'être nourri. Théoriquement, les zones dangereuses sont traversées de nuit, à toute vitesse et par petits groupes. En fait dès qu'un groupe rencontre des compatriotes, on s'agglutine et on voyage ensemble. Lors de ces passages, la relation personnelle de « l'invité » et du

groupe est primordiale : le niveau de politisation de la résistance afghane est inférieur, on le sait, à celui des guérillas « classiques » et l'Afghan fera toujours passer la relation personnelle avant le devoir politique. On rencontre aussi bien des passeurs professionnels et aguerris, comme Agha Gul pour le Panjshir et Amine Wardak, que des fanfarons qui fuient à la première balle. Car bien entendu c'est au moment où l'affaire tourne mal que la qualité des relations établies avec le groupe joue son rôle. L'erreur est de croire qu'on a affaire à des militants, obéissant aux ordres de leur parti et conscients de leur devoir politique. En fait, sauf pour quelques cadres islamistes, la plupart des « taxis » voient dans l'étranger un invité et il faut bien le dire, parfois un client, surtout si on montre trop d'argent.
L'étonnant dans ces conditions est que si peu d'étrangers aient été tués ou capturés par les Soviétiques (cinq prisonniers en cinq ans, tous français, et deux morts, un Norvégien, un Italien). C'est que l'insouciance afghane se conjugue avec la bureaucratie militaire soviétique pour rendre le passage plus sûr qu'il ne paraît. Les départs sans cesse remis perturbent les planificateurs de l'Armée rouge. Car il ne faut pas s'imaginer que les Russes disposent de commandos en alerte permanente, prêts à exploiter un renseignement dans les heures qui suivent. Les embuscades sont routinières et en fait peu meurtrières, tout simplement parce qu'elles se font en char ou en hélicoptère et que les fantassins ne ratissent pas le terrain... »

(Olivier Roy — *Libération* du 26/09/84)

Samedi 18 août

Changement de plan : pour une raison qui nous échappe, Agha Gul abandonne l'idée de nous faire passer par le col de la vallée des Kalaches. Une histoire de chevaux ? ou bien trouve-t-il que la route par la vallée des Kalaches n'est pas bonne, ou trop difficile pour nous qui ne sommes pas encore aguerris après des jours à « glander » dans l'hôtel ? Toujours est-il qu'il décide de nous diriger vers une route empruntée par les caravanes de ravitaillement, route qui passe par le Nouristan et a l'inconvénient de comporter, c'est ce qu'il dit, sept cols entre 4 000 et 5 500 mètres d'altitude. Une paille! Avec Jérôme Bony et les médecins de l'A.M.I., il a trois ans, nous avions terriblement souffert d'avoir eu à franchir trois cols à l'aller. L'idée d'avoir à en franchir sept ne me réjouit pas le moins du monde, nous ne sommes pas venus en alpinistes pour battre des records. Et voilà qu'on nous propose des cailloux et plus de 1 000 kilomètres de grimpettes et de descentes! Et... encore un contre-temps : les Nouristanis, qui possèdent leur gouvernement et même un roi, ne laissent passer les Panjshiris que munis d'une carte d'identité — avec photo — délivrée par leur « ministre des Affaires étrangères », un vendeur de tapis planqué à Chitral! Deuxième problème : Mehrabuddin doit se faire faire des photos d'identité et la boutique demande vingt-quatre heures de délai pour le développement. Nous avons donc une journée dangereuse à passer à Chitral, beaucoup de temps à risquer d'être repérés et dénoncés! C'est débile.

Nouvelle nuit.

Dimanche 19 août

Nous nous sommes séparés de Mehrabuddin qui doit se rendre dans la petite bourgade frontalière appelée Garmshisma (les sources chaudes). Il a pris en charge nos bagages. Une épine de moins pour nous! Nous nous donnons rendez-vous en fin de journée dans une rue de Garmshisma. Agha Gul, lui, nous souhaite bonne chance et s'en retourne à Peshawar d'où il organisera une nouvelle caravane pour Trémangal. Sa mission est remplie : nous sommes, en principe, sur les rails de la clandestinité assistée.

La jeep que nous avions commandée pour gagner Garmshisma, ultime étape avant la frontière, n'arrive pas. A 15 heures, nous décidons de nous rendre à l'arrêt des jeep-bus. La première nous demandait 200 roupies, pour celle que nous trouvons c'est 10 roupies. Ici les tarifs sont fonction de la gueule du client et de sa faculté à jouer les avertis. On exploite le touriste quand on peut, on se méfie de celui qui a l'air d'être déjà venu. Nous partons.

A bord, douze personnes dont, pas de chance, un membre de la C.I.A. locale pakistanaise, peu discret puisque c'est lui qui a décliné son identité et sa fonction. Drôle d'entrée en matière! Le chauffeur fonce sur une route digne des pistes de Paris-Dakar. Tout va bien pourtant.

Soudain, le conducteur pique sa crise car il ne veut pas que les trois hommes qui se tiennent derrière restent debout sur les marchepieds. Il stoppe le véhicule et se met à hurler. Les autres ne se formalisent pas et font mine de ne pas voir son extrême énervement. Quant au fonctionnaire de la C.I.A., il ne trouve rien de mieux à faire que de se marrer en lui demandant de bien vouloir se calmer. Ça ne fait qu'envenimer l'irascibilité de notre chauffeur qui s'empare de la manivelle et menace de lui casser la tête. Peut-être allons-nous être ainsi débarrassés d'un voisin gênant! Eh bien non, l'assistant chauffeur, responsable de la cinquième vitesse — la pierre que l'on place d'urgence sous les roues arrière lorsque la jeep cale dans les côtes et commence à redescendre — cet assistant, qui doit avoir l'habitude, attrape son patron par la manche de sa veste et le rassied d'autorité sur le siège de pilotage. Nous repartons et roulons pendant encore une dizaine de kilomètres. Mais la route est coupée, un morceau de montagne en a emporté un long ruban vers le torrent. Il faut continuer à pied un kilomètre et attendre une autre jeep, de l'autre côté de cette interruption. Un abruti nous dit que la prochaine jeep ne sera là qu'à 6 heures, le lendemain matin. Nous avons rendez-vous ce soir, ça tombe plutôt mal! Nous demandons combien de kilomètres il faut faire pour atteindre Garmshisma.

— Trente-cinq, répond-on.

Qu'à cela ne tienne, nous partons à pied, le vent nous poussant dans le bon sens. Trois heures plus tard une jeep passe... et ne s'arrête pas. Nous avons fait une bonne vingtaine de kilomètres lorsqu'une seconde jeep nous double et nous embarque.

Premier « check-point de la police pakistanaise ». Les flics nous font descendre. Il faut montrer l'autorisation de circuler à Garmshisma et remplir le registre de passage. Heureusement, Bertrand, prévoyant, a eu la bonne idée d'aller demander ce papier à Chitral.

Une demi-heure plus tard, nous arrivons enfin dans le village. Il est environ 20 heures. Il fait nuit. Je retrouve sans peine la maison du Jamiat où j'étais passé il y a trois ans. Nous poussons la porte. Les Afghans nous prennent pour des touristes égarés.

— Hotel nist, hotel nist, répètent-ils.

Avec quelques réminiscences de persan, j'explique que nous savons que ce n'est pas un hôtel, que nous sommes journalistes, que nous avons rendez-vous avec Mehrabuddin, un Panjshiri, que nous devons entrer en Afghanistan. Malheureusement, ils sont du Badarchan et ne connaissent pas Mehrabuddin. Mais, enfin, ils nous font confiance et nous invitent sous leur tente, autour de la lampe à huile. Ils nous offrent le thé et une assiette de riz. Dans la rue, une patrouille de police passe en parlant fort. Nous sommes en zone tribale, le quadrillage policier et militaire est important, surtout après la tombée de la nuit. Il ne fait pas bon circuler dehors. Les Afghans nous demandent de parler très doucement afin que nos voix ne risquent pas d'être entendues par quelque passant en uniforme. Nous leur expliquons que nous avons l'autorisation de faire du tourisme ici et que le mieux serait encore d'aller dormir à l'hôtel puisque Mehra n'arrivera pas avant demain. Ils nous disent qu'ils ont une autre solution et nous demandent de suivre l'un d'entre eux. Relaçage de chaussures et petite marche à travers des tas de cailloux, en direction du torrent que je reconnais. Il y a trois ans, nous étions restés cachés quatre jours dans le grenier enfumé d'une maison située près de ce même torrent. Peut-être est-ce là que notre guide nous conduit ?

Non, il nous introduit dans la maison des réfugiés. Il fait nuit. Nous nous installons dans une chambre vide, sombre et crasseuse. Une demi-heure plus tard, la porte s'ouvre. Le premier homme qui entre dit : « Chiturasti » (bonjour). Je réponds : « Jupasti » (Bonjour, ça va). Il avance dans la pièce suivi de... deux policiers, matraque à la main. L'horreur! Aussitôt, par réflexe j'enchaîne en anglais :

— Nous sommes touristes, on nous a indiqué cet hôtel. C'est très sale ici, vous ne connaîtriez pas un autre hôtel?

L'homme adhère à ma version et nous demande de le suivre :

— Vous avez été trompés, ce n'est pas un hôtel ici. Je vais vous conduire dans un endroit plus confortable.

Par ironie du sort, l'hôtel où il nous emmène se trouve juste adossé à la maison de mes souvenirs du premier voyage. Nous remplissons le registre. On nous désigne une chambre-cellule aux deux puciers dégueulasses.

Durant toute la nuit les policiers viendront vérifier si nous sommes bien sagement restés dans notre lit.

Nuit sans sommeil à réfléchir à la tactique à suivre.

Lundi 20 août

Petit déjeuner. Le propriétaire de l'hôtel se plaint de l'afflux des réfugiés afghans.

— Autrefois c'était plein de touristes ici, c'était propre. Maintenant tout est sale et personne ne vient plus. Vous êtes les rares touristes à venir. Il y a aussi quelques Occidentaux qui essaient de passer en Afghanistan, mais c'est interdit. D'ailleurs c'est très dangereux. N'est-ce pas...

Nous le rassurons sur nos intentions touristiques et demandons le chemin pour aller visiter les fameuses sources chaudes. La thèse touriste a l'air de prendre!

Nous repassons devant la maison du Jamiat et apercevons Mehrabuddin, assis plus loin, en grande conversation avec d'autres Afghans. Il nous fait discrètement signe de ne pas nous arrêter. Nous poursuivons notre chemin jusqu'aux sources, puis allons nous asseoir à l'ombre des arbres. Deux heures plus tard, il nous rejoint. Voilà le plan :

— A 16 heures, vous repartez vers Chitral, à pied. Vous repassez le check-point, remplissez le registre de sortie, puis continuez à marcher jusqu'au deuxième pont. Là, vous attendrez. Un moudjahed viendra vous chercher pour vous guider. Faites-lui confiance, il connaît le chemin. Cette nuit nous passerons la frontière.

Vers 17 heures, nous sommes dans les bureaux du check-point à boire un thé avec les policiers. On se dit au revoir et nous partons, champions de trekking, vers Chitral où on doit nous attendre. A 18 heures, nous atteignons le pont et sommes aussitôt rejoints par un jeune Afghan qui n'a pas l'air d'avoir inventé la poudre. Ses grimaces un peu débiles nous inquiètent :

— C'est ça leur guide passe-frontière ! Les ennuis vont continuer, c'est sûr.

Et voilà qu'il nous demande de le suivre, prenant la direction du check-point.

— Tu es fou, on ne va pas repasser devant chez les flics !

Il nous demande de nous taire, de lui faire confiance.

A un kilomètre du check-point, alors que la nuit est maintenant tombée, nous descendons vers le torrent, ôtons nos chaussures et atteignons un pont (enfin, deux troncs d'arbre jetés par-dessus l'eau bouillonnante !). Nous traversons. Sur l'autre rive il faut marcher vite, presque courir. Nous en avons perdu l'habitude avec notre semaine de lit d'hôtel. Le changement est brutal. Nous transpirons beaucoup. Lorsque nous arrivons en face du check-point dont nous apercevons les lumières sur l'autre rive, il faut grimper un escalier raide, à flanc de colline : plus de trois cents marches au pas de course. Un faisceau de lampe de poche brille dans notre direction. Nous sommes déjà hors de portée. Nous pressons l'allure. Lorsque nous atteignons le promontoire il faut marcher toujours à vive allure, en équilibre sur le bord d'un canal de dérivation d'eau d'une station de pompage. Ce genre d'exercice n'est pas aisé sans entraînement. Le pire c'est qu'il dure une bonne vingtaine de minutes, cinquante occasions de se casser la gueule dans l'eau qui coule deux mètres plus bas, entre les murs de béton. Nous passons près de maisons d'où l'on entend des voix sans savoir à qui elles appartiennent, puis près d'une tente que la lumière intérieure rend transparente. Le guide nous fait signe d'escalader le talus et de pénétrer sans bruit dans cette antre lumineuse. Mehrabuddin et les hommes du Jamiat sont là, avec du thé, du riz et des bonbons. Nous dînons en silence, l'heure est grave, le risque de se faire prendre par la police pakistanaise sérieux, la tension grande. Nous avons perdu déjà tellement de temps!

Lorsque nous quittons la tente, la nuit s'est épaissie. Tout est très sombre. Tant mieux. Il faudrait passer les deux autres postes de police avant minuit, heure à laquelle se lève la lune. Les hommes du Jamiat nous ouvrent la voie et marchent avec nous durant un bon quart d'heure. Ils s'immobilisent alors, tenant leur lampe-tempête d'une main. L'un d'eux ajuste nos *patous*. Enfin, ils nous saluent avec une extrême gravité, serrant nos mains avec chaleur.

> Le patou est un élément essentiel dans la vie du moudjahed. C'est une pièce de laine fine qui sert à tout : couverture pour dormir, manteau contre la neige et le vent, capuche contre la pluie, serviette pour s'essuyer, mouchoir géant, baluchon pour porter ses affaires dans son dos, nappe pour « pique-niquer », couverture de cheval, sac-poubelle pour recueillir la terre des trous creusés à la hâte pour les mines antichars, et même, traîneau-brancard pour descendre les blessés dans la neige (comme a pu en témoigner un médecin de *Aide Médicale Internationale*).

Le voyage commence, le guide nous presse : longue progression en gravissant la montagne sans pouvoir allumer de lampe, en contournant le premier poste. Des chiens aboient. Des projecteurs s'allument.

— Merde, merde. On va se faire piquer.

Nous courons vers le torrent, cette saloperie de torrent

glacé qui coule en contrebas et dont le bruit n'arrive pas à couvrir les aboiements des chiens. Essoufflés, nous guettons, immobiles. L'alerte semble passée, les chiens s'arrêtent peu à peu d'aboyer. La nuit redevient peuplée de ses bruits d'insectes et d'oiseaux noctambules. Nous reprenons notre marche, couverts de sueur, trébuchant sur les cailloux. Le guide ne cesse de nous presser. Il faut atteindre le second poste et le dépasser avant que la lune ne transforme le paysage en décor de théâtre. Vers minuit dix, nous arrivons au niveau de la menace numéro deux. Par prudence, nous redescendons vers le torrent, à travers un champ de ronces et de cailloux. Nous tombons, nous nous égratignons. Mais l'essentiel est de passer. Réussir. Il faut sans cesse veiller à ne pas faire rouler les pierres sous nos pas, ne pas crier en cas de douleur, être silence et discrétion. Le second poste franchi, nous soufflons quelques instants lorsque soudain une lumière éclaire la nuit, là, juste devant, à deux cents, trois cents mètres de nous. Et redescente vers le torrent, en courant, presque sur la pointe des pieds. Le spectacle doit être comique : quatre silhouettes faisant des pointes, en équilibre sur les éboulis de caillasses, se déhanchant à qui mieux mieux pour garder le cap vers le bas de cette foutue vallée qui nous en fait voir. Nous nous cachons dans une sorte de fossé humide qui achève de tremper nos vêtements et notre corps. Il commence à faire froid. Sans bouger, la chaleur emmagasinée par la folle marche s'évapore trop vite. Nous n'avons pas pris de pull, ne pouvant prévoir à quel point ce passage allait être difficile. Soudain le guide nous prend le bras :

— Là-bas, il y a un homme!

Nous scrutons la nuit sans rien voir.

— C'est peut-être un arbre, chuchote Mehrabuddin.

Peut-être un rocher aussi, pourquoi pas. Nous ne pouvons pas prendre le risque d'avancer. Ces salauds de Pakistanais ont dû être prévenus. Nous restons dans notre fosse à vase durant une trentaine de minutes. La lune se lève. Effectivement il y a, là, devant, une silhouette qui ressemble à un homme. Le guide décide de contourner l'obstacle et d'aller voir de plus près. Il part avec Mehra, nous laissant seuls à récupérer nos forces. Le confort de la chambre de l'hôtel Inter-Continental s'est évanoui dans nos souvenirs. Nous savons à quoi nous en tenir : le voyage va être rude, très rude.

Notre escorte revient, pas tellement rassurée :

— Ce sont peut-être des paysans, continuons en passant par là-haut.

Et commence l'ascension.

Mardi 21 août

Nous marchons ainsi jusqu'à 3 heures du matin lorsque, fatigués et ayant perdu notre chemin, nous décidons de nous arrêter pour dormir une heure. Le matelas de cailloux est douloureux. Il fait très froid et nos patous ne nous réchauffent pas. De plus, la sueur a mouillé nos vêtements. Le sommeil ne sera pas au rendez-vous malgré l'immense fatigue qui nous a envahis. Nous attendons le jour qui pointe vers 4 heures et demie. Au loin, des groupes passent déjà, progressant lentement vers la montagne et le col. Le paysage apparaît comme sur un papier photo plongé dans un bain de développement : lentement, sans contraste d'abord, puis plus net, plus présent, plus palpable. Et la montagne surgit. Elle est terriblement haute. On dit le col à 4 500 mètres. Avec, en prime, une pente raide dans les derniers cinq cents mètres. On la voit d'ici. Le guide, qui s'est révélé être excellent malgré son air un peu benêt, nous salue, sans effusion, presque sèchement. Il a fait son travail pour la cause. Il est pressé de rentrer à Garmshisma.

— S'il avait été pris avec vous, nous confie Mehrabuddin, il aurait été roué de coups par la police pakistanaise. Ça lui est déjà arrivé.

Pour lui la mission est remplie. La nôtre commence : il va falloir s'enfoncer dans la clandestinité, rompre avec notre monde, aller vers notre but.

Nous reprenons la marche en suivant le chemin que nous a

montré le guide avant de nous quitter. Marche lente en raison de la pente qui se fait déjà sentir. Nous avons le ventre vide, nous sommes épuisés par le manque d'entraînement et la folle course de cette nuit.

Arrivés sur un plateau à 3 600 mètres, nous stoppons pour souffler. Soudain, deux hommes dévalent le flanc de la montagne et viennent à notre rencontre. L'un d'eux a une grosse paire de jumelles passées autour du cou, l'autre un bâton de marche à la main. Ils s'accroupissent devant nous en souriant.

— Bonjour.

Le plus grand, l'homme au bâton, tourne le béret qu'il a sur la tête : l'insigne apparaît. Ce sont deux émissaires de la police des frontières. Nous sommes faits!

— Suivez-nous, nous avons ordre de vous conduire au poste de Chitral.

Nous sommes écœurés... et révoltés. Les Pakistanais font donc délibérément le jeu des Soviétiques. Ils collaborent à l'isolement du peuple afghan, à la construction d'une chape de silence autour de ce pays condamné à l'étouffement. Nous le leur disons, à ces deux policiers qui sourient et répondent qu'ils ne sont que de simples exécutants. Ils n'y sont pour rien. Ce sont les ordres. Les ordres! Nous expliquons qu'il y a une vingtaine de jours, quatre journalistes (dont Edward Girardet et Peter Jouvenal) ont obtenu l'accord du ministre de l'Information pour franchir la frontière. Ceci d'ailleurs après avoir été arrêtés une première fois par la police des frontières qui les avaient reconduits à Peshawar. Ils répondent qu'en effet un ordre était venu de laisser passer ces étrangers, mais le lendemain le contre-ordre était arrivé, demandant de tout faire pour les arrêter. Curieuse politique!

— Suivez-nous.

Nous nous regardons. Mehrabuddin est consterné. Il a pris son air renfrogné. Bertrand est blême de rage et de découragement. Je ne suis pas dans un meilleur état.

— Bon, c'est simple, nous ne sommes pas venus là pour être ramenés à Chitral. Alors, si vous y tenez vraiment, il va falloir que vous nous portiez. Nous, nous ne bougeons plus de là!

Les deux policiers restent indifférents. Ils n'ont pas l'air pressés. Ils ont passé la nuit à nous chercher. Notre décision de faire du « sit-in » ne les émeut pas le moins du monde. Accroupis sur les cailloux, ils se marrent doucement. Ils nous disent que quatre autres collègues sont dans la montagne à notre recherche. Une chasse au journaliste bien orchestrée! Il ne fait pas de doute que notre séjour à Chitral a manqué de discrétion : nous y avons été repérés ou dénoncés!

C'est alors que Rachid, un Afghan rencontré à Peshawar, apparaît, comme dans un mirage. Nous savions qu'il allait passer par Chitral, nous ne pensions pas le rencontrer si tôt et en pareille situation. Il s'approche avec son guide et son cheval. C'est son retour au pays : réfugié en Suisse depuis plusieurs années, originaire d'Astana, dans la vallée du Panjshir, il s'est décidé à retourner dans son village pour rencontrer Massoud, le chef de la résistance du Panjshir, et lui offrir ses services. Mehrabuddin le connaît bien puisqu'il a passé un mois chez lui. A Genève, il vend des tapis. C'est un redoutable commerçant. Avec sa gueule de boxeur, son culot monstre, sa voix de ténor il entreprend nos deux interlocuteurs. Le voilà qui enlace les flics dans ses longs bras et les emmène à quelques dizaines de mètres de nous. Nous l'entendons parler de l'Afghanistan. Il prend un ton dramatique, s'empare des mains des deux Pakistanais, les serre dans les siennes, puis sourit et leur dit que tout peut s'arranger dans la vie. Palabres sur la misère du peuple afghan, sur le courage des journalistes qui viennent pour témoigner de ce qui se passe dans son pays natal, sur les dangers encourus. Une demi-heure plus tard, Rachid se lève et vient nous voir :

— 3 000 roupies, c'est un peu cher, non?

Nous sommes sidérés et ne savons que répondre. C'est à lui de décider. Il est maître du jeu. Et quel jeu! Il nous stupéfait, ce sacré Rachid. Il nous demande de nous éloigner et de l'ignorer. La négociation reprend.

Une dizaine de minutes plus tard il rapplique :

— Bon, pour 2 000 ils rappellent les quatre autres sbires et vont raconter qu'ils ne vous ont pas vus! Ce sont vraiment des salauds! Trois mois de salaire!

Nous sortons nos billets. L'obstacle est franchi. Salauds

ou pas, ces policiers ne seront plus qu'un mauvais souvenir :

— Bravo, le marchand de tapis!

Nous lui promettons un bon déjeuner à Paris et repartons à l'assaut du premier col qui nous nargue du haut de ses 4 500 mètres.

La fatigue, la soif nous ralentissent considérablement. Les souffrances commencent à se faire sentir; je me souviens à nouveau de ce qu'il en coûte pour réaliser un tel reportage. Bertrand, qui est pourtant un vieux routier des montagnes de Chamonix, n'en revient pas de voir ce qu'il nous faut grimper : une pente à pic, sous un soleil de plomb, à travers un champ de cailloux qui rediffusent, comme en l'amplifiant, la chaleur emmagasinée. Chaque pas soulève une poussière de roches effritées. Un calvaire que d'escalader cette muraille séparant le Pakistan de l'Afghanistan... et ça ne fait que commencer!

— C'est dingue, plus difficile qu'une marche d'approche pour l'Everest!

Les montagnes de l'Hindou-Koush s'étendent à l'infini avec des sommets qui voisinent les 5 500 mètres. Montagnes rudes de cailloux d'où sortent des sources qui forment en contrebas les torrents, points de repère que nous remontons. Imaginer que nous allons devoir escalader puis redescendre quatorze fois l'équivalent du Mont-Blanc et ceci en un peu plus d'un mois, me donne de l'inquiétude sur l'état final de nos carcasses de Français.

Des groupes de moudjahidin passent. Eux aussi montent, eux aussi peinent, bien que plus entraînés, escortant des chevaux chargés de munitions; et nous croisons ceux qui descendent, partis à l'aube de l'autre versant : caravanes de lapis-lazulis, colonnes de réfugiés. La guerre est déjà dans ces images.

Une heure a passé, longue, excessivement lente. La fatigue y est pour beaucoup. Et ce soleil qui tape. Nous ne sommes pas encore habitués à avoir la gorge sèche, la bouche pâteuse, les lèvres gonflées. Je m'efforce de penser à autre chose, à des conneries, de progresser à petits pas. Il paraît que je suis blanc comme un linge. J'ai mes raisons : un début de crise de sciatique qui m'enflamme le bas du dos, conséquence d'un accident stupide... Mehrabuddin me dit d'arrêter, de me reposer, d'attendre que la douleur se calme.

— Nous ne sommes pas pressés. Les chevaux sont derrière, ils vont bientôt arriver.

Ah oui! les chevaux. Je les avais oubliés. Ils ont dû partir ce matin, à l'aube, de Garmshisma, avec nos bagages. J'essaie de récupérer, allongé sur les roches, faisant l'attraction des groupes de moudjahidin qui montent et qui descendent. Le trafic est incroyable : les caravanes de réfugiés descendent du col pour aller gonfler la population afghane déjà en exil, celles des moudjahidin en route pour la guerre montent, en chantant. Quelques-uns transportent des sacs de grosse toile sous laquelle se découpent les formes des caisses de munitions ou les cannelures des mines antichars.

— *Mariz?* Malade?

En voilà qui se pressent autour de moi, me donnant tous des conseils : l'un voulant me nouer un pan de tissu autour du ventre, l'autre tenant absolument à me faire avaler un morceau de pain rassis. Mais ils m'emmerdent.

— Eh oui, connard!

Je les insulte. Ce que je veux c'est souffrir dans mon coin. Régler ce problème tout seul, qu'on me foute la paix! C'est assez dur comme ça. Mehrabuddin les prie de s'en aller. Ça les fait marrer. Les Afghans sont tellement habitués à la dureté de la montagne qu'ils rient sans cesse des souffrances qu'on y subit. Nous apprenons le « paronesse » (« rien à foutre ») sans cesse répété lorsqu'il y a une difficulté. Bref, j'en veux à la terre entière. C'est trop con, se retrouver à mi-distance du col, cloué au sol par un mal de dos attrapé en France. Ça me rappelle le périple d'il y a trois ans. Là aussi, il m'était arrivé de souffrir du dos. Le plus absurde avait été d'écouter, un soir, au bivouac, une émission de la B.B.C. traitant du mal du dos, mal du siècle. La conclusion de l'animateur de l'émission était : « Le meilleur remède c'est la marche à pied. » Je venais alors de parcourir près de huit cents kilomètres, mon mal n'avait pas cessé. Ce soir-là, avec Jérôme Bony et Edward Girardet, nous avons cessé de croire aux conseils médicaux de la B.B.C.

Ça fait mal. Nous devons être à 4 000, 4 200 mètres.

Bertrand, lui, se trouve quelques centaines de mètres plus haut. Il n'a pas mal au dos, mais a des difficultés à respirer et n'a pas l'air très frais, non plus.

J'ai une haleine épouvantable. Bertrand y est pour quelque chose. Au drugstore Saint-Germain, lorsque nous avons été acheter quelques médicaments, ce couillon, passionné de gadgets, est tombé sur de petits vaporisateurs « haleine fraîche ».

— Tu verras, ça doit être fantastique contre la soif.

Mon œil! Tout à l'heure, déshydraté par la chaleur, le manque d'eau et d'entraînement, j'ai sorti ce vaporisateur miracle. Lorsque le jet est entré dans ma bouche sèche j'ai cru dégueuler. La sensation pâteuse, née du contact de cette vapeur mentholée avec ma peau gonflée, était innommable. Bertrand aurait mieux fait d'acheter des pilules contre le mal de dos. J'en veux à tout le monde.

Une heure plus tard, alors que je cuis lentement sous le soleil de plomb qui fait tranquillement chauffer les cailloux de cette saloperie de montagne, nous apercevons les chevaux qui ont attaqué la pente raide. Ils sont deux. Ils ont réussi à franchir les check-points. Nous avons donc nos bagages, notre précieux matériel de cinéma qui ne va servir à rien puisque je suis là, cloué sur cette terre ingrate, avec ce putain de col au-dessus de moi, qui me nargue, et ces Afghans qui le franchissent en chantant et en courant. Une heure encore à regarder les trois points noirs grossir vers nous : le cheval noir, l'autre marron et le guide, habillé en survêtement vert. Ils atteignent enfin notre niveau. Mehrabuddin explique la situation à Ata, le loueur de chevaux. Hélas pour moi! nos montures, explique Ata, sont trop chargées. Je ne peux monter dessus. Mon rêve d'être porté jusqu'au sommet s'éclipse dans un découragement rageur.

— Il faut pourtant qu'on m'aide, nom de Dieu!

Palabres avec de nouveaux voyageurs qui montent et d'autres qui descendent la montagne. On me renseigne :

— En allant très doucement, en une heure et demie tu seras au col.

Ils sont bien gentils, mais avancer, pour moi, c'est ressentir une douleur vive à chaque pas. J'essaie. On verra bien. La station debout me fait ressembler à un vieillard. Courbé, grimaçant, j'attaque la montée. On me prête un bâton, c'est gentil, mais encombrant. On me conseille de m'aider en agrippant la queue d'un cheval. C'est l'ascenseur afghan, ou plutôt l'escalator. Ça marche, mais c'est agaçant. Le cheval stoppe sans cesse pour souffler et n'arrête pas de me péter des gaz à la figure qui perturbent ma respiration déjà en bien mauvaise passe. Quel pays! Tout est difficile. La douleur n'en cesse pas pour autant. Je suis blême. J'ai maintenant mal au dos et à la cuisse. Au bout de dix minutes nous rencontrons un paysan qui possède un cheval disponible et, miracle, qui accepte de me le louer jusqu'au col. Marché conclu, mon vieux. On harnache la bête qui a l'air en forme et je me hisse, aidé par les Afghans, sur cette « bouée » de sauvetage inespérée. Tout cela se passe sur une pente vertigineuse, les protagonistes de la scène étant plus ou moins agrippés à la montagne.

— Mettez-vous très en avant, sur l'encolure du cheval, me demande le paysan qui s'empare de la bride et commence à marcher.

Ça tangue! C'est très lent. Le cheval, essouflé, s'immobilise tous les sept, huit mètres. J'ai de plus en plus mal au dos. Saloperie de lombaires! Nous rejoignons Bertrand en quinze minutes. Un Bertrand assis sur un rocher et qui commente l'ascension :

— C'est dingue, commencer par une montagne pareille. Et, cela dit en passant, les Afghans ont une curieuse façon de baptiser leurs cols. Ce qu'on voit là-bas n'a rien à voir avec un col : c'est un passage sur la ligne de crêtes!

Je descends de ma monture de torture. C'est impossible pour moi de continuer dans ces conditions. Je vais me payer une hernie discale et Dieu sait comment je vais pouvoir rentrer. La décision est cruelle, désespérée, mais nécessaire : il faut revenir en arrière : abandonner! C'est à hurler de rage. Plus d'un an d'effort pour aller faire ce film et être obligé d'annuler l'opération pour raison de santé. En voyant la tête que j'ai, décomposée par la douleur, Bertrand acquiesce.

— C'est ce qu'il y a de plus sage. On ne passera jamais quatorze cols dans ces conditions!

Nous redescendons la montagne, là où coule le torrent et,

après une heure de dégringolade, nous étanchons notre soif et trouvons un muret de pierres en forme de virgule. Nous passerons la nuit là. Notre solution de repli est de réaliser au Pakistan un reportage sur la chasse aux journalistes, d'enquêter sur la filière décrit par le magazine *Time* (11 juin 1984) sur l'acheminement d'armes achetées par les Américains pour aider la résistance, notamment celle du Panjshir. Agha Gul, chef des caravanes du Jamiat, a été formel : « Cette filière n'existe pas et n'a jamais existé. » Et puis les réfugiés. On cite toujours le chiffre de 4 millions de réfugiés afghans installés au Pakistan, mais on montre peu, trop peu, leurs conditions de vie. Il serait bon que les Occidentaux comprennent enfin les conséquences dramatiques de cette guerre qui dure depuis 1979. Bientôt cinq ans dans l'indifférence quasi générale! (La chronologie, de cette guerre et de ses antécédents est donnée dans l'annexe p. 233.)

Mais il faudra que ce reportage puisse être mixé avec le travail que doivent faire Abouchar et son équipe sur la guérilla urbaine.

La nuit est mauvaise. Je m'efforce pourtant de rester bien allongé sur le sol de pierraille. Les étoiles sont les guirlandes du ciel. Le vent est froid. Tout est calme.

Mercredi 22 août

A 5 heures du matin, Ata prépare un feu pour faire le thé. Nous nous regardons avec Bertrand. C'est trop stupide d'être arrivé jusqu'ici et d'abandonner. Si nous laissons tomber, qui prendra la relève? Si les médecins français bénévoles sont relativement nombreux à payer en souffrances le prix d'une aide à la population meurtrie, les journalistes ne sont pas en surnombre. Des centaines au Liban, bien installés dans les hôtels; une quinzaine ici, surtout des indépendants, sur ce terrain inhumain. Et encore! Nombreux sont ceux qui, faute de temps, ne peuvent se rendre assez loin à l'intérieur. Notre reportage avec la combinaison de deux équipes prêtes à passer trois mois, comme c'est le cas pour celle d'Abouchar en route vers Hérat, ce reportage est tout à fait exceptionnel. C'est un investissement fou de la part d'une télévision. Et que dire du ministère de la Culture qui m'a fait confiance sous forme d'une avance financière pour mon film... Ressassant ces données et ces réflexions, je n'en ai pas dormi de la nuit. Pourtant, grâce à la position allongée, mon dos me fait moins mal.

C'est décidé, nous tentons le coup, nous repartons. Je vais passer devant pour le premier col; si j'abandonne, nous en serons quittes pour revenir sur nos pas. Pour les treize autres cols on improvisera. Ce qu'il faut, c'est rester calme, maître de soi. J'irai lentement, très lentement. Les escargots font finalement de longues distances sans se décourager. Ici, on devient philosophe et pragmatique.

C'est parti : lente, très lente progression vers le col. L'essentiel est de contrôler sa respiration et surtout, surtout, ne jamais regarder en l'air. C'est trop haut, trop dingue : déprimant! Rester calme. Et patient. Une patience d'ange. Le temps doit être un espace aérien, transparent. Plus de précipitation, de trépidations. Nous ne sommes plus à Paris. Nous avons à trouver le temps pour faire ce travail trop important, trop grave et qu'il ne faut pas manquer. Regarder derrière, le vide, le chemin déjà parcouru, c'est gagner un peu d'espoir d'en parcourir encore un peu plus à chaque pas. Trouver le courage.

A midi c'est la joie. Nous atteignons le col, découvrons la vue immensément étendue de l'autre versant : des montagnes à l'infini, un ciel bleu, sombre, profond, superbe. Nous filmons le nouvel harnachement des chevaux. Nous y sommes : le film démarre. Plus question de retourner sur nos pas. Nous faisons le vœu de repasser ici dans quelques semaines, indemnes, avec des pellicules films porteuses de témoignages.

La descente est longue. Rapide, mais longue et tellement plus agréable que la montée. On se laisse tomber en avant sur un sentier qui n'en finit pas de se dérouler en suivant les plis et les replis de la montagne. Le paysage est magnifique. Il fait moins chaud que la veille. La descente fait travailler les muscles des jambes, ne dérange pas le souffle, ne donne que des ampoules. Vers 15 heures, nous atteignons un petit village du Nouristan : K... Une *tchaïkkana* (prononcer : tchaïrana : maison de thé, auberge) est ouverte sur la place du village. C'est là que viennent manger et reprendre des forces les innombrables voyageurs en route vers le Pakistan ou vers « l'intérieur ».

La joie de s'asseoir à une table devant une plâtrée de riz et un verre de thé ne dure qu'un instant. Les ennuis commencent à rappliquer : les Nouristanis exigent une autorisation de circuler, dûment signée par leur « ministre des Affaires étrangères » installé à Chitral. Palabres. Mehrabuddin se lance dans des explications complexes auxquelles nous ne comprenons rien, mais au ton de sa voix on sent bien que rien n'est simple. Il finit par se tourner vers nous :

— Ils veulent que vous retourniez à Chitral pour demander l'autorisation de traverser le Nouristan. Ici, c'est un État indépendant. Ils veulent que leur loi soit respectée.

— Explique-leur que nous sommes journalistes, qu'ils peuvent bien faire une exception à leur loi. Nous ne sommes pas venus ici pour leur nuire, mais pour témoigner de ce qui se passe dans ce pays qui est le leur. Il faut qu'ils nous aident.

Le commandant du village hoche la tête, buté. Sa réponse est qu'il y a une loi dans leur État, une loi valable pour tous, y compris les journalistes.

— Il veut que vous retourniez à Chitral. Il ne nous laissera pas aller plus loin.

L'engueulade commence. Nous sommes révoltés, jetons notre assiette de riz par terre. Hurlons et quittons la tente en menaçant ce commandant de tous les maux.

Ce reportage est placé pour l'instant sous le signe de la malchance : bagages perdus, flics pakistanais dans les pattes, mal de dos. Et maintenant, le comble : des Afghans qui nous emmerdent. La situation est grotesque. Nous marchons pour nous calmer.

Lorsque nous regagnons la tente, c'est pour trouver un Mehrabuddin en pleine colère, assis en face d'un commandant de plus en plus buté, entouré des notables du village.

— J'ai respecté votre loi, éructe-t-il. Comme tous les

Panjshiris qui passent par votre État je me suis fait faire une carte d'identité. A quoi sert-elle alors si vous arrêtez mes invités, nos invités?

Et voilà qu'il sort ladite carte d'identité, avec sa photo qui nous a coûté trois jours d'attente, et menace de la déchirer sous la barbe du commandant. Ata s'en mêle et stoppe son geste.

— Ça ne sert à rien de s'énerver. Mais Mehra est parti, il les traite de collabos, d'alliés des Soviétiques, de traîtres. Tout va mal, madame la Marquise. Tout va très mal. Tout va de plus en plus mal. Je brûle d'envie de balancer mon poing dans cette face de rat de commandant et dans celle d'un connard qui vient nous demander de foutre le camp immédiatement au Pakistan.

Tout cela à cause d'Agha Gul qui n'a fait que des conneries : nous n'aurions jamais dû attendre à Chitral. Nous aurions dû demander un laissez-passer au ministre du Nouristan. Ça ne coûtait rien! Non seulement nous avons été dénoncés à cause de lui — car les policiers nous attendaient, c'est clair — mais encore, il nous a fait perdre au moins six jours et maintenant plus, puisque nous sommes menacés d'être prisonniers de ce premier village du Nouristan, à quelque trente kilomètres de la frontière soviétique.

Ce soir, le conseil se réunit pour délibérer sur notre sort. Ils aiment parler. Ils ne font que ça!

A 20 heures, Mehra vient nous rejoindre sur la place du village où on nous a demandé de camper. A voir sa mine, les nouvelles sont mauvaises. Bonne observation : la réponse est en effet négative, nous n'avons pas le droit de poursuivre notre route sans cette autorisation. Il nous faut attendre — car on accepte de nous garder dans le village. « Merci, monsieur le commandant. Trop gentil de ne pas nous remettre dans les pattes des flics pakistanais! » Un messager partira demain pour la capitale — il y a une capitale! — où se trouve un roi — il y a même un roi! Sous ce ciel si merveilleusement étoilé, nous échafaudons mille plans pour glisser entre les mains de ces Nouristanis. N'y a-t-il pas un moyen de foutre le camp discrètement? Nous décidons de proposer à ces têtus de payer des hommes pour nous escorter jusqu'à la capitale où nous pourrons nous expliquer avec le fameux roi. Deuxième solution : nous faisons semblant de repartir vers le Pakistan et, profitant de la nuit sans lune, nous contournons le village par la montagne et poursuivons notre route. A voir pour demain. Ce soir il est trop tard.

Nous nous couchons au milieu de la place. Il nous a été interdit de nous installer en bivouac à la périphérie.

— Des bandits pourraient vous tomber dessus. C'est très dangereux, ici, la nuit.

Comme nous n'avons plus aucune confiance dans les gens de ce village qui, comme nous l'avons constaté, profitent du passage des caravanes pour vendre à prix fort le pain et le riz — immangeables d'ailleurs — nous jugeons plus prudent de respecter leurs consignes. Ils seraient bien capables de jouer les bandits et de nous attaquer eux-mêmes! Inutile de dire que l'énervement gâche notre sommeil.

Jeudi 23 août

Réveil à 5 heures. Le conseil des cons ne veut pas faire part de sa décision à notre égard — à propos de notre idée de payer une escorte pour nous rendre personnellement auprès du roi — les cons veulent d'abord faire leur prière et prendre leur thé en paix. Il faudra attendre 8 heures, car ici on prend son temps. Le bilan de leur briefing est décevant. Ils ont envoyé leur messager, mais acceptent de laisser filer Mehrabuddin. On lui loue, à prix d'or, un cheval qui n'a pas l'air mal. Et le voilà parti pour six heures de tape-cul vers le village-capitale du roi de cet « État islamique révolutionnaire du Nouristan ». Le sauvetage aura-t-il lieu? Il faudra attendre. Nous commençons à avoir, en ce domaine, un excellent entraînement. Pour tuer le temps nous décidons de filmer ces profiteurs de la guerre en allant leur faire de la lèche pour obtenir leur accord.

Visite protocolaire dans le « bureau » du commandant. Une pièce où trône un bureau sur lequel s'empilent des papiers à la mode « administration pakistanaise », quelques fusils debout dans un coin, trois chaises et des conseillers en train de se gratter la barbe.

J'attaque en anglais — un conseiller le baragouine vaguement — donnant dans le style « discours-aux-barbares-qu'on-veut-pacifier », ou m'inspirant des westerns où le fin éclaireur des Tuniques bleues va négocier un traité avec les Indiens. Cela donne à peu près la scène suivante :

Nous sommes des hommes, comme vous. En France, nous avons de la chance, la paix y règne. Ici, dans votre beau pays, les victimes de la guerre sont nombreuses. Vous avez besoin d'aide. Nous sommes là pour témoigner de ce qui se passe en Afghanistan. Témoigner, ça veut dire comprendre, faire l'effort de partager avec vous les souffrances comme les joies...

Et bla-bla-bla et bla-bla-bla, je mets mon esprit en roue libre, lâche le frein à main de la pudeur, et me souviens des cours de catéchisme du temps où j'étais pensionnaire chez les maristes. Mes interlocuteurs dodelinent de la tête, l'interprète s'arrache les méninges à trouver des mots de remplacement pour combler les vides de son vocabulaire, Bertrand dissimule son envie de rigoler.

— Et puis maintenant que nous avons parlé ensemble, nous nous comprenons mieux. Voyez-vous, nous ne sommes plus étrangers. En fait, vous avez raison d'exiger l'autorisation de circuler. C'est un travail de filtrage indispensable. Ce qui est dommage toutefois, c'est que vous ne fassiez pas confiance à des journalistes qui sont loin d'être hostiles à votre cause !

Discussion courtoise s'il en est, ou plutôt diplomatique, au terme de laquelle ils acceptent d'être filmés.

Le commandant fait installer ses hommes armés dans la cour et prend place derrière son bureau qu'il a fait descendre et sur lequel il a reconstitué le désordre des papiers qui le caractérisait dans la pièce de tout à l'heure : ça fait plus sérieux ! Nous filmons son discours qui n'en finit pas, totalement incompréhensible. Sans doute parle-t-il de leur merveilleuse organisation administrative... et militaire : il n'y a pas eu de guerre dans cette région depuis quatre ans. Les Soviétiques ne peuvent pas être partout!

Ce soir, nous mangeons de la chèvre. Ça fait du bien. Ici règne la paix. Pour combien de temps?

Vendredi 24 août

Nous attendons le retour de Mehrabuddin... qui arrive vers 11 heures, épuisé de fatigue. Son cheval, apparemment si fringant, ne voulait rien savoir pour avancer plus vite. Il a dû marcher en le tenant par la bride; neuf heures de route pour atteindre la fameuse « capitale ». La nuit étant tombée, il n'a pu voir le roi que le lendemain, mais celui-ci n'a pas daigné poser son royal regard sur lui. Il n'a fait que tendre une main molle en disant :

— J'ai déjà envoyé la réponse au sujet des journalistes.

— C'est tout, demande Bertrand. C'est tout ce qu'il a dit?

Mehrabuddin a donc rebroussé chemin. Comme par hasard, la réponse n'est toujours pas arrivée.

— Bon, ça commence à bien faire. Foutons le camp en profitant de la nuit, ces connards ne vont tout de même pas nous tirer dessus!

Je suis décidé au tout pour le tout; nous avons perdu assez de temps. Mais Mehrabuddin n'est pas d'accord. Il ne le dit pas directement, mais il déconseille cette solution :

— Tout le monde est maintenant au courant de notre histoire. On aura des ennuis encore pires que ceux d'aujourd'hui.

Que faire? La situation est absolument grotesque : nous sommes en état d'arrestation dans ce village de K... parce que nous n'avons pas de « visa », visa qui ne peut être délivré que par le « ministre des Affaires étrangères » de ce gouvernement dit Islamique révolutionnaire du Nouristan. L'absurdité réside surtout dans le fait que ce n'est pas le roi, visiblement, qui délivre une autorisation de circuler, mais ce ministre, qui plus est, résidant au Pakistan, à Chitral, c'est-à-dire planqué! Pour nous, une chose est sûre, si nous retournons à Chitral c'est l'expulsion. Nous avons eu une chance inouïe de pouvoir franchir la frontière, ça ne marchera pas deux fois de suite. Il reste une solution : envoyer quelqu'un à notre place auprès du pseudo-ministre. Nous dévisageons Mehrabuddin qui regarde ailleurs et, devant sa figure aux traits tirés, lui demandons de nous trouver un messager de confiance. Deux heures plus tard — c'est long deux heures! — deux moudjahidin du Panjshir, contre une petite somme d'argent (700 afghanis), acceptent de prendre en charge cette délicate mission : franchir le col, se rendre à Chitral sans se faire confisquer nos passeports par la police pakistanaise, trouver ce ministre, obtenir les « visas », repasser le col et nous rejoindre. Ils disent pouvoir remplir cette mission en deux jours. Dieu soit avec eux! Nous les filmons, histoire d'avoir un souvenir s'ils disparaissent avec nos passeports et les regardons quitter le village-prison. Espérons que nos deux hommes de confiance ne vont pas tomber entre les mains de bandits, puisque, dit-on, la région en est infestée.

— C'est la guerre! Les gens n'ont rien, alors ils volent.

Nous passons le reste de la journée à tenter de réparer un magnétophone, mais avec une tenaille de forgeron la tâche se révèle impossible. Il faudra se contenter d'un seul appareil en priant, on n'arrête pas de prier ici, en priant pour qu'il ne se casse pas. L'Afghanistan est l'endroit le plus rude que je connaisse pour les hommes bien sûr, mais surtout pour le matériel. Écrasé dans les sacs accrochés sur les flancs des chevaux, tout ce qui est fragile est condamné à la casse à plus ou moins long terme. C'est pourquoi nous avions prévu un minimum de deux caméras et deux magnétophones. Ayant déjà une expérience du terrain, j'ai emporté trois caméras. J'aurais dû faire la même chose pour les magnétophones.

Le soir, j'essaie de retrouver le calme nécessaire pour affronter les pépins qui vont sans doute constituer l'ordinaire des jours à venir.

Samedi 25 août

Nous filmons dans le village : les groupes qui vont et viennent, les uns du Pakistan, les autres du nord de l'Afghanistan. Cet endroit est un lieu de passage d'été. L'hiver, la neige bloque les cols et le trafic de caravanes. Caravanes d'armes et de munitions du Pakistan au Panjshir, au Badarchan ou à Kunduz. Caravanes de lapis-lazuli dans l'autre sens. La résistance s'achète ses armes et son ravitaillement avec les seules richesses exportables qu'elle possède : les pierres, émeraudes en faible quantité, lapis à profusion. Nous filmons aussi des enfants qui fument des cigarettes et conservent la fumée dans des sacs de plastique pour l'inhaler à nouveau. Les villageois sont fascinés par notre activité. Nous faisons de la mise en scène avec une centaine de figurants. Nous relisons nos notes de documentation sur l'Afghanistan. Ça occupe!

L'Afghanistan, un peu plus grand que la France, est formé par une immense chaîne montagneuse, dernier segment de l'Himalaya qui descend d'est en ouest : c'est la barrière de l'Hindou-Koush. A l'est, près de la frontière chinoise, les sommets du Pamir sont très élevés (plus de 6000 mètres); les montagnes sont jeunes. Descendant progressivement vers l'ouest, cette chaîne est composée de pics et de vallées glaciaires, pour se transformer en hauts plateaux qui rejoignent ensuite les plateaux iraniens. Le massif central du Hazarajat est, lui, parcouru par de grandes vallées qui en permettent la traversée. Au sud et au nord de cette chaîne s'étendent des déserts (dont le plus sec est le Régistan au sud), parcourus par des nomades et entrecoupés d'oasis. Entre déserts et montagnes, dans les piémonts et dans les plaines, on trouve les régions les plus riches et les plus fertiles de l'Afghanistan : plaine de Kaboul, oasis de Kandahar, plateau de Hérat. C'est là que se concentre l'essentiel de la vie urbaine et des cultures irriguées.

L'Afghanistan est donc dans son ensemble un pays montagneux; Kaboul, la capitale, est à 1700 mètres d'altitude. La route qui va vers l'U.R.S.S. franchit, au tunnel de Salang, les 3 600 mètres d'altitude.

De ces montagnes centrales coulent quelques grandes rivières :

Amou-Darya, qui fait la frontière avec l'U.R.S.S., Helmand, Arghandab, Hari-Round et rivière de Kaboul. Seule cette dernière rejoint la mer en se jetant dans l'Indus; toutes les autres se perdent dans les sables des déserts.
Quant au climat, il est très continental. L'été est chaud et sec, sauf dans les hautes montagnes. L'hiver est froid et rude; les neiges tombent dès novembre et la température descend en dessous de 20 degrés, sauf dans le désert du sud et à Djellalabad. Les précipitations sont rares à l'exception de la frontière orientale qui reçoit les dernières franges de mousson, ce qui explique les forêts du Nouristan et du Paktya. Faute de pluie c'est la neige qui fournit l'eau : s'accumulant dans les montagnes du centre, elle gonfle à la fonte des neiges les rivières qui alors débordent dans tout le pays. C'est donc essentiellement sur l'irrigation que reposent les cultures *(âbi);* on trouve en montagne des cultures sèches *(lâlmi)* très aléatoires car dépendant des pluies incertaines. La végétation n'est nullement tropicale : fruits, légumes et arbres sont en gros ceux de nos climats.

Après le déjeuner nous organisons sur l'herbe une réunion de travail afin de mettre au point une série de questions à poser à ce ministre des Affaires étrangères, lorsqu'au retour nous irons lui rendre une petite visite de courtoisie. Voilà le fruit de nos élucubrations :

Question 1 — Êtes-vous conscient d'être le seul membre d'un gouvernement au monde résidant en dehors de son pays pour remplir sa fonction ?

Question 2 — Votre roi n'a pas, semble-t-il, les pouvoirs de donner le tampon de « visa ». Etes-vous plus puissant que votre roi, ou a-t-il tout simplement perdu le deuxième tampon ?

Question 3 — (Question à mille francs!) Quel est le poids de l'État du Nouristan dans la négociation sur le désarmement nucléaire ?

Question 4 — (facultative) Nous avons remarqué que le commerce marchait bon train dans le Nouristan qui profite du passage des caravanes provenant des régions bombardées, meurtries par la guerre; les prix des denrées que vendent vos compatriotes commerçants sont très élevés par rapport à tous ceux pratiqués dans les autres provinces : avez-vous un système de régulation des prix ?

Et, en prime, notre poing dans la gueule !

Dimanche 26 août

Toujours prisonniers de ces connards de Nouristanis. Depuis que nous les avons filmés ils n'arrêtent pas de s'excuser, mais hélas ! ça ne change rien à notre situation. Le commandant obtus ne veut pas démordre de ses conditions : le visa ou le retour direct au Pakistan.

Pas de nouvelles de nos messagers. Il faut attendre encore, attendre toujours. L'attente est le pire fléau du journalisme car c'est la route vers l'échec du reportage. Espérons qu'ils auront réussi, avec nos passeports glissés dans la doublure d'une de leurs vestes, et surtout qu'ils n'arriveront pas trop tard !

Il faut reconnaître que le site est superbe, l'herbe verte, broutée par les chevaux, ce qui lui donne cet aspect entretenu des gazons anglais, les arbres à l'ombre fraîche, une source d'eau glacée, une prison dorée ! Les Nouristanis de ce village vivent de la guerre. En bons commerçants, ils profitent d'une situation qui permet l'inflation dans le sens de leur bourse. Ils arnaquent tant qu'ils peuvent et dans la « légalité » la plus tranquille. Mais s'ils s'enrichissent, ils ne savent visiblement pas en jouir. Car enfin il est étrange de voir des personnages empocher autant d'argent et vivre dans des maisons aussi innommables : pas d'ouvertures, les murs recouverts de suie et de crasse, sol en terre battue, sans tapis, jamais nettoyé.

Il est maintenant 14 heures et nos messagers ne sont toujours pas arrivés. Nous échafaudons des tas d'hypothèses et renforçons nos projets de vengeance pour donner une leçon au ministre en question, au cas où il ne donnerait pas ces visas de carnaval.

Des clandestins qui font du bien

Depuis l'entrée des forces soviétiques en Afghanistan, le 27 décembre 1979, quatre cents médecins et infirmières français ont pris tous les risques pour aller soigner, bénévolement, ceux que la guerre isolait. Un moudjahid de notre groupe vient de sauter sur une mine, les médecins de l'A.M.I. *(Aide Médicale Internationale)* l'opèrent en catastrophe. Il sera sauvé. (Cl. Bony / Ponfilly.)

Aller sur l'événement

Aucune menace au monde n'empêchera un homme qui veut être libre de se battre pour le rester. « Reporter », c'est aller voir la réalité de ceux qui sont en danger, de ceux qui vivent des situations extrêmes. Pour moi, faire un film de reportage, c'est ouvrir la fenêtre sur un nouvel espace, un geste nécessaire pour apprendre à vivre encore... libre. (Cl. Gallet et Cl. Bony / Ponfilly.)

1981 - Panjshir : une vallée riche. Des combattants, mais aussi des civils

La presse occidentale souffre d'un mal chronique : elle est trop souvent avide de spectaculaire. Semblable à quelque vampire, elle aime le sang et l'émotion. Pour l'Afghanistan, la demande est toujours la même : on veut des combats.
Le reporter de guerre aura pourtant du mal à égaler le « réalisme » des films de guerre... de fiction. Filmer des explosions d'obus de mortier, c'est gâcher des kilomètres de pellicule! A *InterScoop,* nous voulons aller au fond des êtres. Montrer la vie des hommes, des femmes, des enfants impliqués dans des drames qui souvent les dépassent. (Cl. Bony / Ponfilly.)

1984 - Panjshir : une vallée martyre

Sur plus de cent kilomètres : des villages en ruine. Cent mille personnes sans abri, jetées sur les routes de l'exil. La huitième offensive soviétique n'a détruit que des maisons, des champs, des arbres, des canaux d'irrigation. Elle a aussi, sans discernement, anéanti des mosquées... alors que les autorités de Kaboul se disent respectueuses de la libre pratique de la religion. (Cl. Bony / Ponfilly et Cl. Girardet.)

Bricolage et courage contre les armées modernes des Soviétiques

Ce commandant, responsable de l'armement du Panjshir, était un génie du bricolage. Avec du fil de fer, il réparait les armes prises aux Soviétiques en en faisant des pièges. Après avoir perdu une jambe en sautant sur une mine, il a été capturé, lors de la septième offensive. Aujourd'hui, ses amis s'interrogent : est-il encore vivant? (Cl. Bony / Ponfilly.)

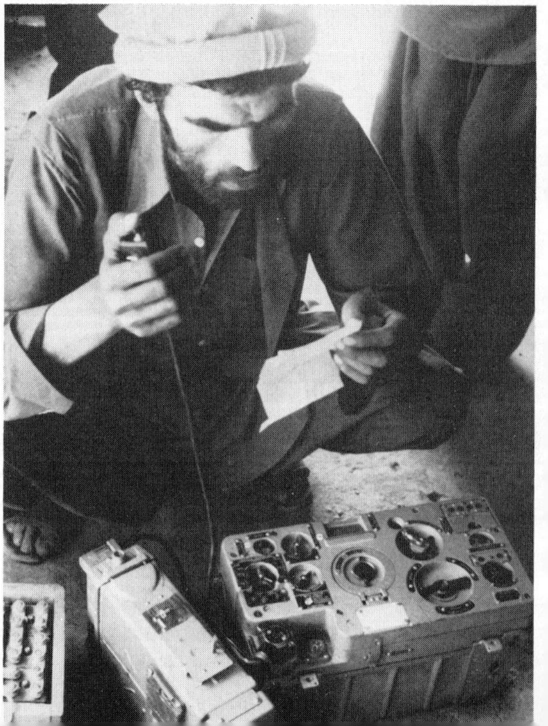

L'Afghanistan, c'est aussi l'aventure

Un reporter est un homme passionné. Vivre avec intensité, partager, voir, écouter, comprendre. Ce cavalier est l'un d'eux, Pierre Issot-Sergent : plusieurs reportages à travers le pays. D'autres, passionnés par l'Afghanistan avant la guerre, sont devenus des témoins privilégiés du drame afghan : Olivier Roy, Michael Barry, Patrice Franceschi, Jean-Christophe Victor... Ici, Jean José Puig n'en oublie pas pour autant sa passion : la pêche! (Cl. Gamma et Cl. Bony / Ponfilly.)

L'Afghanistan, c'est aussi le courage

Contrairement à ce que prétendent les autorités de Kaboul, les médecins français qui se rendent clandestinement en Afghanistan sont de vrais médecins. Pas des espions! A moins que témoigner d'une réalité choquante pour la dignité humaine soit assimilé à de l'espionnage? Les organisations humanitaires, *Aide Médicale Internationale, Médecins Du Monde, Médecins Sans Frontières,* sont parmi celles qui agissent le plus efficacement à l'intérieur du pays. Leurs témoignages remplacent souvent ceux des journalistes des grands organes de presse, la plupart du temps absents. L'Afghanistan c'est dur, c'est long, c'est compliqué... Et ce n'est pas vendeur! (Cl. Bony / Ponfilly et Cl. Girardet / Ponfilly.)

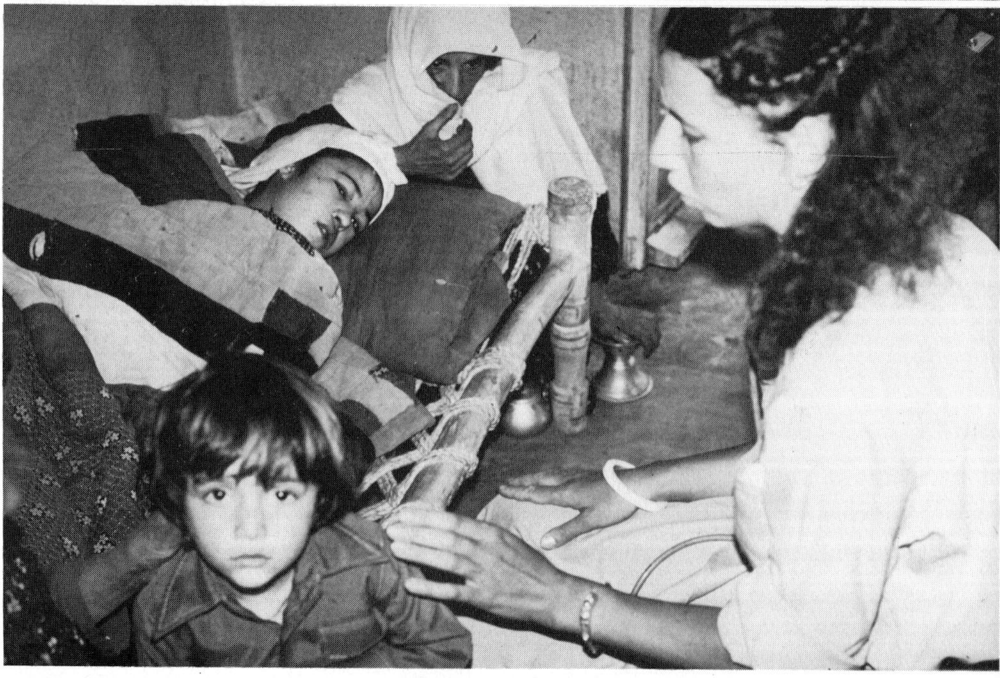

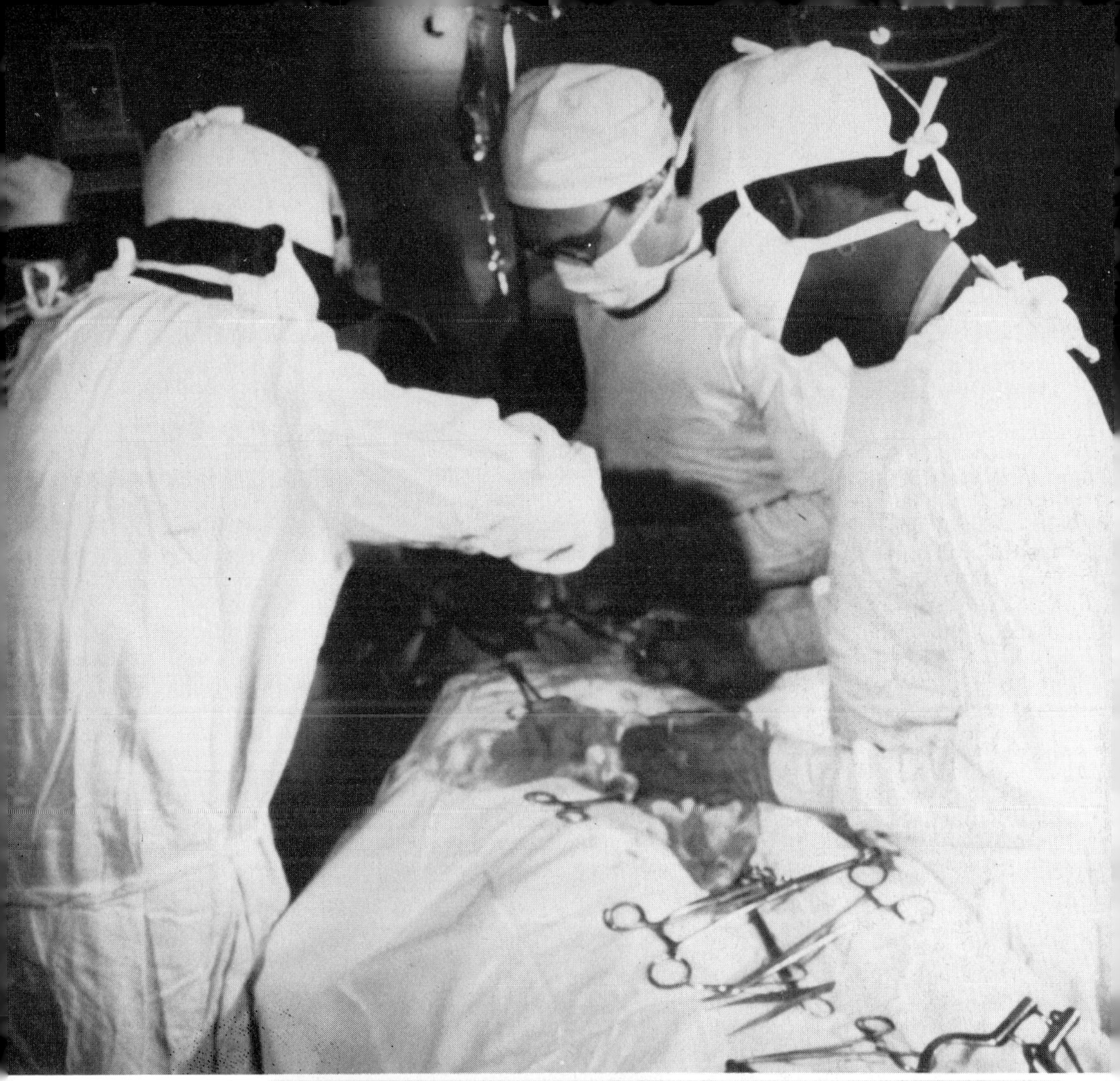

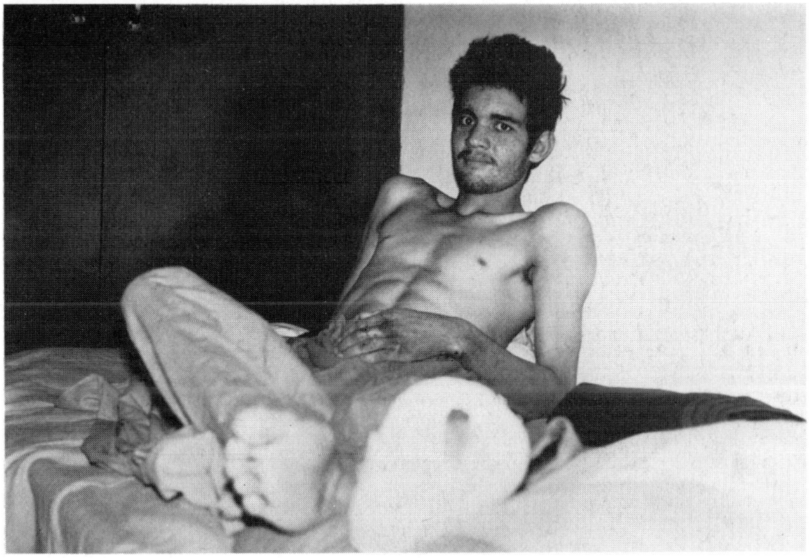

Ennemi n° 1 des Soviétiques

Massoud, trente-deux ans, est un des leaders les plus efficaces de la résistance afghane. Chef militaire et politique, ce Che Guevara des années 80 étend aujourd'hui son contrôle sur une grande partie du nord-est de l'Afghanistan. Il veut unifier les partis sur le terrain. (Cl. Bony / Ponfilly et Cl. Gallet / Ponfilly.)

D'autres maquis, d'autres hommes qui résistent

Pour un reporter, l'expérience est une richesse, le carburant de l'analyse. En Angola, j'ai vu l'organisation de l'U.N.I.T.A. (Union Nationale pour l'Indépendance Totale de l'Angola) et j'ai filmé l'attaque de ses hommes sur Munhango, ville située sur la voie ferrée reliant les mines de cuivre de Zambie à Benguela, sur la côte atlantique. A l'instar des combattants afghans, les commandos de Savimbi, leader de l'U.N.I.T.A., sont organisés, disciplinés, bien encadrés. Vieux routier de la résistance, Jonas Savimbi, à la différence de Massoud, sait manier les médias et l'art de la propagande, comme en témoignent ses affiches de style « réalisme socialiste », souvenir de son apprentissage de la guérilla en Chine populaire. En Éthiopie, le F.P.L.T. (Front Populaire de Libération du Tigré) m'a démontré que l'absurdité était souvent le propre de l'homme : un maquis marxiste-léniniste bombardé par les Soviétiques! A méditer! (Cl. Girardet / Ponfilly et Cl. Bony / Ponfilly.)

ANIVERS
17
DA FUNDAÇ
DO
PARTIDO
A UNITA É A DIRECÇÃO
QUE CONGREGA AS VONTAD
E TRANSFORMA
A FRUSTRAÇÃ
EM FORÇ

Du matériel, des hommes, une équipe

A *InterScoop,* nous tentons une nouvelle aventure : celle de réunir des reporters cinéastes animés d'une même passion : réaliser des films sur les événements qui font l'histoire de notre monde en en privilégiant l'aspect humain. Notre ambition : rester sur le terrain durant de longues périodes (ce que font trop rarement les équipes des télévisions nationales). Jérôme Bony, Edward Girardet, Bertrand Gallet, Frédéric Laffont, Antoine Roblot, Antoine de Broglie et surtout, bien sûr, Mathilde Péan, fée du montage et de la conception, je vous souhaite bonne chance dans notre équipe de choc. (Cl. Gamma.)

La chance est une des composantes d'un reportage. Elle semble n'être pas au rendez-vous. Nous accumulons les ennuis. J'en connais un anodin, très personnel mais que je ne résiste pas à l'envie de confier à ces pages : la vie d'un reporter est sujette aux aléas les plus abracadabrants; j'ai, en pissant dans l'herbe du Nouristan, accroupi, comme c'est la coutume ici, compte tenu, je pense, des pantalons bouffants que nous portons, attrapé un hôte involontaire : une tique *(rixus rixin)*. Je connais cet animal, cet acarien parasite des animaux et éventuellement de l'homme, ce suceur de sang, facteur occasionnel de maladies infectieuses. Je le connais pour l'avoir étudié du temps où je rédigeais les textes du tome « Animaux » du *Grand Quid Illustré*. Une tique, donc, très, très mal placée... pour tout dire : accrochée à la paroi de mes testicules! J'ai essayé de l'en déloger en lui tirant dessus, mais cet animal est tenace et ne veut lâcher prise. J'ai alors opéré un saupoudrage intensif de D.D.T. sans plus de résultat. La petite salope est toujours là! N'ayant pas d'alcool je n'ai plus qu'à avoir de la patience. Mais lorsqu'il y a du vent elle me fait mal. Pour baliser l'ennemie, je l'ai coloriée avec mon crayon feutre, elle sera ainsi plus facile à repérer lors de mes inspections. Bertrand feint d'être solidaire de ce nouveau pépin, il me plaint mais se marre en se foutant de ma gueule. Il faut avouer que c'est insolite et l'image que je donne à ouvrir sans cesse mon pantalon en espérant ne plus voir ce parasite a de quoi faire rire une chambrée. Tous les jours, je jetterai un coup d'œil pour voir si cet insecte horrible, car c'est horrible à voir cette petite boule blanche occupée à s'emplir de votre sang, pour voir, donc, s'il s'est décidé à lâcher prise.

Ainsi tout, tout va mal : les magnétophones ont des problèmes de contacts, les Nouristanis, à qui nous rêvons de casser la gueule, nous empêchent d'avancer vers le Nord et cette tique, nouristanie bien sûr!

Toujours pas de nouvelles de nos passeports. C'est désespérant. Je relis en photocopie l'article d'Olivier Roy, paru en mai 1980 dans la revue *Esprit :*

Il y a une extrême diversité du statut de la terre en Afghanistan selon les régions, mais il y a quelques constantes. La très grande propriété (plus de 100 hectares, ce qui n'est pas énorme) est extrêmement rare. Un paysan riche possède une dizaine d'hectares de terres irriguées, un paysan moyen de deux à quatre, un paysan pauvre moins ou rien. Il n'y a pas d'un côté une classe de grands propriétaires et de l'autre une masse de prolétaires agricoles, comme la propagande a essayé de le faire croire. Les observations que j'ai pu faire dans le bourg d'Alingar, province du Laghman, sont en accord avec les chiffres de Gilbert Etienne : 25 % de riches propriétaires, 50 % de moyens propriétaires, qui vivent en autarcie et 25 % de paysans sans terre, obligés de se louer comme ouvriers agricoles. Mis à part le système du *Gerao* (gage), dont nous allons parler, il s'agit bien pour ces derniers d'un salariat, sans aucune forme d'attachement à la terre. La majorité des paysans sont des petits propriétaires indépendants (la proportion diminue peut-être dans les plaines du Nord pour augmenter dans les montagnes).
Il faut savoir aussi que la terre n'a de valeur qu'irriguée : le problème fondamental n'est pas celui de la terre mais celui de l'eau. Les terres non irriguées *(lâlmi)* sont libres : quiconque les ensemence est propriétaire de plein droit de la récolte. Toute la question est de répartir l'eau, et c'est là que les notables peuvent jouer de leur influence pour se faire établir des tours d'eau supplémentaires. Je ne dis pas que la société afghane est égalitaire et démocratique; il y a bien une forme d'exploitation au profit des notables (les *arbab* ou *mâlek)*, mais qui n'a rien de spécifiquement féodal. L'exploitation peut être directe : le propriétaire embauche un ouvrier agricole ou laisse son champ à un métayer; celui-ci a droit à une partie de la récolte qui va de la moitié au sixième selon qu'il apporte ou non les instruments de travail et les semences. L'exploitation indirecte se fait par le système du *Gerao :* un paysan emprunte de l'argent, il laisse en hypothèque un champ qu'il travaille et dont la récolte va au créancier jusqu'à l'extinction de la dette. Or les occasions de dettes sont fréquentes : soudure entre deux récoltes et surtout mariage (la dot est exorbitante : jusqu'à 1 million d'anciens francs).
Mais cela ne suffit pas à créer une classe de paysans exploités : le petit propriétaire endetté vivra toujours comme petit propriétaire, d'autant plus que le prêteur n'est pas forcément le notable, il peut s'agir d'un autre petit propriétaire. Enfin, ces problèmes

d'exploitation sont occultés par une question plus fondamentale : la pression démographique. La petite propriété se morcelle par héritage, l'exode rural est faible et les rendements n'augmentent guère. Il y a eu un net appauvrissement de la petite paysannerie dans les années qui ont précédé la révolution : mais pour enrayer ce processus il ne suffit pas de changer le statut de la terre (même si le changement est fait à bon escient, ce qui n'a pas été le cas), le problème fondamental reste celui de l'augmentation des surfaces cultivables par l'extension de l'irrigation : c'est cela que les paysans afghans attendaient, très consciemment, d'un renversement de l'ancien régime. Ils attendaient aussi une réforme du système d'hypothèques et un contrôle impartial de la distribution d'eau et d'engrais. Ils n'attendaient pas un bouleversement de leurs structures sociales. Il n'y avait aucune situation révolutionnaire dans les campagnes. La structure de la paysannerie afghane restait souple et complexe. Le mot « féodal » désigne, dans la bouche de Marchais, non pas un mode de production au sens marxiste, mais un état d'arriération technique, qu'on étend à toute la civilisation d'un pays : comme pour le colonialiste du XIXe siècle, l'arriération d'un pays justifie à elle seule la colonisation. Même mépris pour la culture des sociétés à faible technologie, même foi aveugle dans un progrès qui n'a que faire des vestiges du passé, même ethnocentrisme qui félicite l'Armée rouge d'avoir mis fin à l'exploitation économique des indigènes mais qui n'oserait l'appeler pour délivrer le paysan breton de la tyrannie du Crédit agricole...

Lundi 27 août

Le soleil inonde la vallée, chassant le gris de l'aube pour redonner liberté aux couleurs de la nature. Le vert des arbres, des buissons et de l'herbe des prairies nous réinstalle un beau décor. Nos messagers ne sont pas revenus. Ça devient de plus en plus catastrophique. Pour nous il n'y a pas d'alternative, nous devons trouver un moyen de nous rendre vers le Panjshir. Il faudrait mettre au point un moyen efficace pour éloigner ce « commandant » stupide. C'est lui qui nous retient! Il ne cesse de faire sa prière, car c'est aussi le mollah du village. Pour l'emmerder — mais aussi parce que c'est la vérité — nous lui avons fait remarquer que sa mosquée était mal orientée, elle est trop à l'est. Mehrabuddin, lui, s'applique à être d'une diplomatie courtoise. Nous le soupçonnons d'ailleurs de ne jamais traduire nos insultes et menaces. Lorsque nous traitons, par exemple, le patron de la tchaïkkana, de sale connard d'escroc, de sale profiteur, Mehra doit traduire :

— Ils disent qu'ils ont très bien mangé et vous en remercient. Mais ils ont trouvé le riz trop chaud...

Alors que le riz et le pain sont infects et coûteux!

Mehra vient de refaire une tentative auprès du commandant :

— Il faut que vous compreniez que les journalistes nous aident à faire connaître ce qui se passe vraiment dans notre pays. Nous ne pourrons pas continuer à nous défendre seuls contre l'Armée rouge qui nous détruit lentement.

Et le commandant d'opérette de répondre :

— Nous n'avons pas besoin de l'aide d'étrangers. Seul Allah est là pour nous apporter un soutien. Notre destinée est entre ses mains...

Mais voyons! Hier, un important groupe de réfugiés du Nord est passé par le village. Allah avait oublié de leur venir en aide lorsque les Soviétiques avaient attaqué à la roquette les maisons de leurs villages. Maintenant, après vingt jours de marche à travers les montagnes, ils allaient accroître le nombre des réfugiés afghans exilés au Pakistan. Seuls bagages sauvés des bombardements : quelques couvertures, des ustensiles de cuisine, peut-être de l'argent caché dans les replis des sacs de voyages, ou des pierres fines. Avec leurs enfants accrochés comme des paquets sur les croupes de leurs chevaux, de leurs mules ou de leurs chameaux, ces réfugiés vont en silence vers la pauvreté et la solitude.

La population afghane constitue aujourd'hui la plus forte population réfugiée du monde entier. Combien sont-ils? Les chiffres varient, car il est difficile de contrôler une population

fluide et réticente à tout encadrement administratif. Près de 4 millions au Pakistan selon les chiffres du U.N.H.C.R. (Haut Commissariat aux Réfugiés des Nations unies) et 1 million en Iran, soit le tiers de la population totale de l'Afghanistan. Depuis l'invasion soviétique les réfugiés sont venus en flots continus. Les premiers venaient des zones pashtounes du sud à la suite des grandes opérations soviétiques contre le Kunar (1980), le Loggar et le Paktya. Ils trouvaient au Pakistan des gens de même ethnie qu'eux. Mais à partir de 1982, on vit arriver les populations du nord, Tadjiks et Ouzbeks, beaucoup moins à l'aise au Pakistan. Les Hazara du centre, comme les gens de Hérat, tâchaient de rejoindre surtout l'Iran. Enfin de nombreux nomades, habitués à passer l'hiver au Pakistan, n'ont pas tenté de regagner les pâturages d'été, la traversée des plaines, et en particulier de la route asphaltée, étant trop dangereuse.
Les réfugiés se sont installés soit dans des villages improvisés à la frontière, soit dans des camps mis en place par les autorités pakistanaises, soit dans les villes. On trouve dans les villages et dans les camps surtout des populations paysannes, qui sont passées avec leurs troupeaux et les maigres biens qu'ils ont pu transporter; ils tentent, dans un environnement souvent différent, de recréer les mêmes conditions de vie qu'en Afghanistan. Mais au Pakistan l'eau et le bois sont plus rares. On a donc assisté à un déboisement de vastes zones, surtout au nord du Pakistan. Les réfugiés, souvent venus en groupes, par villages ou par clans entiers, recréent les structures sociales de leur pays d'origine. Mais, comme souvent les jeunes ont disparu ou sont restés faire la guerre, ce sont les vieux qui prennent en charge l'administration des camps et des villages, d'où une crispation sur les coutumes et le mode de vie traditionnel. Il n'y a, à part quelques exceptions, ni écoles, ni hôpitaux dans les camps.
Les gens de Kaboul s'installent plutôt dans les villes pakistanaises où ils s'intègrent rapidement. L'aide étrangère, surtout distribuée par le U.N.H.C.R., a permis d'éviter la famine, mais il est difficile de faire plus, car les Pakistanais craignent que cette population ne s'installe définitivement au Pakistan. Les réfugiés sont devenus impopulaires dans la population pakistanaise, qui pense qu'ils sont favorisés par rapport aux autochtones. La situation des réfugiés afghans est donc très précaire. Le flux des réfugiés est loin de se tarir depuis que les Soviétiques ont accentué en 1984 leur pression militaire. Petit à petit c'est tout un pays qui se vide.
Indépendamment des Afghans qui émigrent au Pakistan, il faut parler aussi des réfugiés de l'intérieur : ces familles, surtout du

Nord, qui cherchent dans les villes, et particulièrement à Kaboul, un abri contre les bombardements : parmi eux surtout des femmes, des enfants et des vieillards car les hommes seraient immédiatement recrutés de force dans l'armée. Le nombre de ces réfugiés doit dépasser le million.

Rêve non-stop de balancer nos poings et nos pieds dans les tronches de ces Nouristanis qui profitent de la situation pour s'octroyer le pouvoir. Ils contrôlent le point de passage des caravanes. Ils sont devenus importants. Le voudrait-elle, la résistance ne peut se les mettre à dos!

Il n'y a rien à filmer. Attendre. Voilà vingt et un jours que nous attendons, l'esprit en roue libre. École de sang-froid en cours du soir et du jour. Les responsables de ce retard, de ce gâchis de temps et d'énergie, sont nombreux : à commencer par les Afghans et leur difficulté à accélérer les choses — on ne nous a donné le feu vert pour venir qu'au début août alors que nous aurions pu partir en juillet (un mois de perdu). La lenteur du pouvoir décisionnel de la télévision a aussi sa part de responsabilité, chacun ayant voulu mettre son grain de sel dans la mise sur pied des deux équipes de reportage. Abouchar, lui, a dû passer et se trouve peut-être déjà près de Hérat. Le veinard! Sans doute a-t-il évité nos ennuis, puisse-t-il ne pas rencontrer le genre de cons qui nous entourent aujourd'hui! Mais il y en a beaucoup, comme partout!

Agha Gul aussi est responsable de notre situation. Agha Gul qui nous a si bien guidés et protégés avec Jérôme, en août 81. Pourquoi a-t-il déconné? Lui qui était le meilleur caravanier du Jamiat. Il a l'air fatigué, la guerre qui dure tant use les hommes et leur ardeur à se battre. Le rouleau compresseur soviétique est lourd, très lourd. Agha Gul n'a, avec nous, fait que des erreurs : nous faire attendre à Chitral, avec tous les flics qui rôdent, surtout dans le périmètre de l'hôtel Trich-mir. C'est lui aussi qui s'est opposé à ce que nous demandions le « visa » d'opérette. Après tout, un tampon n'a jamais fait de mal à un passeport! A cause d'un coup de tampon refusé, nous avons déjà perdu, au jour d'aujourd'hui, la bagatelle de huit jours!

14 heures 30. Nos messagers ne sont toujours pas annoncés.

C'est très inquiétant. Nous décidons de quitter ce village la nuit, de nous évader en profitant du relâchement de la garde. Le commandant croit en effet que nous ne pouvons partir sans nos passeports. Il se met le doigt dans l'œil. Dans le plus grand secret, nous confions à un Panjshiri qui a l'air honnête et qui se rend au Pakistan le message suivant adressé à nos deux messagers :

— Retournez à Chitral et confiez nos passeports au bureau du Jamiat, nous les reprendrons au retour.

Mais il y a un hic dans notre plan : Ata, notre guide, doit d'abord obtenir l'autorisation de faire paître ses chevaux à la périphérie du village, sinon comment pourrons-nous emporter nos bagages en secret?

Affabulateur, comme tout Afghan qui se respecte (ils ressemblent un peu aux Méridionaux français qui aiment exagérer pour se faire mousser, pour embellir sans cesse et par jeu la réalité). Menteur donc, Ata échafaude un prétexte : « Mes chevaux ont des maux de ventre, l'orge que vous me vendez ne leur convient pas, il leur faut de la bonne herbe, celle qui pousse près du ruisseau, là-bas en contrebas du village. » Pour donner l'autorisation, le conseil, après avoir pris son thé, se doit de se réunir. Ça lui prendra une bonne heure. Nous avons maintenant un solide entraînement!

A 15 heures, l'autorisation est refusée : les chevaux n'ont qu'à faire un effort. En plus, le comble, des hommes du commandant viennent pour emporter nos bagages sous prétexte de les mettre en lieu sûr. Nous nous y opposons violemment.

Il ne reste plus qu'une solution. Suivez mon regard : Mehrabuddin a compris, il se lève, enfile sa veste après avoir lacé ses souliers, prend son patou en prévision de la nuit, nous salue et s'en va vers le col, les flics pakistanais, et Chitral. Il faut qu'il aille vite pour rattraper s'il est encore temps notre troisième messager panjshiri.

Des voyageurs viennent de rapporter une nouvelle de mauvais augure : les Soviétiques bombardent les cols qui mènent au Panjshir. Serait-ce la préparation d'une prochaine grande offensive?

La nuit tombe, avec sa fraîcheur et des cauchemars tristes.

Une pensée pour Mehra qui doit se geler dans la montagne, enveloppé dans une couverture de survie. Ma tique dort avec moi.

Mardi 28 août

Nous suivons Mehra par la pensée, imaginons ses pas rapides sur les sentiers. Selon nos évaluations et notre expérience du terrain, il doit arriver à Chitral demain. Encore quelques jours prisonniers dans ce fichu village.

Une bonne nouvelle me revigore le moral : ma tique n'a pas résisté à l'insecticide dont je l'ai badigeonnée. Mais je commence à avoir la maladie des Occidentaux en Afghanistan : la diarrhée. Bertrand, lui, fait le marathon de la sieste, protégé des mouches sous une couverture qui lui sert de tente.

17 heures 30. Mehrabuddin, par miracle pensons-nous, est de retour. Couvert de poussière, l'air encore plus fatigué que lors de son retour de la capitale, il s'effondre sur le sol où nous sommes assis. Tout va mal, tout va très mal, madame la Marquise!

Le « ministre des Affaires étrangères » a confisqué nos passeports et exige que nous payions une « amende » pour n'avoir pas respecté la loi de leur État. Il demande une bagatelle de 2 000 dollars et menace, en cas de non-règlement, de nous faire repasser la frontière manu militari et remettre entre les mains de nos amis les flics pakistanais. C'est non seulement du banditisme pur et simple, mais l'indice d'une « collaboration » avec le régime de Kaboul. Pourquoi en effet cette province est-elle épargnée par la guerre? Pourquoi?

Mercredi 29 août

Le commandant a disparu de la circulation. On ne le trouve pas pour débattre des dernières nouvelles. Il n'est pas à genoux en train de prier dans la mosquée mal orientée. Il n'est pas en train de travailler en roupillant sur son bureau. Il doit être parti se planquer à l'ombre d'un arbre pour faire une sieste-réunion. La plaisanterie continue. Nous voulons négocier les 2 000 dollars puisque de toute façon nous ne les avons pas. Le « ministre » nous a écrit, dans une lettre personnelle, ses conditions aberrantes. Cette preuve va s'ajouter à nos armes.

Il paraît qu'à Chitral la police nous recherche. La chasse aux journalistes est donc bel et bien ouverte. Cet aspect de la réalité de l'isolement des Afghans sera à mentionner dans le reportage : les profiteurs afghans de l'état de guerre, le rôle du gouvernement pakistanais dans ce rempart anti-information.

Encore une journée passée seulement à respirer l'air porteur d'odeurs de menthe et d'épineux, à entendre le glissement des eaux glacées du ruisseau, le bruissement du vent qui s'infiltre entre les branches et les feuilles des arbres, à recevoir la douce chaleur du soleil. Bien sûr, si nous n'étions que des touristes en quête de calme et de dépaysement, cette période d'emprisonnement serait agréable. On paie souvent, en d'autres lieux, pour vivre ce que nous pourrions apprécier de cet endroit sublime. Mais nous sommes là pour aller témoigner de ce qui se joue de l'autre côté des montagnes qui barrent l'horizon, plus haut, vers le nord, où l'on tue.

Nous ne trouvons toujours pas le commandant. Il est parti pour un autre village auprès de son père malade. C'est notre chance. Il a délégué ses pouvoirs à son adjoint, moins stupide. Bertrand réussi à convaincre celui-ci de se contenter de 500 dollars en échange de notre liberté. Il parvient à lui faire accepter la date et l'heure du départ-libération : demain, à 4 heures du matin! Un tour de force.

L'adjoint nous demande d'expliquer ce que nous dirons à notre retour en France.

— Que vous faites des erreurs, bien sûr. Nous ne comprenons pas votre attitude et surtout celle de votre ministre. Les Afghans devraient favoriser les voyages des journalistes. Nous venons ici pour raconter ce qui se passe chez vous et vous nous bloquez dans votre village. Comprenez nos colères.

Il réplique qu'ils sont obligés de délivrer des autorisations de circuler : « C'est un moyen d'éviter les infiltrations par les agents à la solde des Soviétiques! » Nous passons l'éponge et mettons nos rancunes à la consigne. Nous nous excusons platement pour les excès de nos rages, pour nos manifestations de violences et nos menaces. L'adjoint nous pose la question rituelle :

— Pourquoi la France arme-t-elle l'Irak contre l'Iran?

Question à laquelle nous répondons que les excès de la révolution islamique iranienne ne méritent pas d'être défendus et que nous sommes surpris de constater que certains Afghans pensent qu'il y a de bons et de mauvais musulmans. Cette dernière observation lui cloue le bec, d'autant plus que nous l'informons de la présence de plusieurs millions de musulmans en France, la France encore pays de tolérance.

La politique n'est pourtant pas le fort des Afghans.

Autrefois la politique était l'affaire de « la » ville, c'est-à-dire Kaboul, la capitale; maintenant c'est affaire de Peshawar, la ville des partis. Sous l'ancien régime, tant que l'État ne s'immisçait pas trop dans les affaires du village, tout ce qui pouvait se dérouler sur la scène de la capitale n'intéressait pas le paysan. Le village et la cour étaient deux mondes séparés et le paysan ne demandait pas mieux que d'envoyer le *khân* local au parlement élu, puisque de toute façon, la tâche des *khân* et des *mâlek* a toujours été d'assurer ce genre de médiation. Cependant, derrière ce discours anarchiste et apolitique, ce n'est pas le cynisme qu'il faut lire. En effet, l'Afghan se réfère à deux sortes de loyauté : son clan et la communauté musulmane. Il suivra donc le parti qu'il estime représenter à tort ou à raison son groupe : cela explique pourquoi le Jamiat est plutôt tadjik et pourquoi le Harakat est plutôt pashtoune. Pour peu qu'un leader traditionnel, qu'il soit religieux ou laïc, pourvu qu'il soit populaire, adhère à un parti et il sera suivi par les gens de son groupe. Inversement, si un parti semble incarner la commu-

nauté musulmane au-delà des rivalités locales, alors il bénéficiera d'un prestige plus grand.
Les seuls politisés, au sens que nous donnons au mot, sont les intellectuels qui ont fait leurs études à l'université : eux se réclament d'idéologies et de partis politiques. Lorsqu'ils reviennent dans la résistance, ils entraîneront la paysannerie locale dans les choix qu'ils ont faits s'ils s'imposent comme leaders. Mais pour cela il faut que les conditions soient favorables. Les tribus sont très hostiles aux partis politiques (et aux intellectuels en général) : elles se déterminent à la fois par rapport à leurs intérêts matériels et par rapport au mythe de la « guerre sainte » *(jihâd)*. Dans le premier cas, elles auront à leur tête les leaders traditionnels (les *khân);* dans le deuxième cas, des cadres religieux, des *mawlawi*. L'adhésion aux partis sera purement instrumentale, pour obtenir des armes.
Par contre, dans le Nord, la propagande des intellectuels islamistes a gagné certains secteurs de la population; ici, on peut parler de politisation de la population. Il faut dire que le coup d'État communiste a été un tel choc que beaucoup de gens peu intéressés par la politique, se sont demandés comment ils avaient pu laisser s'installer un régime communiste, sans même s'apercevoir de sa nature. C'est donc l'expérience vécue, la guerre actuelle, mais aussi la propagande constante des intellectuels fondamentalistes qui poussent une partie de la population à s'intéresser à des problèmes politiques fort négligés jusqu'ici.

Rois de la paperasserie (ce doit être à cause de la proximité contagieuse du Pakistan), les Nouristanis nous font signer plusieurs décharges professions de foi où nous clamons notre bonne volonté de respecter l'État islamique du Nouristan.

— Demain, vous vous rendrez chez le roi, dans la capitale. Je lui fais parvenir votre « dossier », il décidera de votre sort. C'est tout ce que je puis faire pour vous.

C'est déjà pas mal. Ce que nous demandions, c'était de partir de ce trou pourri.

Jeudi 30 août

Nous partons : ENFIN !

Contre une caution exorbitante, « racket d'État », nous voilà après la station de péage à jubiler en posant un pied devant l'autre.

Après huit heures de marche dans une vallée magnifique, verdoyante et paisible, nous atteignons la « capitale » de ce royaume-État. Pas de chance : le roi est malade ! Autre pépin : le messager qui était censé nous précéder avec notre « dossier » s'est volatilisé dans la nature... Il doit être allé rendre visite à sa famille ou est en train de faire la sieste sous un arbre...

Heureusement, un « membre du conseil révolutionnaire » nous accueille dans sa maison et nous rassure :

— Nous sommes désolés de ce qui vous est arrivé. Je vous en prie, je vous demande encore une heure, que votre « dossier » me soit remis et vous pourrez partir.

— Et la caution?

— Vous verrez plus tard. Je connais bien la France. Nous avons été aidés par des médecins français qui sont venus nous soigner. Vraiment je suis désolé de cette histoire. Pardonnez les gens de K...

Il nous raconte qu'une équipe de l'organisation française de médecins bénévoles, *Aide Médicale Internationale*, était venue, en janvier et février 1981 pour apporter des médicaments et ouvrir un hôpital. Il demande des nouvelles de ces médecins, Michel Lambert et Laurence Laumonier, que nous connaissons. Il ne sait comment nous être agréable et formule sans cesse des excuses.

Hélas ! on ne nous rendra pas tout ce temps passé à ne rien faire. Une heure plus tard, le messager n'étant toujours pas apparu, notre interlocuteur se lève, nous tend la main avec un large sourire et nous accompagne sur la route.

— Vous êtes libres de faire votre travail. Partez maintenant, je sais que votre temps est précieux, travaillez bien; lorsque vous repasserez ici, au retour, vos passeports vous seront remis.

Bonnes paroles! Y aurait-il des Nouristanis intelligents et sympathiques? Fait vérifié : celui-ci en est un.

Nous marchons jusqu'à 19 heures et stoppons dans une maison de thé où l'on nous prépare du mouton!

Aujourd'hui, nous aurons marché environ cinquante kilomètres. C'est une bonne moyenne. A ce rythme, nous atteindrons le Panjshir dans une dizaine de jours. En commençant à avancer dès 4 heures du matin, il sera même possible de raccourcir ce délai. A moins que les cols ne soient particulièrement difficiles à passer, comme cela était le cas il y a trois ans, surtout pour l'un d'eux, le col du Vieux-Fou, véritable désert de cailloux, se terminant par un mur quasiment à pic. Nous interrogeons tous les voyageurs qui passent en sens inverse :

— Il y a deux cols difficiles et trois autres plus faciles.

Le nombre des cols à franchir à l'aller est passé de sept à six. Souhaitons que ce soit vrai!

Vendredi 31 août

Le départ prévu à 4 heures est loupé : personne ne s'est réveillé! Nous quittons la maison de thé à 6 heures du matin, lorsque le jour est déjà là.

Douze heures de marche dans une nouvelle vallée, en remontant le torrent. Longue pente qui n'en finit pas. Nous parvenons enfin au pied de la montagne au sommet de laquelle se trouve le passage.

Il fait froid, les nuages menacent de nous apporter de la pluie. J'écris emmitouflé dans mon duvet en gortex — matière qui ressemble à du plastique mais laisse passer l'air de l'intérieur à l'extérieur (ultra-confortable) — notre seul véritable luxe du voyage. Autour de nous, une prairie sillonnée par d'innombrables filets d'eau nés de sources nichées à fleur de terre ou de rochers. L'air est pur. Le torrent loin derrière, en contrebas, a cédé sa place au silence. Des vaches broutent. La montagne nous domine, les sommets perdus dans les nuages qui ne cessent de descendre vers nous, avec la nuit.

La journée a été rude. Il faut prendre le rythme. A midi, nous sommes grimpés dans un village accroché à la paroi de la montagne, un village escalier avec d'extraordinaires maisons à étages, suspendues dans le vide, ouvertes à l'espace. Un village aérien à vue panoramique sur la vallée qui ressemble, dominée de si haut, à une gouttière où se dessine l'écume du torrent. La récompense de la pénible ascension à travers les ruelles à pic de cet étrange lieu a été un bon kilo de fromage qui avait un goût de cantal. Un régal!

Nous allons bien dormir. Ata est parti à la recherche de bois pour faire chauffer de l'eau. Il mettra une demi-heure à rassembler quelques brindilles et ramasser de la bouse de vache, combustible qui pue, enfume mais dégage une bonne, bien qu'éphémère, chaleur.

Samedi 1er septembre

Il a plu durant la nuit. Les nuages sont encore descendus pour déverser une averse d'orage, vers minuit. Dieu soit loué, nous avions repéré une petite cabane de berger, en pierres, muni d'un toit, qui nous a plus ou moins abrités. Grâce à nos super-duvets nous avons au moins la garantie de trouver le confort de la chaleur pendant la nuit. Un luxe qui peut nous sauver la vie!

A 5 heures 30 du matin, sans avoir mangé ni pris un verre de thé (il n'y a plus rien pour faire un feu), nous abandonnons Mehrabuddin et Ata, qui s'occupent de harnacher les deux chevaux, et partons à l'attaque de ce nouveau col.

L'enfer! Comme tous les franchissements de cols. Celui-là est à 5 300 mètres. Il nous faudra six heures pour l'atteindre enfin. Six heures de cauchemar passées à éviter les chutes, poussant les limites de notre résistance dans la zone rouge de nos réserves. Six heures, les dernières seront les plus pénibles à cause de l'altitude. Souffle court, nous sommes montés pas à pas, lentement, très lentement. Tantôt les mains le long du corps, tantôt nouées derrière le dos, le buste penché en avant pour mieux aborder la pente raide. Par deux fois j'ai vraiment failli renoncer. Par deux fois Mehrabuddin m'a répété que ce serait trop bête d'être arrivé ici et tout laisser tomber. Bien sûr. Mais cette montagne est mortelle.

— Pour nous Afghans, c'est aussi pénible. Regardez ces hommes, ils souffrent autant.

En effet, d'autres voyageurs, caravaniers du Panjshir ou d'ailleurs, peinent, comme nous, stoppant souvent pour reprendre haleine, pour dissiper la douleur qui naît de l'effort. Cette route est une folie.

Plus inhumain encore est l'aspect de ces colonnes de réfugiés qui descendent du col et s'en vont péniblement, silencieusement, vers l'exil du Pakistan. C'est horrible de voir ces femmes, ces enfants, mal nourris, malades, épuisés, traverser ces montagnes pour aller s'humilier à faire l'aumône d'une aide auprès d'organisations humanitaires. Le groupe que nous croisons a été bombardé par les avions soviétiques alors qu'il franchissait un col du Panjshir. Il y a eu de nombreux morts. Tout à l'heure une vieille femme pleurait. Son fils est mort. C'est un *shahid*, un martyr.

On nous prend souvent pour des médecins et les hommes viennent nous harceler de demandes de médicaments. Alors que je montais un raidillon, un homme m'a supplié de lui donner des remontants pour sa femme qu'il m'a présentée. Elle avait l'air à bout de force. J'ai cédé et lui ai tendu deux comprimés de vitamine C. Il a absolument voulu me donner son bâton de route pour me remercier. Dix mètres plus bas, sa fille, sans doute, le pressait à avancer. Elle avait peur que ne reviennent les avions. Ici, les avions c'est la mort!

Il est maintenant 16 heures. Nous venons de faire une halte pour manger quelque chose. Nous n'avons pas d'appétit. Il nous faut encore de l'entraînement. Le prochain col sera peut-être le bon. Quant à nos pieds, malgré nos excellentes chaussures, ils ne sont que plaies humides. Nos poumons, eux, sont en pleine mutation. Ça change de l'air de Paris!

Vers 19 heures, à la nuit tombante, nous installons notre bivouac dans un champ.

Dimanche 2 septembre

Sous un ciel étoilé la nuit a été douce et apaisante. Nos duvets sont trempés par la rosée, mais toujours secs et chauds à l'intérieur. Nous reprenons la route vers 6 heures du matin pour nous arrêter vers 10 heures dans un village tranquille. Nous achetons deux coqs qu'il faut plumer, de la farine et de l'orge pour nos chevaux.

Repos dans la mosquée. Une caravane que nous avons dépassée dans la montagne vient nous rejoindre. Interview d'un caravanier qui transporte des mines antichars.

Un point noir nous obsède : le temps. Ces retards stupides. Si maintenant tout se passe sans problème, si nous ne tombons pas sur une offensive soviétique, nous calculons que nous serons de retour début octobre. C'est long!

La marche reprend vers 14 heures, le ventre plein de bouillon et de chair de coq. Elle prend fin le soir, vers 18 heures 30. Nous déroulons nos duvets dans un pré étalé sous d'immenses sapins. Ça sent bon la résine. Les cimes de ces arbres ressemblent à des ombres chinoises sur le fond bleu nuit du ciel. Des groupes prennent place autour de nous. Des feux s'allument. Les étoiles aussi. Un satellite traverse l'espace d'est en ouest. On se croirait dans un western : les chevaux, les sacs empilés, les théières qui fument sur les foyers, les hommes emmitouflés dans leurs patous, assis en rond et en tailleur, à faire la popote et la conversation. Quelques bruits de marteau sur des fers qu'on change aux chevaux éreintés par le passage de la montagne. Une brise douce. Une nuit qui s'avère divine. Glissement de plaisir dans l'ouverture de nos duvets. Bon sommeil. En persan, on dit :

— *Shab barer!*

Lundi 3 septembre

Réveil à 4 heures 30. Départ à 5 heures. Nous n'arriverons donc jamais à partir à 4 heures! Il faut compter une demi-heure pour harnacher les chevaux et fixer les bagages. Du bon équilibrage des charges dépend le bon état de notre matériel.

Nous descendons des gorges qui ressemblent à ce que doivent être les Rocheuses aux États-Unis. Paysage magique, inhabité, intouché par les hommes. Ici règnent la majesté et l'harmonie, le vertige des parois de granite et de calcaire, la force du torrent, l'élégance des buissons, la prestance des conifères.

Marche jusqu'à 12 heures. Mehrabuddin et Ata nous rejoignent avec les chevaux dans une sorte de petite crique avec du sable fin, de l'ombre et l'éternel torrent. On n'entend que ça!

A un berger qui menait son troupeau dans la montagne Ata a acheté un agneau que nous dépeçons avec gourmandise. N'en déplaise à la S.P.A. et à la délicieuse Brigitte Bardot, jouer aux bouchers nous procure un extraordinaire plaisir... Décidément, ce voyage, s'il est épuisant par la marche, est placé sous le signe de la gastronomie : fromage, lait, viande! Il y a trois ans, l'ordinaire avait été le pain sec et l'eau. Nous n'avions mangé que deux fois de la viande. Et nous avions perdu quelque douze kilos.

Cette fois-ci, nous n'avons pas encore connu la faim. Quant à la soif, nous nous entraînons à marcher longtemps sans boire. Et les sources, ici, sont nombreuses à offrir une eau claire, pure et délicieuse.

Nous faisons cuire un gigot entre quatre grosses pierres et bouillir des morceaux pour les conserver.

— Il est 15 heures, on y va.

La route défile sous nos semelles. Aujourd'hui, particulièrement bien nourris, nous allons à vive allure, grimpant puis dévalant sans cesse les obstacles de roches qui ponctuent une nouvelle vallée montante.

Il est 18 heures 30 lorsque nous trouvons la nuit au rendez-vous, une soupe en sachet, des noix et nos duvets.

Mardi 4 septembre

Réveil à 4 heures 30, départ à 4 heures 50. Ata n'a jamais été aussi rapide. Il faut dire que nous nous étions installés dans un champ privé et ici — nous sommes toujours au Nouristan — il ne faut pas risquer d'avoir des heurts avec les paysans. Cette nuit un avion nous a survolés : le premier!

J'ai eu un mal fou à m'endormir car mon dos me donne à nouveau des signes de faiblesse. Il faudra que ça tienne.

Bertrand a sorti de sa tête un proverbe qu'il dit texan et qui convient tout à fait à notre situation : « Ce qui est difficile, il faudra le faire. Ce qui est impossible, cela prendra un peu plus de temps. »

Nous avançons vers le prochain village que nous atteignons deux heures plus tard. Village perché où se trouve, nous dit Mehrabuddin, un ami qui lui a été recommandé.

La maison est belle, avec une terrasse et des fauteuils tournés face à la vue : un damier de champs verts et jaunes piqués de boules de verdures, zébrés du marron clair des sentiers.

La pièce d'où, assis sur un matelas, j'écris ces phrases, est simple et belle. Du torchis beige pour les murs, un bois de noyer pour l'encadrement des portes, des tapis sur plusieurs épaisseurs pour le sol, une fenêtre pour la lumière.

On nous sert du pain au maïs — difficile à avaler — et, délice suprême, du thé au lait sucré!

L'hospitalité est en Afghanistan quasiment un rite religieux : l'invité, *mehmân*, dispose d'un véritable droit sur son hôte. L'invité reçoit non seulement le gîte et le couvert, mais aussi la protection, surtout s'il est lui-même en danger. Un hôte est responsable de la sécurité de son invité. En zones tribales pashtounes, cette protection peut contraindre l'hôte à épouser les querelles de son invité et à se trouver impliqué dans d'interminables vendettas. Si l'hospitalité ne va pas jusqu'à ces extrêmes dans tout l'Afghanistan, elle reste une valeur reconnue, sauf peut-être chez les Hazaras et certains Nouristanis.

Tout voyageur est un invité, même s'il ne connaît personne au village où il se présente. La plupart des maisons afghanes disposent d'une chambre d'hôte *(hujra)*, en général une pièce qui ouvre directement sur l'extérieur sans qu'on ait à traverser l'intérieur de la maison réservé aux femmes et caché aux étrangers. Dans les villages très pauvres, l'hôte est accueilli dans la mosquée ou sur la place du village. Dans les villages plus riches, les notables se disputent le droit de recevoir l'étranger, car recevoir est une marque de statut social; généralement ce privilège échoit au chef du village, le *mâlek*. Là où il y a des *khân* (propriétaires fonciers reconnus comme chef d'un lignage à cause de sa générosité), l'hospitalité fait partie des devoirs de leur charge : « pas de *khân* sans table ouverte » dit un dicton. Dans tous les cas, à peine arrivé, l'invité doit attendre qu'on étale tapis et coussins. Prié de s'installer confortablement, il doit rester à sa place et ne faire aucun effort. Au bout d'une heure le thé arrive en même temps que les notables du village, venus aux nouvelles. L'ambiance est compassée et hiératique : salutations interminables, suite de questions et de réponses stéréotypées (on s'enquiert dix fois, en variant la formule, de la santé de son invité), mains serrées, inclinaison de buste et litanies des salamaleks. Puis vient le repas (quelle que soit l'heure de l'arrivée), toujours bien au-dessus de ce que peuvent manger les Afghans quotidiennement : riz et poulet si la situation le permet. Seuls les pauvres villages accrochés dans les montagnes n'ont que du pain et du thé à servir (mais le thé est souvent accompagné de *dashlamak*, ou sucreries). L'hôte fait le service. Il n'est pas question de laisser l'invité seul un instant : par politesse quelqu'un est toujours présent et les hommes viendront passer la nuit dans la pièce commune.

Bien sûr, cette hospitalité traditionnelle s'érode souvent dans les zones où le passage continu de centaines de moudjahidin a épuisé les possibilités locales : mais la mosquée reste ouverte à tous. De même, là où existent auberges et maisons de thé, les notables se préoccupent moins du devoir d'hospitalité. Mais il suffit de quitter les sentiers battus pour retrouver la légendaire hospitalité afghane, surtout dans les zones pashtounes.

A 10 heures, nous reprenons la route vers le col suivant; longue et lente marche à travers des gorges où retentissent, comme une symphonie fracassante, les sons nés des tourbillons d'un nouveau torrent. Parfois, nos pieds se retrouvent quasiment à la verticale, maintenus contre la paroi où ils se posent à la limite de l'adhérence par l'élan qu'il nous faut donner à notre corps, sautant d'un roc à l'autre, nous courbant pour glisser sous une avancée de rocaille, chaloupant pour conserver, tant bien que mal, l'équilibre indispensable à notre survie : en bas, un précipice de plusieurs centaines de mètres. C'est d'ailleurs sur les rives du torrent, souvent les flancs enfoncés dans les eaux folles, que nos chevaux avancent, péniblement.

— Quelle saloperie de route!

Ça s'éboule parfois. On a des suées froides... mais ça passe toujours... jusqu'à maintenant! Ça monte rapide. On s'élance en escalade. Ça descend raide. Nous courons en freinant lorsque la vitesse devient risquée. Pour remonter à nouveau. Sans répit. Sans vouloir prendre un instant de repos : nous voulons ARRIVER.

Soudain, il doit être 11 heures du matin, une tête blonde apparaît dans la direction opposée, venant à notre rencontre, puis une autre. Surprise réciproque : c'est ce sacré Ed, suivi de Saint-Exupéry, de *France-Soir*...

Edward Girardet, journaliste américain au très sérieux *Christian Science Monitor*, est un ami de longue date. En 1981, nous avons appris à nous connaître justement en Afghanistan dont il est un vieux routier. Comme la plupart des journalistes venus dans ce pays, il y retourne en dépit des risques de plus en plus élevés et de ces conditions de vie particulièrement rudes. Mais nous restons peu nombreux à venir témoigner de ce qui se passe ici, par-delà le rempart de ces putains de montagnes. Peu nombreux dans ce formidable entremêlement de vallées où vivent tant d'êtres différents : depuis ceux qui nous ont bloqué à K... jusqu'aux incroyables combattants de l'armée de Massoud.

Ed vient d'écrire un livre sur l'Afghanistan, à l'américaine, sérieux et complet, pour exposer l'ensemble des données du drame afghan. L'année dernière nous sommes même allés ensemble faire un long reportage en Angola, dans les maquis de l'U.N.I.T.A. Un reportage où nous avions pris beaucoup de risques, notamment pour ramener les images d'une attaque d'envergure sur la ville de Munhango. Du sang et de l'action, saisis dans l'objectif de ma caméra, pâture presque obligée pour les rédacteurs en chef occidentaux. Combien de fois ai-je entendu la phrase des responsables de presse : « Avez-vous des combats ? » lorsque nous venions proposer nos sujets. Il faut du sang, de la fumée, de l'horreur. « Non, j'ai filmé comment vivait une population dans la guerre. » Alors l'intérêt fond souvent. Mais de cela je reparlerai. Moi, ce que j'ai envie de filmer et de raconter, ce sont les hommes qui existent au-delà de la guerre, l'incroyable brassage des peuples de l'Afghanistan.

L'Afghanistan est une mosaïque d'ethnies et de langues différentes. Faute de recensement fiable, on ne peut établir le pourcentage précis des différentes ethnies; cependant cinq ethnies se détachent en dépassant les 500 000 membres :
Les Pashtounes, les plus nombreux quoiqu'ils n'atteignent pas la majorité absolue (40 à 50 % de la population). Ils parlent le pashtou (langue iranienne de l'Est) et habitent le sud du pays. Des poches pashtounes existent au nord (Badghis, Baghlan). La plupart des nomades sont pashtounes. Les Pashtounes constituent l'ethnie politiquement dominante.
Les Tadjiks ne constituent pas une ethnie en soi; ils regroupent tous les persanophones, à l'exception des Hazaras. On les trouve au nord et dans les villes. Très influents et actifs, ils viennent juste en dessous des Pashtounes. On peut y ajouter les Aymaq, population du Centre-Ouest semi-nomade, qui contrairement à son nom, n'a rien de turc et parle un persan un peu archaïque; les Aymaq sont sunnites comme les Tadjiks.

Les Ouzbeks, turcophones, peuplent le nord du pays; ils sont identiques à leurs cousins d'U.R.S.S.
Les Hazaras qui occupent tout le Centre-Est sont persanophones, mais présentent les traits physiques mongoloïdes et parlent un dialecte très particulier; ils sont shiites et constituaient l'ethnie méprisée.
Les Turkmènes, turcophones comme les Ouzbeks, sont venus plus récemment qu'eux.
On trouve également d'autres ethnies :
Les Baloutches, parlant une langue iranienne de l'Ouest, occupent une partie de la province de Nimrouz. On trouve parmi eux les Brahouis, qui parlent une langue dravidienne (Inde du Sud).
Les Nouristanis occupent cinq ou six vallées dans l'est du pays (Kunar); ils parlent une langue darique (entre les langues indiennes et iraniennes) et n'ont été convertis à l'Islam qu'à la fin du siècle dernier.
Les Pashais parlent une langue indienne et vivent au sud-ouest des Nouristanis.
Les « Tadjiks des montagnes » parlent toute une série de dialectes iraniens de l'Est; ismaéliens et très pauvres, ils vivent près du Pamir.
Les Kirghiz, parlant une langue turque, vivaient dans le Wakhan, mais ont presque tous émigré depuis l'invasion soviétique.
On trouve aussi des Hindous, des Sikhs et des Juifs (en ville), des Kazakhs, des Kizilbashes (shiites d'origine turco-iranienne), des Tsiganes et quelques groupes parlant des langues en voie de disparition (Ormuri, Paratchi...).

Pendant que le torrent coule indifférent à notre joie, nous trouvons un rocher plat pour nous asseoir et faire la conversation comme à la terrasse d'un bistrot. C'est drôle, non, se croiser en Afghanistan comme on se rencontrerait à l'angle du boulevard Saint-Germain et de la rue des Saint-Pères! Et chacun y va de ses nouvelles. Un bon moment pour cultiver l'amitié et enrichir les souvenirs dans la rubrique « agréables ».

— Alors il paraît que vous avez eu des tas d'emmerdements avec la police pakistanaise!

— Absolument dément! Nous avions quitté Garmshisma avec Saint-Ex et Peter Jouvenal (lui aussi un vieil habitué de l'Afghanistan) lorsque la « Special Branch » nous est tombée dessus. Des vrais malades. Ils nous ont interdit de poursuivre notre route, nous ont arrêtés et voulaient nous remettre dans l'avion pour Peshawar. Nous les avons obligés à nous raccompagner en jeep. Ces salauds ont volé plusieurs centaines de roupies dans la poche de Peter.

— Mais nous avons su ensuite que tu avais obtenu une autorisation de circuler à travers la zone tribale, délivrée par un ministre de Zia !

— Exact. C'est allé très haut, j'ai fait un raffut de tous les diables...

Le groupe avec lequel voyagent Ed et Saint-Ex passe devant nous : trois chevaux chargés, un guide avec une bouille sympa, plusieurs hommes en uniforme, cheveux très courts, pas bien couverts pour voyager dans les hautes altitudes.

— Ce sont des déserteurs de l'armée régulière afghane. Massoud les expédie au Pakistan où ils seront libres de rentrer dans leurs provinces. Il y en a d'un peu partout, du Hazaradjat, du Paktya, de Nimrouz même... C'est relax, ils s'occupent de tout : ramassent le bois, nous font la cuisine, harnachent les chevaux. Nous avons de la chance. Et notre guide est vraiment excellent. Il travaillait autrefois à l'hôtel Inter-Continental de Kaboul.

— Et là-bas, comment est la situation ?

— Mon vieux, tu ne vas pas reconnaître le Panjshir. Depuis 81, les Soviétiques ont fait un boulot dément : il n'y a pas une maison qui n'ait été foutue par terre ! C'est crazy. Rasé, quoi !

— Des victimes ?

— Presque pas. C'est le côté dingue de cette guerre. Massoud a fait évacuer la vallée avant les festivités. Sur le terrain, tu verras, il n'y a que des moudjahidin.

— Et Massoud ?

— Toujours vivant. Il a la baraka !

Et Ed de me raconter le Panjshir, piquant son récit de remarques à l'américaine : des chiffres, des analyses, de la précision. C'est un maniaque. Un pro. Il me raconte l'histoire de l'ancien responsable de l'armement de la vallée, un Afghan bricoleur de génie qui réparait les armes prises aux Soviétiques et les transformait en pièges diaboliques.

— Il avait perdu une jambe l'année dernière. Cette fois il s'est fait prendre. On ignore s'il est encore vivant.

Et nous parlons, et parlons. Ata et nos chevaux nous dépassent et poursuivent leur chemin en direction du col. Ed raconte vite, nous fait part de ses impressions, nous donne quelques conseils :

— Actuellement, tout est à peu près calme. Mais attention en franchissant les cols : les Antonovs font des rondes. Ils photographient tout : s'ils repèrent des groupes, ils appellent les Migs. Et boum! Une vacherie... mais la parade est facile : sitôt le bruit d'un Antonov perçu, vous vous écartez du chemin, vous vous accroupissez et restez immobile jusqu'à ce que cette saloperie de mouchard disparaisse. Facile, non?

Avec Bertrand nous racontons à notre tour nos mésaventures.

— Tout le monde est au courant de vos pépins avec les Nouristanis. Massoud en est désolé, d'autant plus désolé qu'il est, depuis deux ans, le « ministre des Armées » de leur État islamique.

Selon Ed, Massoud va être difficile à trouver : il est actuellement sur le plateau de Chamali. Il doit résoudre des conflits entre divers groupes politiques. Il s'occupe aussi d'établir des relations avec les commandants du Nord.

— Il semble bien qu'il soit sur le point de réaliser l'unification dans tout le Nord-Est...

— Sacré boulot! Depuis le temps qu'on entend parler de l'unification de la résistance afghane! Une chose est sûre : elle ne risque pas de venir des leaders de Peshawar. Ils n'arrêtent pas de se bouffer le nez. Les religieux se méfient des politiciens, les politiciens sont jaloux des hommes d'action et de leur popularité. C'est clair : Massoud fait des tas d'envieux.

Il est temps de partir.

Nous confions à Ed quelques messages pour ceux qui, à Paris, se demandent sans doute où nous en sommes, quelques indications pour les gens de l'ambassade de France afin qu'ils tentent de récupérer nos passeports. On se salue. Ils s'en vont vers le monde sans guerre, vers la sécurité et le « confort ». Nous montons vers le col, vers la folie destructrice, vers ces hommes que j'ai déjà connus et qui m'ont montré qu'il y avait en ce pays des êtres de qualité. Amen!

Le paysage défile comme au cinéma en relief panoramique : des gorges étroites comme découpées à l'explosif, arêtes de granite, langues de terre étirées sur des tables de pierre blanchâtre, arbres en suspension au-dessus du vide, figés comme par miracle à travers un espace transparent. Le torrent, lui, continue d'éclabousser les alentours comme un véritable sagouin, projetant ses embruns jusqu'à nous dans un fracas de tonnerre. Balade écologique.

Le décor change ses lignes à chaque pas. Nos semelles en vibrane sont au boulot, adhérant à la surface de la pierre, nous freinant dans les éboulis.

Vers 14 heures, nous stoppons pour l'après-midi dans une prairie calme où ont poussé depuis des centaines d'années des arbres hauts comme des immeubles. Il faut faire rôtir les restes de notre agneau-régal avant qu'ils ne pourrissent. Ata, génial, de plus en plus débrouillard, trouve, Dieu sait comment, une casserole imposante, du lait frais, de vache tenez-vous bien!, et un fromage de chèvre. Le repos que nous faisons durer tout le restant de la journée nous fait croire à de grandes vacances, étendus à rêver d'être en paix, sur l'herbe-moquette de ce vert pâturage de carte postale. Le survol d'un Antonov vient casser le miroir aux illusions. Nous cachons les bagages sous les arbres, et nous avec. On ne sait jamais!

Face aux armes légères des résistants, le matériel de l'Armée rouge est l'un des plus modernes du monde : chars T 62 et T 72, blindés légers BTR 60 et BMP, DCA antiaériennes et artillerie antichars (ce qui rend les moudjahidin perplexes, eux qui ne possèdent ni chars, ni avions, et n'ont d'autres moyens de transports que leurs jambes, celles de leurs ânes, de leurs mules et de leurs chevaux). Il y aurait même des armes atomiques tactiques, près de Kaboul; ce qui n'est pas pour rassurer les Pakistanais. Enfin, dans les bases aériennes, comme celles de Bagram et de Hérat, il y aurait près de 600 hélicoptères, dont au moins 200 MI 24, véritables forteresses volantes protégées par un blindage qui les rend difficilement vulnérables aux mitrailleuses antiaériennes dachaka et zigouyak des moudjahidin. Pour compléter cette panoplie, il faut parler des jets ultra-modernes : Migs, Su-24 et 25 à géométrie variable, Tu-16 pour les bombardements à haute altitude. Les bombardiers entrent en action, guidés par les informations recueillies par les Antonovs, sortes de Bréguet Alizés soviétiques qui photographient sans cesse les pistes, les cols, les villages et les vallées.

Mercredi 5 septembre

Départ : 5 heures du matin, dans le froid qui ne peut s'empêcher d'accompagner l'aube.

Un mot clef : prudence. Le prochain col fait en effet, à en croire les caravaniers que nous avons croisés, l'objet d'une surveillance attentive de la part des Soviétiques perchés dans leurs fauteuils à bord de leurs machines-espionnes baptisées du nom de leur inventeur : merci Antonov! Nous nous répétons les consignes : 1. Quitter le chemin en vitesse une fois le ronron entendu. 2. S'accroupir en s'enveloppant dans son patou, ou se dissimuler sous un rocher si la chance en a placé un à proximité et au bon moment. 3. Attendre, et (facultatif) prier, ça ne peut pas faire de mal! L'avion passé, reprendre la marche et ne plus y penser. Chaque danger en son temps. Ne jamais s'encombrer l'esprit des mauvais pas dont on s'est sorti. C'est une règle d'or de la clandestinité.

Pour rendre nos chevaux plus discrets, Ata les recouvre de branchages. Et nous voilà avançant devant deux buissons mobiles.

Nous savons que les risques vont maintenant aller en croissant, car plus on s'approchera du col, moins la nature offrira d'abris en cas de bombardement.

La marche est lente, pénible en raison des cailloux et des rochers qui nous contraignent sans cesse à faire des prouesses d'équilibriste, angoissante car nous prenons souvent le bruit du torrent pour celui de l'Antonov. Le danger étant de ne pas faire l'inverse. Maintenant il faut « assumer » comme on entend dire beaucoup de Français. Prendre en charge les éventuels « pépins ». Une blessure. La mort. La capture. Tout est là, à notre esprit. Sera-t-il difficile à passer ce putain de col, putains de cailloux! L'alentour devient ingrat, désertique, inhospitalier. On dit que le passage où nous devons nous hisser se trouve au pays des nuages, dans le brouillard et le vent, bientôt la neige, à 5 200 mètres d'altitude. Une balade, quoi!

Nous marchions au calme lorsqu'un Antonov nous a survolés. Il est venu lentement, de derrière, en arc de cercle. Il passe comme un avion de ligne d'autrefois, avec ses grosses hélices qui font un bruit sourd. On pourrait une fois encore se croire en paix. Un oiseau du progrès qui traverse la nappe bleue du ciel. C'est beau, un avion. Son vrombissement est doux, presque jouissif. Il ronronne avec une régularité qui lui donne l'air de ne rien avoir à foutre de ce qui se passe en bas, de notre côté. Et nous, pauvres bonhommes-cibles, sommes blottis la tête contre les genoux à espérer qu'il ne revienne plus. Je le filme en pensant constamment qu'il pourrait repérer un reflet dans mon objectif. Bertrand braque son micro-canon de circonstance. Le bruit témoin s'engouffre dans la tête d'enregistrement de notre magnétophone. Encore une preuve-information de l'effort des Soviétiques pour contrôler les approches de la vallée du Panjshir.

Après tout, si les bombardiers arrivent, en restant couchés sur la caillasse, les risques de recevoir du métal dans la peau sont moindres. Encore faudrait-il que le lanceur de roquettes nous vise et ne nous rate pas. La probabilité d'être blessé ou tué est faible. C'est pourtant ce qui a eu lieu pour les réfugiés que nous avons croisés. Peu discrets, habillés de vêtements aux couleurs trop vives, trop nombreux et imprudents, allant par groupe de cent, il était inévitable qu'ils se fassent repérer. On les a donc massacrés, tranquillement, technologiquement. Ah! quel beau tableau de chasse pour les pilotes de Migs qui, en quelques instants, ont tué quarante-cinq personnes, femmes, enfants, vieillards compris!

Les Soviétiques veulent contraindre la population à venir se réfugier dans les villes d'Afghanistan où elle pourrait être contrôlée par le Parti et ses services de police, c'est plus intéressant sans doute que de laisser ces colonnes de réfugiés venir augmenter le chiffre des exilés.

12 heures. Arrêt pique-nique, une bonne surprise que nous ont réservée Ata et Mehra devant un morceau de fromage. Les sept heures de marche que nous venons de faire nous ont donné faim.

Un quart d'heure plus tard, Bertrand et moi retrouvons la position verticale et le courage d'avancer vers le col. Nous sommes pressés de franchir cette zone peu sûre. C'est incroyablement long, incroyablement difficile. Il faut souffrir en gardant son calme, continuer à avancer en évitant tout découragement, maîtriser sa respiration, en accélérer le rythme avec régularité. Nous croyons toujours que la pente que nous venons de passer est la dernière. Il n'en est rien. Un mur de roche dépassé, un autre s'annonce. Il y a toujours une nouvelle descente qui ménage une nouvelle ascension jusqu'à ce que nous atteignons un cirque immense. Vers 14 heures, nous passons enfin le col, petits pas par petits pas, faisant, avec nos gorges, des bruits de soufflets de forge. Là encore le paysage est impressionnant. Aurai-je assez de mots pour le décrire : une roche noire éclatée en milliers de cailloux plats qui rendent un bruit sourd lorsqu'on les déplace sous le soulier, une courbe douce qui s'élance vers le ciel, semblable à un toboggan qu'il faut prendre à l'envers. Et ce silence exceptionnel. Plus de torrent pour occuper le monde des sons. Un espace vide, tranquille, juste troublé, parfois, par le cri d'alerte des marmottes ou le hurlement d'un choucas. Un aigle aussi, qui nous survole, plus beau que l'Antonov, souverain, les ailes plus longues que mes bras, majestueusement déployées, nous observe au passage sans nous prêter plus d'attention qu'au paysage. En pivotant sur soi-même, des montagnes à perte de vue, sculptées à l'infini, au-delà des limites de ce cirque. Impression de victoire d'avoir atteint ce point d'accès à l'autre vallée.

Sur l'autre versant, c'est l'à-pic. Ed nous avait prévenus :

« Le prochain col n'est pas trop difficile de votre côté, mais quasiment à la verticale de l'autre. »

Un mauvais moment à passer. En fait seuls les trois cents premiers mètres ont l'air d'être à la verticale. Nous pensons surtout aux chevaux. Et commence la descente sur un sentier de sable en lacets que nous descendons presque sur les fesses, nous retenant avec les talons, les coudes et les mains. Au bas de ce mur de montagne, des cadavres de chevaux, à moitié dévorés par les charognards et la vermine. Chevaux au corps brisé, le cou tordu, les pattes écartelées. Oui, le passage est dur. Ata va aller doucement, doucement. Nos chevaux ont intérêt à jouer au mieux leur rôle d'acrobates. De leur stabilité dépendra le succès de notre film : notre précieux matériel est si fragile!

Une odeur putride, un lieu de mort.

Trois heures plus tard, les genoux enflammés à force de servir d'amortisseurs pour soutenir nos corps que la pesanteur et la pente jettent en avant, nous trouvons une tente où un vieil homme sert du thé et quelques noix. Il n'y aura pas eu d'autres passages d'Antonov. C'est une chance. Pas de bombardements. Nous sommes saufs et prions maintenant pour que le matériel parvienne ici dans le même état. On nous sert un thé sucré qui coule d'une petite théière bleu turquoise. Une demi-heure plus tard, ce diable d'Ata passe devant notre tente :

— *Buro barer*, il faut y aller...

Ce jour-là nous nous arrêterons vers 19 heures pour nous installer et dormir. Durée de la marche : treize heures. Belle performance que seuls, sans doute, peuvent apprécier les alpinistes. Le Panjshir n'est plus très loin. Encore un col.

Jeudi 6 septembre

Cette nuit je n'ai regardé aucune étoile. J'ai dormi d'un sommeil brut, profond, apaisant. Il en a été visiblement de même pour le reste de l'équipe puisque personne ne trouve le courage de se lever avant 6 heures. Une vraie grasse matinée!

Lait et sucre au petit déjeuner. Encore un luxe et départ en forme vers 7 heures. Nous sommes dans la dernière vallée du Nouristan avant celle du Panjshir. C'est là que se sont réfugiés de nombreux Panjshiris depuis la terrible offensive d'avril qui a, dit-on, rayé les villages du Panjshir de la carte. Les autres sont au nord, dans les vallées de Khost et d'Andajab. Certains sont partis s'installer à Kaboul.

Nous marchons au milieu d'une végétation verdoyante, longeant une rivière qui coule à plat, donc sans violence. Vers 11 heures, un moudjahed nous interpelle :

— Docteur Abdullhaï et Hadji vous attendent...

Abdullhaï, je le connais. C'était le second de Massoud il y a trois ans, un intellectuel sensible, un peu tourmenté, assez compliqué, philosophe, psychologue et historien. L'exil doit le faire souffrir. On dit qu'il ne supporte pas d'entendre un avion.

A peine nous sommes-nous embrassés et installés sur les tapis étalés à l'ombre d'un noyer, qu'Abdullhaï s'empresse de nous poser des questions sur les processus de l'histoire, les théories historiques, la phénoménologie hégélienne... et nous voilà partis pour une heure de conversation, ponctuée par les intervalles de la traduction. Je n'aurais jamais dû dire que Bertrand est historien! Hadji arrive à son tour. Nous l'avions rencontré en 81 à Bozorak, un gros bourg où nous avions filmé la destruction de la mosquée. Un personnage hors du commun! Un géant avec des mains en battoir, des pieds aussi grands que des sabots. Un costaud. Avec une gueule à la Anthony Quinn, une intelligence rapide, un regard malin et cette voix forte, grave, qu'il sait moduler pour vous convaincre, déposant parfois les mots du bout des lèvres, en s'aidant d'un geste de ses doigts, vous les lançant souvent à travers la gueule lorsqu'il est en colère. Il a une autorité naturelle, chaleureuse. Il me remercie et me demande de transmettre sa reconnaissance à Jérôme pour tout le travail que nous avons fait il y a trois ans. *Une vallée contre un empire* a été projeté jusque dans le Panjshir puisque nous avions envoyé une copie Super 8 et un projecteur. C'est même Mehra qui s'était coltiné le projecteur sur le dos pour passer un col et l'apporter à Massoud. Hadji parle, parle, et nous ne remarquons pas le temps qui passe. Il m'apprend aussi qu'il savait que j'étais à Kaboul, le mois de décembre dernier.

— Vous êtes même allés à Bagrami, me dit-il en rigolant.

— Eh oui! Nos guides nous avaient organisé une séance d'initiation politique.

Mehrabuddin raconte le sujet que j'ai tiré de cette aventure à Kaboul. L'histoire est longue mais les fascine. Visages d'Afghans attentifs, guettant tout ce qui pourrait faire du bien au moral.

L'histoire de mon visa pour Kaboul mérite un flash-back. Réalisé en août et septembre 1981, le film *Une vallée contre un empire* avait été diffusé en France, sur Antenne 2, dans l'émission de Jacques Seguy *(Affaire vous concernant)* et avait reçu un bon accueil du public et des critiques.

A la fin de l'année 82, je m'étais rendu à une conférence de presse organisée à l'ambassade de la République démocratique d'Afghanistan. Nous étions une trentaine de journalistes, dont les correspondants de Tass, Novosti et de la Pravda, circonstances obligent. Le discours du secrétaire d'ambassade, M. Nezam, avait surtout été axé sur une dénonciation des ingérences étrangères. On nous avait montré une photo représentant une bonbonne marquée d'inscriptions codées en américain, bonbonne, nous avait-on dit, qui contient un gaz mortel, preuve du soutien des États-Unis à la résistance! Nous avons alors fait remarquer que les Soviétiques encourageaient les troupes de l'armée régulière afghane à se livrer à des massacres de civils. Que n'avions-nous pas dit! Les dignes représentants de la presse soviétique s'étaient tournés vers nous et nous avaient regardés comme si nous étions le diable en personne. M. Nezam nous traita de menteurs et jura tous les dieux qu'aucun village d'Afghanistan n'avait subi ce que nous avions pourtant vu de nos propres yeux : des enfants aux mains arrachées pour avoir cru attraper un jouet alors que c'était une mine antipersonnel, de ces petites mines en plastique vert que les avions larguent par milliers dans le paysage afghan... On nous rétorqua en nous exhibant des photos de cadavres atrocement mutilés :

Voilà ce que font les bandits. Ils appellent ça « le gilet ». Vous savez ce que cela veut dire : ils coupent les bras et les jambes de ceux qu'ils attrapent.

Je pensais à tous les Panjshiris que j'avais rencontrés : « Pourraient-ils se rendre coupables d'atrocités de ce genre? Non, sincèrement, je ne pense pas. »

La conférence de presse tournait à la foire d'empoigne lorsque soudain, sans doute exaspéré par les témoignages de ceux qui, dans la salle, avaient été témoins clandestins en Afghanistan, M. Nezam se fit menaçant :

— Vous savez, messieurs les journalistes, si nous prenons l'un d'entre vous sur notre territoire où vous entrez illégalement, ce sera très très grave. Je veux dire dramatique, si vous me comprenez bien!

Le représentant de l'A.F.P. avait alors demandé s'il s'agissait de menaces officielles. Nezam, brusquement plus raisonnable, avait expliqué que des visas seraient accordés aux journalistes désireux de connaître la vraie réalité de l'Afghanistan.

Le soir, sur le beau papier à en-tête de notre nouvelle agence, et en rappelant la proposition de M. Nezam, j'avais adressé ma demande de visa à l'ambassade.

Exactement un an plus tard, le téléphone sonne à l'agence : à l'autre bout du fil, Nezam en personne.

— La demande de visa de M. de Ponfilly est acceptée. Il peut se rendre dans notre pays le plus rapidement possible.

C'était à peine croyable. Jamais encore un journaliste qui avait filmé du côté de la résistance n'avait pu se rendre *officiellement* à Kaboul. Je n'étais pas follement rassuré. La meilleure solution était encore de rencontrer M. Nezam en tête à tête.

L'entretien eut lieu dans un des salons de l'ambassade, au 32 de l'avenue Raphaël, dans le seizième arrondissement de Paris. Un petit hôtel particulier de style baroque avec des colonnades en pierre, un escalier à la rampe de fer forgé entortilladée, des peintures murales allongées jusque sur le plafond d'où pendent des lustres aux cent éclats de cristaux. L'endroit avait dû être luxueux, avec un charme discret.

En poussant la porte de fer et de verre qui protège l'entrée, le froid qui règne à l'intérieur me saisit. Dans le hall, une table sur laquelle sont empilées des revues de propagande, et le concierge, un Hazara à en croire les traits mongoloïdes de son visage. Il parle mal le français, mais comprend qu'il doit avertir M. Nezam de mon arrivée.

Quelques minutes plus tard, je me retrouve bien installé dans un fauteuil, les pieds réchauffés par un petit radiateur électrique qui nous fait face, une tasse de thé à la main.

M. Nezam est fort aimable. Dans son costume bleu sombre, il a une allure honorable. Nous parlons de son pays sans jamais, toutefois, faire mention du fait que je m'y suis déjà rendu. Est-ce un jeu ? Une obsession me trottine à travers l'esprit : sait-il que je suis allé dans le Panjshir ?

La conversation glisse sur un portrait géo-sociologique de l'Afghanistan : les ethnies et les provinces, la complexité de la société afghane, la lente mise en œuvre de tout programme de réformes. Je fais quelques observations pour signaler que je connais déjà, un peu, le pays. Nezam m'écoute avec le plus grand sérieux, la plus exquise courtoisie.

— Bon, je peux partir dans une semaine. Je serai donc là-bas le jour du 27 décembre (4e anniversaire de l'arrivée des forces soviétiques en Afghanistan), c'est intéressant. Les télévisions parleront alors de votre pays. Car à *InterScoop* nous travaillons pour plusieurs chaînes étrangères.

Nezam va se lever. Je l'arrête :

— Il y a un problème toutefois, il me faut deux autres visas. Nous faisons du reportage cinéma, il me faut une équipe technique.

Nezam s'enfonce dans son fauteuil, prend l'air ennuyé :

— Ce n'était pas prévu. Trois visas, c'est beaucoup ! Vous savez, monsieur de Ponfilly, les autorités de Kaboul vont demander un long délai pour étudier cette nouvelle demande. Votre départ pour dans quelques semaines sera, me semble-t-il, tout à fait compromis.

Je réfléchis vite :

— Écoutez, monsieur, si vous ne pouvez m'en accorder deux autres, il faut absolument au moins m'en donner un supplémentaire. A deux nous pourrons tourner.

Nezam fait mine de réfléchir et acquiesce avec un large sourire.

— Avez-vous le nom de la personne qui vous accompagnera ?

Je profite de l'occasion pour le sonder, au culot, en marchant sur des œufs :

— Soyons honnêtes, tout à l'heure vous m'avez confié votre déception vis-à-vis de votre gouvernement qui n'accorde pas assez d'autorisation aux journalistes de toutes obédiences politiques pour venir filmer en Afghanistan, vous m'avez même affirmé que vous seriez prêt, si cela dépendait de vous, à permettre à une équipe de suivre le quotidien d'une patrouille soviéto-afghane en opération de lutte contre les « contre-révolutionnaires ». Ne pensez-vous pas qu'il serait intéressant que je me rende à Kaboul accompagné de quelqu'un qui aura déjà été dans votre pays, mais avec les groupes armés, ceux que vous appelez les « contre-révolutionnaires »...

Nezam déplie la jambe qu'il avait croisée sur l'autre et me regarde dans les yeux.

— Voyez-vous, monsieur de Ponfilly, il y a des gens qui ne seront plus jamais les bienvenus dans notre pays car ils nous ont fait du mal...

Et je me mets à entendre une liste de personnes que je connais, toutes ayant été faire un reportage ou des photos du côté de la résistance afghane.

Gonflé à bloc et désireux d'en finir, je fais monter les enchères. Après tout, autant prendre ses risques ici, à Paris, plutôt que de me retrouver dans le pétrin à Kaboul :

— Il y a pourtant quelqu'un que je connais bien et avec qui j'apprécie de travailler.

Nézam se fait attentif. Je lâche ma bombe :

— Jérôme Bony !

Le diable d'homme encaisse, se sert un thé, m'offre l'assiette de gâteaux et, comble de l'habileté diplomatique, balaie ma proposition sans en faire état :

— Voyez-vous, monsieur de Ponfilly, et il se lève, je préférerais que vous partiez avec quelqu'un qui n'a jamais eu de contact avec les partis contre-révolutionnaires de Peshawar... Je vous raccompagne, donnez-moi rapidement de vos nouvelles.

En traversant le petit bois du Ranelagh qui s'étend devant cette ambassade à demi morte, je me sens mal.

Sitôt rentré à l'agence, nous appelons Michel Thoulouze, nouvellement nommé directeur de l'information d'Antenne 2. L'idée de faire une coproduction avec moi, dans ce cas précis, a l'air de l'intéresser. Pour ma part, j'ai absolument besoin d'avoir la caution d'une chaîne de télévision officielle. Thoulouze propose que je me rende à Kaboul avec une camérawoman qui a déjà filmé la ville peu de temps après l'arrivée des Soviétiques. Est-ce bien raisonnable? Il propose une autre idée :

— Il y a une journaliste très bien, gonflée et pas mal, en plus. Tu acceptes ou pas, c'est à toi de décider. Je la connais bien : Martine Laroche-Joubert.

Deux jours plus tard nous rencontrons, ensemble, M. Nezam. Martine ne sait de l'Afghanistan que ce qu'en disent les journaux. Le reportage sera donc d'autant plus honnête qu'elle n'a pas été séduite par la qualité des combattants de la résistance ou marquée par les regards des blessés.

Après une escale à Moscou où nous passons dix heures à attendre le départ pour Kaboul, nous atterrissons sur l'aéroport de la capitale afghane. Décidés à ne pas enfreindre la loi, nous ne filmons pas en cachette par le hublot l'incroyable activité militaire de cet aéroport autrefois civil : hélicoptères MI 24 en vol de surveillance ou parqués sur leurs aires de révision, Migs militaires. A la descente de l'avion, un comité d'accueil pour ce qui devait être un « gros bonnet » soviétique à en juger par la limousine noire qui attend sur le macadam, entourée de policiers en civils, costauds vêtus d'un manteau gris tombant jusqu'aux chevilles, coiffés d'un feutre mou et armés d'une kalakoff (fusil d'assaut dernier modèle). Ambiance douce, quoi! Dans l'aérogare, nous n'avons pas le temps de nous demander où il va falloir trouver un hôtel. Un Afghan se présente :

— Soyez les bienvenus, je suis chargé de vous accompagner. Je vais vous aider à remplir les formalités pour vos bagages.

Le consul de France est présent, lui aussi, discrètement à

l'écart après nous avoir serré les mains : « Je suis venu voir si tout se passait bien. » Il nous tend sa carte de visite : « Au moindre problème n'hésitez pas à me joindre, je suis à votre disposition 24 heures sur 24. »

En quelques minutes, les bagages contenant le matériel sont ouverts, le contenu vérifié, identifié et inscrit sur une des pages de mon passeport. Notre nouvel ami nous conduit ensuite à sa voiture, la voiture du Parti, et nous explique qu'il ne nous est pas possible, comme nous venons de le demander, de nous installer au Kaboul Hôtel — situé au centre de la ville — car on y fait des travaux!

— Nous vous avons réservé deux chambres à l'Inter-Continental.

Déception : l'Inter-Continental est loin du centre. Le seul avantage qu'il présente, nous ont dit ceux qui vivaient à Kaboul avant la guerre, est qu'il est perché sur une petite colline d'où « vous pourrez voir une partie de la ville ».

A l'Inter-Continental, seules les boutiques à souvenirs rappellent l'époque dorée où les touristes-explorateurs venaient en Afghanistan. Pas de voiture dans le parking. Un grand arbre de Noël, tristement décoré d'une guirlande qu'on vient d'allumer, domine un morceau de pelouse recouverte d'une fine couche de neige. Près de la route qui grimpe à cette esplanade, une guérite devant laquelle un soldat de l'armée afghane fait les cent pas.

Le bagagiste se saisit des bagages installés dans le coffre et, l'air très affairé, nous dirige vers le grand comptoir de la réception. Trois personnes en uniforme s'y agitent à leur tour pour nous saluer et nous faire remplir les formulaires d'usage. Notre guide, d'une extrême courtoisie, se retire discrètement :

— Je reviendrai dans deux heures vous expliquer le programme.

Le programme? Nous n'avons pas le temps de nous interroger sur cette information d'un nouveau type qu'on nous entraîne vers l'ascenseur, à travers un hall gigantesque que le vide exagère. Un liftier nous fait monter au second étage. Les couloirs sont aussi déserts que l'entrée. On nous montre nos chambres.

Vers 10 heures, notre guide, accompagné de deux autres personnes, vient nous rejoindre. Il nous présente M. Rafi, le chef-guide, et un autre Afghan qui ne parle pas français, mais à peu près l'anglais. Martine, charmeuse, expose nos intentions :

— Nous voulons faire connaître aux Français la réalité de votre pays, visiter les provinces, rencontrer le président Karmal, nous rendre dans la prison de Policharki où, cela a été dit, on pratique la torture. Nous tenons aussi, particulièrement, à rencontrer quelques familles afghanes, discuter avec des étudiants, des commerçants, des artisans, des médecins...

M. Rafi prend l'air crispé que nous allons apprendre à ne plus supporter :

— C'est que, voyez-vous, avant de faire tout ça... (il vient de noter toutes nos demandes sur un bout de papier), nous vous avons préparé un programme.

Martine prend l'air étonné et lui demande le contenu de ces réjouissances.

— Cet après-midi, nous allons faire le tour de Kaboul pour vous montrer la ville. Au fait, le mieux serait que vous louiez une automobile à l'Afghan-Tour, avec un chauffeur, ce serait plus pratique que de prendre des taxis à la journée, et finalement moins coûteux... Demain, nous rencontrerons le ministre de l'Agriculture, puis le vice-ministre des Tribus et des Nationalités...

— A propos de ministre, il en est un que nous aimerions rencontrer, c'est le ministre de la Santé.

— Très bien, nous allons essayer d'arranger ça. Vous savez, ici, c'est toujours plus long d'obtenir les autorisations que dans votre pays. Notre Parti a beaucoup de travail. Et puis, en Afghanistan, nous n'avons pas la même précipitation qu'en France.

M. Rafi sait de quoi il parle. Il a fait des études à Grenoble avant de recevoir une formation à Moscou. Nous voulions connaître la thèse officielle sur l'intervention soviétique en Afghanistan, mais l'ambassade de l'U.R.S.S. à Kaboul refuse de nous recevoir. Mauvaise conscience?

Pendant huit jours, nos trois guides nous escorteront de l'hôtel à chaque lieu de tournage : des bureaux de ministres ou de vice-ministres, celui de l'Agriculture, de la Planification, des Tribus et des Nationalités, des Affaires étrangères... où nous enregistrons consciencieusement les bonnes intentions du régime. A notre demande, on nous projette des films de propagande qui montrent des scènes de paix entrecoupées de scènes d'atrocités commises par les « bandits ». Une envie de vomir.

On nous emmène à Bagrami, dans la proche banlieue de Kaboul, où les travailleurs du jour férié rebouchent un trou pour la caméra, où un commissaire politique harangue un groupe de miliciens en accusant les Américains de brûler les écoles d'Afghanistan.

On nous demande d'insister sur le fait que les mosquées sont ouvertes, sur les efforts d'alphabétisation, sur les mesures d'émancipation de la femme afghane.

On nous montre le musée des armes où sont exposées « les preuves » des ingérences étrangères : mines anglaises, dachakas chinoises, munitions américaines...

Clou du reportage : on nous accompagne à une manifestation devant l'ambassade des États-Unis. La foule — amenée sur place en camion — est ici pour protester contre l'intervention des Marines à Grenade. Martine, gonflée, prend nos guides au dépourvu en interrogeant deux hommes au hasard dans la foule : « Que reprochez-vous aux Américains ? » Réponse : « Rien, les Américains sont chez eux, nous nous sommes chez nous ! » Traduction du guide-interprète : « Les Américains mènent une guerre non déclarée contre notre peuple et notre pays. » Autre question de Martine : « Savez-vous où est Grenade ? » Réponse : « Grenade... ? Grenade ? Je ne comprends pas... » Traduction : « C'est dans l'autre océan, dans le sud... mais il ne sait pas très bien où c'est. » Nous perdons définitivement confiance en nos guides ! Le huitième jour, j'explose : « Vous ne le saviez peut-être pas, mais en 1981 j'ai parcouru plus de mille kilomètres à travers votre pays, avec ceux que vous appelez des « bandits ». Avec eux j'ai pu rencontrer, filmer et interroger qui je voulais. Avec vous, nous ne pouvons ni aller en dehors de Kaboul (nous avions demandé d'aller à Mazar et à Hérat), ni parler avec les gens de la rue. Emmenez-nous dans le Panjshir puisque vous dites qu'il est pacifié. » (Martine m'appuie avec, à mon goût, trop d'enthousiasme. Elle ignore le risque.) La réponse viendra deux jours plus tard : « Le programme est fini. Il y a trop de neige pour se rendre dans les provinces. L'avion pour Paris, via Moscou, part demain... »

Abdullhaï a écouté avec attention. Les moudjahidin assis autour de nous me dévisagent d'un drôle d'air. Hadji se gratte le menton l'air satisfait. Il éclate de rire mais retrouve son air grave pour raconter ce que fut l'exil d'avril :

— Nous n'avons pas arrêté de marcher. Une fois dans la vallée d'Andarab, il a fallu fuir à nouveau car les Soviétiques ont aussi lancé une autre offensive dans cette région. Nous nous sommes rendus à Khost, mais ils ont bombardé avec les avions. Massoud a rassemblé les témoignages : il y aurait eu près de mille victimes civiles. A Khost, la vie n'a pas été simple. Les habitants de Khost, que la guerre avaient totalement épargnés depuis le début, nous ont accusés d'attirer les foudres gouvernementales sur eux. Ils n'avaient pas tort, en un sens, mais il était temps qu'ils choisissent : veulent-ils être mis au pas du régime de Kaboul-Moscou ou continuer à aimer la vie afghane? Certains d'entre nous ont été dénoncés. Il n'a pas fait bon, durant quelques semaines, d'être un Panjshiri, dans la vallée de Khost. Puis ça c'est arrangé. Massoud a remis de l'ordre. Les moudjahidin de cette région ont fini par comprendre qui était l'ennemi.

On apporte le déjeuner : des morceaux de foie de mouton grillés et servis dans de la graisse. Nous continuons à écouter Hadji en ayant envie de le filmer, de capter cette chaleur qu'il dégage, sa passion, son éloquence et sa sincérité. Il nous demande de passer voir Massoud en priorité.

Des bonbons afghans accompagnent le thé. Nous repartons vers le prochain col qui barre l'entrée du Panjshir.

— Les Antonovs volent à heures fixes, mais prenez garde à vous! N'oubliez pas de regarder où vous mettez les pieds. Lors de la dernière offensive, les Soviétiques ont largué des milliers de mines-papillons.

Une heure plus tard, changement de programme : on ne passe plus le col de nuit; c'est reporté au lendemain. Nous allons rester sous la tente d'une tchaïkkana où nous buvons près de trois litres de thé à nous tout seuls. Vers 18 heures, un personnage de roman arrive sur son superbe cheval blanc tacheté de formes rousses semblables à des morceaux de puzzle. Le cavalier est aussi bien habillé que le cheval : des bottes cirées où viennent mourir les plis d'un pantalon bouffant, surmonté d'une chemise bleu saphir couverte d'une veste de velours violine. Il a l'allure autoritaire, nous salue d'un mouvement de menton. Merhabuddin le connaît :

— C'est un malin. Il fait du commerce de pierres, de lapis-lazulis et surtout d'émeraudes, mais ne paie pas la taxe obligatoire imposée par Massoud (5 % des charges sont en effet versées à la résistance). Il fait des détours pour éviter le poste de contrôle!

Un secret de polichinelle, puisque même Mehra, absent depuis un an, est au courant du trafic.

— Ça regarde sa conscience! Il est très riche, a une maison à Chitral. Il aide les moudjahidin d'une autre manière comme conseiller commercial.

Il a une façon de fumer sa cigarette : séparant la cendre d'un petit coup sec de l'index, parle fort avec des phrases brèves. Il partira avant que l'aube ne vienne.

Vendredi 7 septembre

Départ à 6 heures. Un peu tard à notre goût. Nous montons vers le col dangereux, passant d'une rive à l'autre du torrent de service, en jouant les équilibristes sur des ponts de fortune, souvent de simples troncs d'arbres. Plus nous montons, plus la vallée s'élargit, comme pour nous présenter au grand cirque des montagnes.

Vers midi, nous atteignons l'endroit où les réfugiés ont été massacrés.

Des cadavres de chevaux éventrés, de mules, de chameaux, pulvérisés sur un rayon de cinq cents mètres à la ronde. Des gamelles percées, des vêtements déchirés, disséminés pêle-mêle parmi l'herbe et la terre, crevassées, elles aussi. Dans le calme du site on imagine la scène. On imagine trop bien, gorge serrée, larmes aux yeux, comme pour nous protéger de ce qui témoigne de tant d'atrocité. Des femmes, des enfants, des hommes rassemblés autour du torrent qui n'est encore ici qu'un ruisseau, des réfugiés accroupis autour de feux où cuisaient des soupes maigres dans des gamelles trop grandes. Ces Afghans du Nord qui avaient tout abandonné, qui avaient peiné pour franchir les montagnes. Surtout celle de Paryan qu'on nous promet glacée, à cause du vent. L'Antonov les avait repérés, ces imprudents qui allaient, semble-t-il, sans se préoccuper de ce ronronnement d'hélices. On imagine la scène des observateurs de l'Armée rouge transmettant la position, longitude, latitude, altitude de ce flux humain sans défense. A la base aérienne de Bagram, un officier de service a pris la décision de les éliminer. Deux Migs ont été envoyés pour le carnage facile. On leur a arrimé des roquettes et des bombes sous le fuselage, fait le plein et les contrôles d'usage. « Go » (en russe ?). « Par deux fois, nous a raconté un des réfugiés rescapés, par deux fois les avions nous ont survolés. Puis ils ont piqué et ont lâché leurs roquettes. » Quelques minutes de cauchemar. Des cris, des morts, du sang, des blessés. Les hommes épargnés ont rassemblé les cadavres. Ils ont creusé une tombe commune. Profonde. Creusant lentement dans cette terre dure. Avec leur peine, leur douleur même, leur rage peut-être. Que pouvaient-ils faire ? Ils n'avaient pas d'armes, juste des matelas, des théières, des gamelles.

La progression vers le col se poursuit après une halte chez un berger qui nous a sorti, d'une cachette enfouie dans le sol où coule une source froide, un beurre digne du meilleur beurre de Normandie. La vie reprend ses droits. Les images du massacre s'éloignent. Resteront celles que nous avons enregistrées. Espérons que la caméra fonctionne. Avec les conditions de voyage, la poussière, les chocs, l'humidité des nuits, tout peut se dérégler. On ne le saura qu'en rentrant à Paris.

Nous atteignons le sommet du col vers 17 heures. Longue

ascension, onze heures d'efforts. Au sommet, nous passons, en tournant la tête, du Nouristan au Panjshir. Petit bout de film pour immortaliser cet instant. Un vent terriblement froid nous rappelle que la nuit n'est pas loin, qu'il serait bon d'avoir atteint un abri lorsque le gel viendra. Commence la descente. Avec l'entraînement que nous avons, les quelque cinq cents kilomètres qui viennent d'être parcourus, nos jambes sont résistantes; à l'exception de mes pieds complètement endoloris à leurs extrémités, avec deux hématomes assez moches à la base des ongles. Une heure plus tard, pendant que nous allons bon train, presque courant pour profiter de la pente et trouver vite le premier abri, nos doigts sont gelés. Il faudra tenir trois heures avant de nous engouffrer dans une grotte froide, mais à l'abri du vent. Elle vient de nous être indiquée par un groupe de caravaniers montant vers le col pour bénéficier de la nuit. Les nouvelles qu'ils nous ont données nous inquiètent : des commandos soviétiques ont été déposés par milliers autour des derniers villages du haut de la première vallée. S'agit-il d'une rumeur? Je sais par expérience que les Afghans ont une nette tendance à l'exagération. Dix morts deviennent cent, puis mille, en l'espace de quelques jours! Comme chez tous les peuples où la tradition orale prédomine, le fait devient épopée, amplification grandiose.

Il y a en Afghanistan comme ailleurs toute une culture orale qui se transmet de génération en génération et qui a ses conteurs comme ses poètes. Cette culture orale, loin d'être « vulgaire », est directement issue de la grande culture classique persane : un paysan illettré peut souvent réciter du Saadi et du Hâfiz par cœur; proverbes et historiettes proviennent des trésors de l'âge classique. A un autre niveau, même si l'on a oublié les rudiments d'écriture appris à l'école coranique on en a retenu toute une culture et tout un monde de références. Le problème n'est pas la valeur de cette culture, ignorée des communistes afghans, c'est la difficulté qu'elle a à rendre compte du monde moderne, alors même qu'elle peut parler de l'homme.
Les Afghans sont friands de discussion. A l'étape on s'empresse d'interroger l'étranger sur son pays et sur ce qu'il a vu. On voit se reconstituer des cosmographies de maison de thé (question posée : « quel est le dernier pays du monde? » « qu'y a-t-il après

ce pays? »). Tant qu'il n'y a pas d'instituteurs la réponse est chez le mollah ou le mawlawi. Mais s'il y a un instituteur (ce qui arrive aussi dans la résistance), ce sont deux mondes qui s'opposent. Voici un dialogue vécu dans la résistance, à Quk (province de Hérat) en 1982 (récit rapporté par Olivier Roy) : « La Terre est ronde » dit l'instituteur « et tourne autour du Soleil ». « Elle est plate » affirme le mawlawi.
L'instituteur se saisit d'une pomme qu'il fait tourner autour de la lampe à pétrole pour expliquer les fuseaux horaires. Le mawlawi n'admet pas. « Pourtant, mawlawi Saheb, vous êtes d'accord pour dire qu'il y a un quart d'heure de différence entre le lever du soleil ici et à Kaboul? » (c'est en effet important pour déterminer l'heure de début du jeûne). « Certes, fait le vieil homme, mais quatre heures de différence entre ici et la France c'est trop, c'est invraisemblable. » La discussion s'éternise, le mawlawi ne cède pas, sûr de son bon sens. Alors l'instituteur se tourne vers moi et fait : « Combien coûte un billet d'avion de France à Kaboul? » « 50 000 roupies. » Triomphant, il s'adresse au mawlawi : « Mawlawi Saheb, pour ce prix-là, il y a bien quatre heures de décalage, donc la Terre est ronde. » Le mawlawi opine.

Très, très mauvaise nuit passée à penser au Panjshir, à Massoud, à ce film qu'il va falloir trouver le moyen de faire. Mais si les Soviétiques sont dans la vallée principale, qu'adviendra-t-il de nous? Fuir vers le nord? Rebrousser chemin? Jamais! Et puis nous en avons assez enduré pour ne pas rester dans la tourmente, et filmer, et filmer. Il faut que le monde voie ce qui se fait ici.

Samedi 8 septembre

Panjshir. Après trois nouvelles heures de marche, le ventre vide, nous parvenons au premier village de Paryan. Thé dans la kararga du coin. Une garnison où vivent les moudjahidin assignés à la protection de cette zone. Il existe ainsi vingt-cinq karargas à travers la vallée. C'est dans ce village, nous explique Mehra, que se trouve le percepteur de Massoud pour les lapis-lazulis. Un moudjahed de confiance chargé de prélever les 5 % du montant des pierres exportées à dos de mules et de chevaux vers le Pakistan, puis vers le Japon et l'Allemagne. Nous filmons une scène de contrôle en mobilisant toute la population du village. Côté technique nous n'avons que des ennuis avec les modules quartz qui ont pris trop de chocs et se déglinguent tant qu'ils peuvent. Sommes obligés de faire des claps en espérant que la synchro sera bonne.

Les nouvelles sont meilleures. A en croire le commandant de la kararga, à Dacht Riwat, la situation a considérablement évolué depuis le départ de Ed : des commandos soviétiques ont été héliportés, comme nous l'ont dit, hier, les hommes de la caravane. De violents combats ont eu lieu, précédés par des bombardements intensifs. Mais il paraît que les commandos ont décroché depuis hier. Est-ce vrai ?

Nous allons le savoir en décidant de nous diriger vers Dacht Riwat, situé à au moins vingt heures de marche de Paryan. Une bagatelle! Départ à 14 heures.

Dimanche 9 septembre

Nous avons dormi, bien dormi, dans une kararga confortable. Sur le chemin qui y menait, nous avons rencontré Shayb, le guide de Peter Jouvenal qui filmait en vidéo pour C.B.S. Il revenait de la vallée de Khost où il avait été rendre visite à ses parents, était retourné rejoindre Peter à Safied Tchir, mais ne l'avait pas trouvé :

— Il a dû fuir l'attaque commando qui a eu lieu il y a cinq jours. Si vous voulez bien, je vais retourner avec vous à Safied Tchir et attendre qu'il me fasse parvenir un message, tout son matériel vidéo est resté caché là-bas.

Pour que Peter, avec qui j'avais dîné à Paris, quatre mois plus tôt, se soit enfui, il fallait que l'attaque soit vraiment sérieuse. Peter, avant de devenir reporter-cameraman pour la chaîne américaine C.B.S., avait passé quelques années dans les commandos S.A.S. de l'armée britannique. Il connaissait mieux la guerre que nous. Avait l'expérience de ce qu'il fallait faire ou ne pas faire en zone de combat.

Le commandant nous conseille de partir vers 9 heures pour être sûr d'atteindre Dacht Riwat avant la tombée de la nuit. Cette fois, et à partir d'aujourd'hui, nous entrons en zone rouge. Il faut être sans cesse vigilant : les avions bombardent, les hélicoptères font la chasse à l'homme, les mines peuvent être cachées entre chaque pierre, les commandos héliportés à tout moment. Ce que nous avons effectué jusqu'ici semble être de la promenade. Ce qui nous rassure, c'est la présence autour de nous de moudjahidin qui ont l'air sérieux, tranquilles, peu inquiets. Leur moral est bon. Leur organisation semble excellente bien que manquant sérieusement de moyens de transmissions... et d'armes!

Ici, on prie beaucoup. On paie beaucoup de sa vie également. Sur le chemin, plusieurs tombes de « martyrs » (shahid) : petits monticules de pierres surmontés d'un mât, branche d'arbre, auquel est accroché un morceau de tissu vert, couleur de l'Islam et de la liberté, un morceau de tissu blanc représentant le sacré, ce qui est pur, et un morceau rouge pour symboliser le sang.

L'arrière-vallée que nous avons traversée — celle de Paryan — reste peu touchée par la guerre. Les cultures y sont prospères, le bétail bien nourri, les paysans très actifs. On voit aussi des femmes... mais elles restent dissimulées sous leur tchador.

Comme dans tout pays musulman, la femme afghane est essentiellement tournée vers la maison. L'architecture marque nettement la différence entre les deux domaines : l'homme vit à l'extérieur et reçoit dans les pièces ouvertes sur la rue; la cour, par contre, est le domaine des femmes qui y font la cuisine et s'occupent des enfants. On ne s'enquiert pas de la santé de la femme de son hôte, mais de celle de sa « famille ». La mixité est réservée aux proches parents et partout règne le principe de la séparation des sexes à partir de l'âge de dix ans. Le mariage est une transaction qui implique les parents des deux futurs. La stérilité, réelle ou supposée, est la pire des choses qui puissent arriver à une femme. En ville, sauf dans les milieux émancipés, la femme ne sortira que voilée; à la campagne, les nécessités des travaux et la familiarité de la communauté villageoise font que les femmes ne portent souvent qu'un fichu sur la tête, mais se dissimulent lorsqu'arrivent des étrangers au village.

Cependant il faut nuancer l'idée que la femme afghane est aliénée. Son poids dans la famille est très fort et les grandes décisions (par exemple l'émigration au Pakistan dans la guerre) ne sont prises qu'avec son aval. La femme dispose de son bien et le gère à sa guise. L'intérieur de la maison est son domaine et elle y est souveraine. Les femmes ont aussi une vie sociale, plus intense en ville et dans les bourgs : visites entre elles et fêtes familiales. Si le taux d'alphabétisation est nettement plus bas chez les femmes, on trouve, surtout dans les milieux urbains, beaucoup de femmes cultivées. Dans les tribus pashtounes, il y a même un genre littéraire spécifiquement féminin, les *landay* (poésie très condensée de deux vers inégaux). Enfin la condition de la femme varie considérablement selon les milieux sociaux et les ethnies. Elle est le plus libre dans l'élite urbaine, où elle fait des études et se marie par amour. Elle est très libre chez tous les nomades (où c'est elle qui reçoit) et chez les Aymaq (où elle participe aux discussions et aux repas des hôtes). Elle est par contre très cloîtrée dans les milieux pashtounes aisés, où son travail n'est pas nécessaire au budget familial. Au Nouristan, elle est relativement libre mais assure l'essentiel du travail agricole (ici l'homme tricote et la femme laboure), alors que dans la majorité des foyers de paysans pauvres, hommes et femmes se partagent le travail agricole. Hormis l'intelligentzia, c'est chez les plus riches ou les plus pauvres que la femme est la plus libre.

La guerre a accentué le poids des femmes dans la mesure où les bombardements sur les villages portent les combats au cœur même du foyer; la guerre a cessé d'être une simple affaire d'hommes. Or, les enquêtes faites en particulier par les doctoresses dans les foyers afghans montrent que les femmes ont souvent un moral plus élevé que les hommes, et, dans tous les cas, ne voient pas dans les Soviétiques des gens venus améliorer leur sort.

Avant le départ, en guise de petit déjeuner, on nous sert la perdrix attrapée par l'interprète de Peter Jouvenal. Shayb parle un anglais oxfordien et a d'ailleurs une tête de jeune aristocrate anglais. Pour l'instant, il se demande bien où a pu passer Peter.

La marche commence à 8 heures 30. Longue marche, bien sûr, vers la vallée principale. Je reconnais certains des endroits traversés il y a trois ans. Les nouvelles colportées par ceux que nous croisons confirment qu'il y a encore des bombardements, mais les Soviétiques sont partis. Nous sommes plusieurs fois survolés par des Migs et des TU-16, bombardiers supersoniques qui font des bruits d'enfer.

Depuis le début du voyage, la plupart des Afghans que nous rencontrons nous demandent des médicaments. La scène qui se répète le plus souvent est la suivante : le « demandeur potentiel » arrive de loin, d'un pas normal. Une fois informé de notre nationalité « faranzaoui », il s'approche de nous, en se tenant la tête, ou, plus souvent, le ventre, l'air crispé de celui qui éprouve une grande souffrance :

— *Mariz.* (Ça veut dire « malade ».)

Depuis la venue des médecins français — qui font un travail remarquable en Afghanistan — la France est considérée par de nombreux paysans afghans comme une vaste pharmacie-bazar peuplée d'une grande quantité de médecins.

A 17 heures, nous découvrons, vu de la montagne d'où nous venons, le village de Dacht Riwat. En atteignant la rue principale, la surprise est grande : tout n'est que ruine, désolation, désert et silence. Un village fantôme, pillé, éventré, brûlé. Il y a trois ans, nous avions passé une journée en cet endroit où vivait un petit bazar animé de boutiques ouvertes sur cette même rue. Aujourd'hui, ce ne sont que gravats, éboulis, pans de murs renversés sur les champs ou les ruelles. Les canaux d'irrigation millénaires écrasés, aplatis sous les chenilles des blindés laissent filer des eaux sales qui coulent jusqu'à l'intérieur des crevasses creusées par les bombes où se sont installées des mares putrides. Les oiseaux ont fui, les chats et les chiens errants ont aussi pris la route de l'exil ou de la mort. Et les hommes, où sont-ils, ces cordonniers, tisserands, vendeurs de pacotille, de fruits, de légumes, ces bouchers avec leurs étalages de morceaux de viande couverte par les mouches? Où est la vie joyeuse que dégageaient ces images dans le désordre amusant et criard que savent si bien créer les Afghans?

Partout, dans les rues, des boîtes de conserve abandonnées par les commandos soviétiques, partis depuis à peine quarante-huit heures, des cartons — qui enveloppaient les rations des militaires en opération — déchirés, éparpillés, des douilles de balles, des morceaux de caisses à munitions. Ici l'odeur est celle du feu éteint, de ce feu qui a dû, à en voir les traces, embraser les poutres de la mosquée. Là c'est une voiture criblée de balles, là, encore, des traînées de sang séché. Pas de cadavres : les Soviétiques les emportent. Le calme règne en maître. A la nuit tombante, le décor prend un aspect de film fantastique. Impressionnant. Gravats, rien que des gravats, branches d'arbres arrachées, troncs déchiquetés à la mitrailleuse... Nous avons faim. Nos couteaux ouvrent les boîtes éparpillées sur le sol. Je ne pensais pas, un jour, goûter à l'ordinaire des commandos soviétiques.

Les seuls habitants de passage de ce théâtre désolé sont les moudjahidin. Un groupe vient à notre rencontre. Dans la kararga installée à la limite de la vallée adjacente qui part sur la gauche, ils sont près de trois cents. Calmes, paisibles même. Ils veillent. Ce sont eux qui, durant quatre jours, ont harcelé les douze cents commandos parachutistes héliportés ici au matin du 2 septembre dernier. Pour cette seule zone, les pertes côté moudjahidin sont nulles, un mort (seulement) côté civil, deux à Safied Tchir, le village plus bas. Côté soviétique, elles sont élevées, mais leur chiffre ne peut être évalué. Un fait pourtant : les commandos ont fui!

Peter Jouvenal était là au début de l'opération. Il s'est échappé par la petite vallée qui touche Safied Tchir, abandonnant tout son précieux matériel. A-t-il réussi à filmer quelques images de l'héliportage massif, apocalyptique que nous décrivent les moudjahidin? Une centaine d'hélicoptères déposant, en l'espace d'une demi-heure, un millier de soldats, autant sur les crêtes qu'au fond de la vallée. Nous l'espérons.

Nous profitons de la pleine lune pour progresser vers Safied

Tchir d'où Ata est originaire. C'est là qu'il nous laissera et reprendra ses chevaux.

Dans la clarté lunaire, l'effet de désolation est encore plus extraordinaire : il n'y a pas une maison qui n'ait été touchée par une bombe!

Vers 22 heures, nous nous installons dans une maison de Safied Tchir, avec les moudjahidin de cette nouvelle kararga. Avant que nous ne nous endormions, Merha nous traduit la consigne : à 4 heures du matin, demain, il faudra gagner les abris, plus haut, dans les grottes des parois rocheuses de la vallée adjacente. La nuit sera courte.

Lundi 10 septembre

Réveil : 4 heures. Nous rassemblons les bagages dans une pièce qui ferme encore à clef et suivons les moudjahidin qui montent se réfugier préventivement dans les « abris antiaériens » de la vallée de Mokoni. Chaque matin il en est ainsi : les hommes désertent les villages-ruines, les abandonnant aux exercices libres des bombardiers soviétiques. Cette méthode facile a permis de limiter considérablement les risques et le nombre des victimes par bombardement.

Ici, à Safied Tchir, ils sont environ deux cent cinquante combattants mobilisés.

Il est maintenant 6 heures. Nous attendons le bruit assourdissant des Migs, des TU-16 ou des Sukhoï qui précéderait l'éventuel fracas des bombes. Pour le moment tout est calme. Chacun guette, un peu tendu, bien que tous s'appliquent à faire bonne figure en plaisantant à tout bout de champ. Une vingtaine d'hommes aux gueules vraiment sympas nous entourent dans cet abri rudimentaire : petit muret de pierres empilées les unes sur les autres, en arc de cercle, contre la paroi de la montagne. Lorsqu'il y aura du soleil, nous filmerons cette attente...

A 10 heures, nous installons la caméra et mettons en marche le magnétophone. Un plan pour la montée des moudjahidin vers les abris. Un plan pour l'entrée dans un abri. Quelques plans pour situer l'endroit.

Dans les abris l'ambiance est gaie. On se raconte des blagues. Il y a toujours le boute-en-train de service pour faire rire le groupe. En parodiant l'accent hazara, comme on pourrait prendre celui des Belges, chez nous, en France, l'un d'eux vient de prendre la parole devant un groupe attentif :

— On raconte qu'un jour le mollah Nasrodin est allé chez son voisin lui demander une marmite. L'autre lui en a prêté une qu'il a récupérée un certain temps après avec une autre petite, toute petite. Lorsque la propriétaire lui a demandé d'où venait cette petite casserole, le mollah a répondu que c'était la grande qui l'avait mise au monde.

On sourit dans l'auditoire.

— Quelque temps après, il retourne de nouveau emprunter la grande marmite... mais ne la rapporte pas. Furieuse, la femme du propriétaire va trouver le mollah : « Alors, ma marmite? » Et le mollah de répondre : « Eh bien! elle est morte! » Et l'autre de s'exclamer : « Non, mais dis donc, tu te fiches de nous, une casserole ne meurt jamais! » « Mais bien sûr que si, répond le mollah indigné, si ta marmite a été capable de mettre au monde une petite casserole, celle que tu as en ta possession, elle peut aussi mourir... »

14 heures. Ô miracle! nous parvenons à réparer un magnéto avec le système synchro-pilote, c'est-à-dire la liaison entre la caméra quartzée, émettrice de tops régulés, et le magnéto qui enregistre les tops sur la piste deux! Avec ce système très sûr, je peux porter le magnétophone autour du cou, me rendant autonome avec un système complet de captage d'images et de sons, ce qui permet d'aller plus vite, d'être plus juste dans la restitution d'une réalité. Nous filmons quelques scènes de cette vie quotidienne des moudjahidin, champions de l'humour et de la vitalité.

L'après-midi, vers 15 heures, nous avons enfin l'autorisation de redescendre dans le village pour trier et ranger nos affaires. A cette heure, les risques de bombardements sont plus faibles. Les Soviétiques ont en effet un côté fonctionnaire : ils semblent ne faire la guerre qu'à heures fixes. Rarement la nuit, par exemple.

Nous préparons trois sacs à dos et quittons Safied Tchir vers 16 heures. Direction : Dacht Riwat pour commencer le reportage au début de la vallée. De plus, le commandant Atiq, maître de la zone, nous a semblé plus disposé à être interviewé que celui de Safied Tchir qui n'aime pas parler devant une caméra et préfère recevoir l'accord de Massoud. Encore faut-il trouver Massoud !

Vers 19 heures, à la nuit, nous entrons dans une maison éventrée mais encore, par endroits, très confortable. Des tapis ont été sauvés de la destruction et du pillage. Atiq et ses hommes nous promettent de nous conduire, demain, nous montrer les restes d'un hélicoptère qu'ils ont abattu il y a quatre jours. Nous recueillerons à l'occasion un maximum de témoignages. Atiq s'engage à faire parvenir un message à Massoud pour l'informer de notre arrivée.

Mardi 11 septembre

Bonne nuit passée sur le toit de la kararga, enfouis dans notre superduvet, les yeux fermés sous le ciel scintillant d'étoiles. A 5 heures, nous nous décidons à descendre voir ce que font nos hôtes, installés, eux, dans les pièces de la ruine.

Ici, on ne semble pas pressé de se rendre dans les abris, dans les *soufes*, de la petite vallée adjacente. Chacun prend ses responsabilités. Arrivera ce qui arrivera. Personnellement je crois en l'existence d'un destin. Si je dois mourir ici, cela adviendra malgré mes efforts pour l'éviter. Alors, ayons confiance en la vie !

Parmi les moudjahidin se trouve un déserteur soviétique. Ils lui ont donné un nom afghan. C'est Ahmad. Il a l'air sympathique et plutôt souriant malgré la situation plus qu'embarrassante dans laquelle il se trouve. Que peut-il faire ? S'il est pris par les siens, il est fusillé sur-le-champ ; s'il reste dans cette vallée, il s'enterre ; s'il demande l'asile politique à un pays occidental, sa famille risque gros. Il refuse d'ailleurs d'être filmé. En U.R.S.S., on doit le croire décédé. Un disparu de plus à inscrire sur les frontons des monuments aux morts de cette guerre honteuse, s'il y en avait !

Nous nous rendons dans le village, vers la route, pour y faire une séquence-plateau : transformés pour l'occasion en critiques gastronomiques, nous allons goûter, une fois de plus, pour le public occidental, les rations alimentaires des Soviétiques.

Bien que nous ne soyons pas de grands experts en stratégie, nous n'en sommes pas moins Français. Nous pouvons apporter une modeste contribution aux recherches menées à grands frais par les instituts de polémologie suédois, américains ou britanniques : si les soldats soviétiques sont bien chaussés, leur nourriture, à notre humble avis, laisse à désirer.

Durant notre passage dans la vallée, nous avons pu tester de manière scientifique les rations alimentaires réglementaires du bidasse soviétique en opération. Première constatation : le chocolat ne devait pas être mauvais, parce que nous n'en avons trouvé que les emballages. Idem pour le poisson en conserve (spécialité russe) et le lait concentré. Idem aussi pour le jus de pamplemousse ou d'orange qui, à notre grand étonnement, provenait d'Israël ! Deuxième constatation : les milliers de boîtes abandonnées sur le terrain par les commandos devaient se révéler d'une lamentable qualité, à l'exception du sempiternel « corned-beef » et du mouton aux petits pois et tomates « made in Bulgaria ». Dans la plupart des cas, il s'agissait de céréales ou de haricots mal cuits, noyés dans de la graisse.

Lors de notre enquête-dégustation, les Afghans, regroupés par dizaines autour de nous, nous observaient avec des yeux inquiets, s'attendant sans doute à nous voir nous rouler par terre, saisis de convulsions. Les moudjahidin préfèrent avoir faim plutôt que de toucher aux conserves soviétiques.

Axe de recherche à proposer aux équipes de l'Institut international d'études stratégiques de Londres : « Quel degré de corrélation existe-t-il entre l'absence de tonus du parachutiste soviétique suréquipé face au combattant afghan sous-équipé, et ses difficultés à digérer le fayot à la graisse de porc? »

Nous revenons vers la maison et commençons à filmer le commandant Atiq et ses hommes : une scène avec la lecture d'un message de Massoud qui vient d'être apporté par un messager exprès, une scène de transmission radio (les moyens se limitent ici à de petits talkies-walkies), puis une série de trois témoignages interviews de moudjahidin : Qui êtes-vous? Que faites-vous? Pourquoi? Que pensez-vous de l'avenir?

Le déserteur confirme son refus d'être interviewé. Nous respectons sa volonté, mais le filmons pourtant puisqu'il est présent dans la première scène.

Après ses hommes, le commandant Atiq propose de faire une déclaration très solennelle devant la caméra :

— Les Russes veulent faire pression sur la population en détruisant les villages, brûlant les récoltes, exterminant le bétail, pour contraindre notre peuple à plier devant l'Union soviétique. Comme vous avez pu vous-mêmes le constater, nous ne sommes pas prêts à nous soumettre aux Russes. Notre peuple s'est levé contre cette volonté. Les Russes veulent faire des Afghans des marionnettes, des esclaves. Notre peuple donne son sang, fait des sacrifices et, pour l'indépendance de notre pays, nous sommes prêts à d'autres sacrifices encore. Nous l'acceptons pour l'Islam et pour la patrie.

L'après-midi, nous nous rendons dans le village pour filmer toutes ces ruines : visite commentée par le commandant Atiq en personne puisque c'est lui qui, dans cette zone, a dirigé les opérations de harcèlement des commandos. Le soir, nous couchons dans une maison dont la pièce principale a échappé aux bombes.

La veillée est toujours gaie.

La parole occupe une place vitale dans l'existence des moudjahidin. Ils parlent fort, s'interpellent d'un versant à l'autre de la vallée. Ils exagèrent souvent. De peur de vous déplaire, ils disent ce que vous voulez entendre. Ce sont de fabuleux vendeurs et des conteurs de génie.

Parmi les contes persans d'un nouveau genre que nous avons entendus, figure l'histoire du camion-hélicoptère.

Un des commandants de la garnison de Pochrou a mis à profit la trêve qui a précédé la septième offensive (en avril dernier) pour faire du bricolage. (Il faut savoir que les habitants du Panjshir sont des passionnés de mécanique.) En trois mois il a fabriqué, à partir de cinq épaves de camions et d'une carcasse d'un hélicoptère MI 24 abattu, un engin hybride qui ressemble à un gros autobus à longue queue, marqué de l'étoile rouge.

Lors de l'évacuation de la vallée, qui a précédé le déclenchement de l'offensive, ce sont par groupes de deux cents que les civils ont pu gagner Kaboul avec cet étrange véhicule. Il était d'ailleurs bien connu des Soviétiques qui le saluaient à chaque passage devant leurs positions d'Onawa, à l'entrée de la vallée.

Avant l'attaque, tous les véhicules de la résistance (autobus, camions, et une Volga grand modèle dans laquelle circulait Massoud) furent cachés ou enterrés.

Ce n'est qu'en septembre que les Soviétiques repérèrent le camion-hélicoptère camouflé dans une cour. Une quarantaine de soldats soviétiques montèrent à bord pour ramener ce trophée à Kaboul. L'un d'eux prit le volant, mit le contact. Et tout explosa : il y avait trente kilos de dynamite cachés sous le châssis.

Tout cela nous est raconté au milieu des éclats de rire!

Autour de la lampe à pétrole, recroquevillés dans leurs patous, les moudjahidin se réchauffent les mains avec leurs verres de thé. Les récits se poursuivent toute la nuit, ils ne se préoccupent aucunement de ceux qui dorment avant d'aller prendre leur tour de garde.

On commente les nouvelles qui voyagent lentement. Pas moins de quinze jours pour connaître une information venue de Peshawar (Pakistan)!

Un grand commandant, sosie de James Coburn, est sommé de nous raconter le récit de son attaque sur la base aérienne soviétique de Bagram.

L'histoire est digne d'un film d'aventures : la base en question est entourée d'un no man's land surveillé nuit et jour.

Quelques maisons situées près de l'enceinte sont toutefois encore habitées. Se faisant passer pour un médecin, notre commandant administre à tous les habitants d'une de ces maisons de bonnes doses de Valium. Les Afghans sont très sensibles aux médicaments et tout le monde sombra dans un sommeil de vingt-quatre heures. Installé sur la terrasse, avec un duvet, le moudjahed passe une journée et une nuit à observer les bâtiments et les mouvements de la base. Il met au point un plan d'attaque qui sera, quelques jours plus tard, un succès : un commando de la résistance fait sauter les réserves de carburant et quelques hélicoptères. Un simple entrefilet dans la presse occidentale!

Ce même commandant s'est aujourd'hui spécialisé dans la destruction des ponts sur les routes stratégiques.

D'autres récits sont beaucoup plus graves. Les moudjahidin sont peu bavards sur les atrocités de cette guerre. Et c'est à notre demande qu'ils acceptent de le faire : ils nous confirment ce que des civils nous avaient déjà raconté.

Dans la vallée de Dara et au-dessus de Khentch, plusieurs personnes ont été brûlées vives après avoir été arrosées d'essence ou de phosphore. Lorsque des moudjahidin sont faits prisonniers, les cas signalés sont relativement nombreux. « Les Soviétiques, nous explique Mehrabuddin, leur coupent les bras avant de les tuer. » On nous a montré l'endroit où cela s'est passé, et les tombes des victimes.

Y a-t-il les mêmes cruautés du côté de la résistance?

Sans doute dans certaines régions de l'Afghanistan. On n'y fait pas de prisonniers. Soviétiques et communistes sont impitoyablement exécutés. Il fut un temps où les moudjahidin, déguisés en soldats de l'armée régulière afghane, arrêtaient les autocars qui allaient de Kaboul à Mazar-e-Sharif. Sous prétexte de les protéger, ils faisaient descendre les membres du Parcham (la fraction dominante du parti communiste afghan, l'autre étant le Khalq) et les fusillaient sans autre forme de procès dans un fossé.

Les restes de l'hélicoptère : ce sera pour demain!

Mercredi 12 septembre

A 5 heures 30, nous partons vers la montagne qui cache la preuve de l'hélicoptère qu'ils sont fiers d'avoir abattu.

Ah! j'oubliais de raconter une scène qui s'est déroulée hier soir : un messager est venu de Khentch, troisième village en descendant la vallée. Il demandait du sérum et du matériel de perfusion pour soigner huit blessés graves. Nous interrogeons le commandant sur la situation sanitaire. Sa réponse est claire :

— Cette année, la situation est catastrophique!

Et pourtant, comme nous l'a appris Isacq, à Peshawar, Massoud a demandé à ce que les médecins français ne viennent pas pour le moment. (Depuis avril 1980 en effet, des équipes de médecins français bénévoles se succédaient dans la vallée du Panjshir. Tous appartenaient à l'organisation humanitaire *Aide Médicale Internationale*, surtout spécialisée dans la formation d'infirmiers en zones difficiles. Cette association, qui vit des dons qu'on lui envoie, intervient aussi et ainsi au Laos, en Birmanie, au Kurdistan iranien, en Erythrée, à Haïti et en Colombie. Autre présence médicale en Afghanistan : les hommes et femmes, médecins et infirmiers, de *Médecins du Monde*, surtout présents dans les zones sud-ouest du pays, et les équipes de *Médecins Sans Frontières* au travail dans le Hazaradjat, le Paktya et en reconnaissance dans le Nord-Est. Ainsi, malgré les risques et les conditions de voyage et d'acheminement des médicaments, ils sont plus de quatre cents à être venus soulager une population que le gouvernement de Kaboul ne vient pas aider, faute de moyens, de sécurité... et de courage.)

— Mais pourquoi donc Massoud n'accepte-t-il plus la présence médicale de l'A.M.I.? s'exclame Bertrand, choqué d'apprendre que des blessés vont peut-être mourir ce soir alors que des médecins, en France, sont prêts à venir marcher à travers les montagnes pour ouvrir un nouvel hôpital, ici, dans ce Panjshir en ruine.

Atiq réplique qu'il faudra en demander l'explication à Massoud en personne :

— Il doit avoir ses raisons! Il a apprécié le travail déjà

accompli, surtout la formation d'infirmiers afghans. Ce sont eux maintenant qui nous soignent.

Selon Mehrabuddin, qui sait de quoi il parle, puisque durant trois ans il a été l'interprète-infirmier de toutes les équipes médicales venues dans la vallée, il existe deux raisons : le problème de la sécurité, devenu très aigu compte tenu des interventions surprises des commandos soviétiques, et les difficultés qu'il y a eu avec une équipe. A en croire Mehra, cette équipe a fait tout un numéro en se considérant prisonnière des Afghans parce qu'ils ne voulaient pas — sans doute ne pouvaient-ils pas — reconduire sur-le-champ ces médecins qui ne parvenaient pas à supporter cette ambiance de guerre, d'Islam et d'afghaneries. Ni même la marche!

Pour la marche, on peut toujours faire comme Pierre Issot-Sergent qui avait entraîné des candidats ingénieurs du son dans un long périple autour de Paris, par les boulevards extérieurs.

— Après une heure de marche pour relier la porte Maillot à la porte de Clignancourt, mon premier candidat s'est précipité dans un bistrot pour descendre trois diabolo-cassis géants. Autant te dire que celui-là, il est resté à Paris!

Nous repartons vers la montagne. Encore la montagne! Nous qui pensions naïvement que l'arrivée dans la vallée signifierait un certain confort!

— En 81, c'est la jeep de Massoud qui nous trimbalait d'un lieu de tournage à un autre, pas tellement nos pieds!

— Oh! depuis, la situation a bien changé. C'était presque la paix à cette époque, souligne Mehra en riant.

— La paix, la paix! Mon genou gauche se souvient d'une fameuse nuit où avec Jérôme et Ed nous nous sommes retrouvés à courir sous les tirs de mortiers. C'était à Choteul. Nous étions tellement tombés sur les rochers que le Nagra SN avec lequel j'avais enregistré toute l'escapade avait fini par rendre l'âme, et nos genoux à pisser le sang. Tu parles d'un souvenir de paix!

Le trajet commence par une petite vallée perpendiculaire à la vallée principale où coule le Panjshir aux eaux d'un bleu vert zébrées d'un blanc écume né de l'affleurement des cailloux à la surface. En fait, la région du Panjshir ressemble à une grande arête de poisson : un axe central d'où naissent, de part et d'autre, une quantité de vallées moins importantes qui, toutes, mènent par un col aux grandes vallées situées au nord, celle d'Andarab, au sud, celle de Dara, à l'est, celle de Khost.

Nous peinons deux heures sur une pente raide. C'est laborieux! Nous n'étions pas préparés, psychologiquement, à fournir un tel effort pour aller filmer la carcasse calcinée d'un hélicoptère.

En chemin, nous filmons pourtant une scène caractéristique : un groupe de combattants s'en allant rendre visite à leurs familles réfugiées dans les montagnes. Belle scène émouvante. Mais toujours l'angoisse d'avoir un pépin technique : un cheveu ou une poussière dans la fenêtre de l'obturateur, une rayure due aux nombreuses poussières de sable qui se baladent dans le vent, un décentrage d'optique, une mauvaise stabilisation de vitesse, un dérèglement de la cellule photo-électrique, etc. Réponse dans quelques mois, à Paris, sur la table de montage, au retour du laboratoire! Sans cesse je vérifie, nettoie le couloir de défilement, fais une prière, ça ne mange pas de pain!

Pendant une pause-thé, nous filmons une autre scène. Un enfant a rapporté une pièce trouvée dans l'hélicoptère abattu. En quelques minutes, à peine installé sur l'herbe, il est entouré de quatre moudjahidin curieux. Tous, bien sûr, veulent toucher l'objet, le palper, le retourner, le démonter.

— C'est quoi, ça?

— Dieu seul le sait!

Et les voilà qui commencent à tirer sur un fil qui sort de la pièce mystérieuse.

— C'est un morceau d'hélico.

— Attention, c'est peut-être piégé!

— Attends, attends, pose-le là qu'on démonte le dessous.

Armé d'un couteau qu'il vient d'extraire de ses poches, le « propriétaire » de l'engin s'attaque aux vis qui tiennent — plus pour longtemps — le couvercle en plexiglass de cette chose qui ressemble à un compteur, peut-être un altimètre.

— Ah, écoute, il y a du bruit lorsqu'on tend ce ressort.

En effet, un engrenage tourne dans un cliquetis métallique, comme un réveil qu'on remonterait.

— Tiens, il y a des vis qui sont tombées.
— Allez, ouvre-le, démonte-le complètement...
— Retire les vis, elles gênent!
— Ah, fils de damnés, les Russes, qu'est-ce qu'ils ont encore fabriqué?
— Allez, vas-y, on démonte tout!
— Oh! c'est ce bruit qui me plaît.

Et sans cesse ils s'amusent à remonter l'engrenage, puis à le relâcher.

— Qu'est-ce que ça peut bien être? Attention, c'est pas une mine, t'es sûr?
— Mais non!
— Pousse un peu ça pour voir ce que ça donne.
— Eh ben, dis donc, y doivent être fiers les Russes d'avoir fabriqué un avion. C'est chouette!

L'objet n'a pas explosé. Mais dix minutes plus tard l'engrenage à « petite musique » était bel et bien démonté...

Nous poursuivons notre marche vers les restes de l'hélicoptère en espérant qu'il soit proportionnellement aussi photogénique que la fatigue que nous avons « investie » dans cette séquence.

Il est en fait complètement carbonisé, des débris éparpillés sur des centaines de mètres. C'est tout de même impressionnant. Nous enregistrons le récit de sa destruction, dixit Atiq, et un commentaire, en prime, sur le moral des troupes soviétiques en Afghanistan vu par les moudjahidin.

— Les Soviétiques s'efforcent de ne laisser aucune trace de leurs pertes : cet engin, après s'être écrasé, a été la cible des roquettes incendiaires d'un autre hélicoptère soviétique. Une méthode comme une autre pour faire taire d'éventuels blessés!

Plus loin, nous filmons une autre scène de moudjahed retrouvant son père et sa sœur, puis les champs brûlés par les commandos. C'est incroyable de voir tous ces tas de cendres soigneusement alignés et espacés à la surface des champs! On imagine les soldats soviétiques équipés de leurs lance-flammes, passant d'un tas de blé à l'autre, y mettant le feu avec calme, avec une application digne d'un bon fonctionnaire consciencieux!

Retour à la case départ : la kararga de Dacht Riwat, après une descente vertigineuse. Ras le bol de ces montagnes!

Nuit sur le toit. Une sentinelle s'obstine à vouloir nous border et à faire les cent pas : ont-ils peur que les commandos ne viennent nous enlever?

Jeudi 13 septembre

Interview d'un autre déserteur soviétique. Il est musulman, originaire du Turkménistan, en Asie centrale, et se trouve depuis trois ans avec les moudjahidin du Panjshir. Aujourd'hui il sert une dachaka, mitrailleuse lourde antiaérienne. Il ne veut pas parler en russe, dit qu'il a oublié, finalement fait un effort pour décliner son identité, donner son âge. Le reste de son histoire, il nous la confie en persan, succintement. Ce n'est pas un bavard (c'est en cela qu'on remarque qu'il n'est pas afghan!). Il préfère l'action.

Nous filmons ensuite une scène avec des mines-papillons, petites mines antipersonnel que les Soviétiques balancent dans le paysage. Une histoire de cinglés! Après avoir bu le thé du matin et mangé le *nan*, galette de pain, qui constituaient l'ordinaire alimentaire de cette kararga, nous nous apprêtions à sortir lorsqu'un des maquisards a lancé un petit objet en plastique à un autre qui, à son tour, l'a balancé à un troisième. Dans la pièce, ils sont tous écroulés de rire. Lorsqu'ils nous montrent l'objet des rires, une mine, nous sommes entrés dans une colère folle :

— Bande de cons! Vraiment c'est pas possible d'être aussi débiles! traduit Merha. Si ça saute, nous sommes tous foutus. Vous ne trouvez pas qu'il y a assez de merde dans votre pays?

Les médecins font d'ailleurs état d'une quantité relativement importante de victimes, blessées ou tuées en manipulant imprudemment leurs propres armes, en les nettoyant, en voulant désamorcer une bombe...

— Plutôt que de faire les cons, sortons au soleil (il faut de la lumière pour filmer!) et expliquez devant la caméra que vous n'avez plus rien à foutre de ces mines de merde.

Exécution.

C'est ainsi que nous nous retrouvons sous un soleil brûlant, à installer le pied de caméra pour immortaliser cette inconscience collective :

Deux hommes s'asseoient sur le sol, un troisième — sans aucun doute le plus fou — propose d'arriver vers le duo en leur apportant deux mines antipersonnel qu'il tient à la main, par la petite patte en plastique. Marché conclu. Je cadre, règle le point, fais la lumière. Bertrand prend place hors champ, devant le groupe, son micro à la main. Moteur. On tourne. Les autres regardent, attroupés, en cercle autour de nous, comme cela arrive à Paris lorsqu'on tourne dans la rue. Seule différence : ici, tout est vrai. Et il n'y a pas d'assistants pour aller chercher des sandwichs, arrêter les blindés qui pourraient venir ou se démerder pour que les avions ne viennent pas bombarder pendant la durée du tournage de la scène!

— Ah! te voilà! fait un de ceux qui sont assis.

— Tiens, regarde ce que je t'apporte. (Il montre les mines.)

— T'es malade! C'est dangereux. Allez, donne-moi ces joujoux... (Il prend une mine et se rassied.)

Suit alors une explication en règle sur l'usage par les Soviétiques de ces engins de mort — conçus spécialement pour blesser.

Flash-back. Trois ans plus tôt, voilà ce que j'avais noté dans mon carnet de route d'alors :

« *Vendredi 14 août 1981* : A 6 heures du matin : départ. La journée, après une nuit glacée, va être terrible. Terrible, car à l'heure où j'écris (18 heures) nous avons marché sans cesse, ne stoppant que pour reprendre haleine, boire un thé et tenter d'avaler un bout de pain, ce qui est difficile lorsqu'on a la gorge trop sèche! On entend une explosion : un moudjahed, parti pisser hors du sentier, vient de se faire arracher le pied en marchant sur une mine-gadget (« en forme de boussole »). La blessure est abominable, le pied a éclaté, l'os en dépasse. Pour compliquer les choses, il se trouve sur un petit îlot, isolé entre deux bras du torrent dont le courant est vraiment fort. Un vrai bordel pour traverser! Et ce n'est pas tout : les chevaux qui transportent les sacs de médicaments sont éparpillés dans la nature. La caravane d'une cinquantaine de bêtes s'étire sur plusieurs kilomètres, du col de Dora au village de Pajor, premier village du Nouristan. Nous venions de franchir la frontière. Quel début! Les médecins et l'infirmière de l'A.M.I., Bertrand, Frédérique et Evelyne commencent à tirer les quelques médicaments (de la trousse d'urgence) qui n'ont pas été écrasés lors de la chute du cheval qui les portait. Il est 16 heures lorsque commence l'opération. L'amputation se fait au canif et à la tenaille — celle du maréchal-ferrant, le cheval portant la scie d'amputation restant introuvable. Frédérique, qui a les larmes aux yeux, devient précise, attentive, professionnelle. Avec Bertrand et Evelyne qui surveillent le pouls du « client », ils font un travail remarquable, bricolage de génie, qui durera près de trois heures. Du village viennent des porteurs avec deux morceaux de bois pour faire un brancard de fortune. Il faut retraverser la rivière. Il fait froid. Nous sommes tous las et écœurés. Ma perchette de micro sert de tube pour maintenir la bouteille à perfusion, le blessé est maintenant endormi. Il va falloir le transporter jusqu'au village. La nuit approche. Il s'agit de regarder où poser ses pieds. La tension est électrique, tout le monde marche en silence, juste quelques conseils lorsqu'un obstacle est là.

A notre arrivée, les moudjahidin ont monté une tente et fait cuire un mouton. Grâce aux médecins, nous sommes ici les rois. L'atmosphère est grave. Agha Gul, habituellement rieur, est triste et pensif. Dans la maison où le blessé a été installé, la foule des villageois se presse en silence. Evelyne prend sa tension, vérifie l'état du pansement. Dieu soit loué, il n'y a pas d'hémorragie. Nous interrogeons les moudjahidin pour savoir ce qui se passe lorsqu'il n'y a pas de médecins :

— C'est simple, on essaie de transporter le blessé jusqu'au

Pakistan, si des hommes sont disponibles. Sinon, nous le soignons sur place, avec les moyens du bord. De toutes les façons, ses chances de survivre sont faibles dans les deux cas, cela dépend de la blessure, de la gangrène et de sa constitution avant que cela lui arrive. Nous sommes à trois jours de marche du Pakistan. On va lentement avec un brancard!

Fin du flash-back.

— Aujourd'hui, bien que les Soviétiques en larguent par milliers, ces mines font peu de victimes. Même les enfants savent les attraper sans se faire sauter la main...

— Maintenant, nous nous servons même de ces mines pour mettre notre *naswer* (immonde tabac à chiquer que les Afghans se mettent sous la langue à grand renfort de grimaces), comme blagues à tabac en fait, ou nous les faisons sauter afin qu'elles ne blessent plus personne. Car vous savez, ces mines ne sont pas jetées pour tuer, la charge est trop faible. Elles blessent. Un blessé dans la guerre sainte mobilise des hommes pour le transporter et décourage des civils.

La scène quasiment terminée, je m'apprête à stopper la caméra lorsque notre fou local se lève et projette la mine, qu'il tenait entre ses doigts, sur le rocher situé à ses pieds. L'explosion fait presque chavirer le groupe et Bertrand, qui disparaissent derrière la fumée. Des rires explosent du côté des spectateurs. La fumée s'estompe, les rires s'amplifient, je filme encore : notre kamikaze a le visage en sang. Des éclats de pierre lui ont percé le cuir chevelu et la peau de la joue droite. Et pourtant il se marre!

— Comment veux-tu que les Soviétiques s'en sortent avec des gugusses de cette trempe, s'exclame Bertrand à peine remis du choc. Il l'a échappé belle!

— Bande d'idiots : il aurait pu perdre un œil!

Rencontre avec un médecin afghan qui parle remarquablement bien l'anglais. Il a fait ses études de médecine à Washington (D.C.). L'envoi de médecins afghans est une action rendue possible grâce à une organisation suédoise. *Swedish Commitee*, qui verse un salaire de six mois à tous ceux qui reviennent soigner les Afghans. Une initiative intelligente, mais un dépistage difficile des charlatans prétendus médecins.

On amène un enfant alors que nous prenons le thé. Lui aussi s'amusait à faire sauter des mines. Il en a reçu un éclat dans le cou. Rien de grave, juste une petite plaie et un hématome.

Nous quittons la kararga de Dacht Riwat pour regagner celle de Safied Tchir d'où nous partirons rejoindre Massoud qui doit se trouver quelque part, plus bas dans la vallée, du côté d'Astana ou de Paryan. Une trotte!

Sur la route du retour, sac sur le dos, nous trouvons une boutique ouverte, la première à se remonter depuis le départ des commandos. Une boutique à l'aspect bizarre puisqu'il n'existe plus que deux murs contre lesquels s'appuient des restes d'étagères. Plus loin, un homme déblaie les gravats, vestiges de ce qui fut sa maison. Sans doute une belle baraque à en juger par sa taille et par les morceaux des montants de porte, sculptés dans du bois de noyer. Hélas! pas assez de lumière pour filmer cette scène. Les Afghans sont vraiment incroyables : on les bombarde, ils se cachent et reviennent sur les lieux des bombardements; on leur détruit leurs maisons, ils s'acharnent à vouloir les reconstruire, alors qu'ils savent bien que les bombardements reprendront, qu'une nouvelle offensive sera à nouveau lancée. Aussi longtemps que vivront des moudjahidin, ils s'accrocheront à leur terre. Mais la guerre modifie les structures de leur société, souvent en profondeur.

La guerre a en effet apporté un certain nombre de modifications aux structures traditionnelles de la société afghane. Les notables locaux, les *khân*, et en particulier les plus riches d'entre eux, ont perdu le pouvoir politique. On voit désormais émerger trois catégories de nouveaux cadres : les *mawlawi*, les commandants et les jeunes intellectuels islamistes. Les trois catégories ne sont évidemment pas hermétiques : certains commandants militaires sont soit des *mawlawi*, soit des intellectuels. Les *mawlawi*, religieux ayant une instruction supérieure, étaient présents au moment du déclenchement de l'insurrection où ils ont joué un rôle important, mais ils sont rarement restés à la tête des combattants, sauf au sud : ils préfèrent se consacrer à leur tâche de juges religieux. Les commandants sont ceux qui ont émergé par leur courage et leur sens du commandement, quelles qu'aient été leurs compétences préalables; souvent de milieu modeste, leur apparition bouleverse la hiérarchie traditionnelle. Les intellectuels islamistes sont ceux qui militaient déjà dans les partis politiques d'opposition avant le coup d'État communiste : politisés, organisés, ils peuvent parfois devenir des chefs régionaux de premier plan comme Massoud au Panjshir. Là où ces trois catégories fonctionnent ensemble harmonieusement, la résistance est très solide.

Le deuxième changement est dans les structures mêmes de la société. Là où ils le peuvent, les *mawlawi* favorisent une islamisation de la société, ce qui signifie pour le paysan une plus grande justice sociale et un poids moindre des taxes et de l'arbitraire. Sauf en zones tribales, le droit coutumier fait place à la *shariat*, la loi musulmane. Quoi qu'on pense de cette loi, cela veut dire qu'il y a un système de droit à la place de l'arbitraire. Enfin, on voit apparaître des partis politiques, souvent embryonnaires, dans une société qui leur était imperméable : cette politisation permet parfois de dépasser les querelles locales qui empoisonnaient le climat. Mais souvent les rivalités tribales ou locales continuent de prédominer.

Sans signifier une révolution, ces changements sont suffisamment importants pour inquiéter les anciens leaders. Et l'on voit souvent les notables, concurrencés sur leur terrain par de jeunes militants islamistes, rejoindre le gouvernement ravi de leur fournir des postes honorifiques. Les révolutionnaires ne sont pas toujours ceux qu'on croit.

La société traditionnelle évolue donc nettement dans la résistance, mais cela reste lent et c'est surtout le changement de leadership qui est frappant. On ne saurait cependant parler de déstructuration : la société traditionnelle reste solide et sait imposer son inertie aux volontés de changement trop affichées des jeunes résistants.

Halte près de l'endroit où nous avions entassé des conserves soviétiques sélectionnées (« corned-beef » et mouton aux petits pois et haricots). Il faudra, dans le générique du film, inscrire la mention suivante :

« Nous remerçions l'intendance de l'Armée rouge
pour les rations alimentaires abandonnées

par ses commandos. Rations qui nous ont nourris durant toute la durée du tournage de ce document. »

Espérons tout de même que nous n'irons pas jusqu'à en goûter à Kaboul... dans les prisons de Babrak Karmal!

Nous rencontrons le responsable économique de la kararga de Safied Tchir, Mohamed Karim. Il nous donne quelques chiffres sur les dépenses annuelles en nourriture et vêtements : 3 500 francs pour nourrir les quinze moudjahidin de service dans cette kararga en période de calme (chiffres correspondant aux prix moyens pratiqués pendant la trêve). Depuis l'offensive d'avril, les moudjahidin mobilisés sont devenus quatre cents. L'argent provient des 5 % de taxe sur les pierres et du 1 % d'impôt sur les salaires des Panjshiris travaillant à Kaboul. Une aide volontaire est accordée par de nombreux villageois qui apportent poulets, moutons et chèvres. L'aide extérieure, celle du Jamiat Islami, est relativement faible : elle couvre à peu près 15 à 25 % des dépenses obligatoires.

Le soir, nous rencontrons un prisonnier soviétique. Il est drôle, vif, malin. Il joue aux échecs avec les moudjahidin qui s'amusent affectueusement avec lui. Pour nous, ils l'interrogent sur sa ville natale. Mais le « prisonnier » ne veut pas répondre, dit qu'il habite à 3 000 kilomètres de Leningrad! Lui non plus ne veut pas être filmé.

Vendredi 14 septembre

Nous rangeons notre matériel dans les sacs, faisons une provision de plus de trois heures de pellicule pour le voyage qui doit nous conduire à Massoud. Quant aux films déjà impressionnés, nous les plaçons dans un sac hermétiquement clos et nommons un moudjahed qui aura charge de l'emporter avec lui en cas d'attaque commando.

Nous descendons vers Khentch.

En chemin, parmi les innombrables ruines qui forment désormais le décor de la vallée, nous croisons des habitants de Saingolain. Ils n'ont pas mangé depuis quatre jours. Ils étaient dans le bazar lorsque les avions ont largué des bombes. Quelques minutes après cette attaque surprise, les commandos étaient déposés par une cinquantaine d'hélicoptères.

Nous atteignons la première kararga de Khentch, un groupe d'une dizaine de combattants gardent une mitrailleuse dachaka, installée dans la montagne. Les tranchées des Soviétiques sont visibles, à flanc de colline, en contrebas par rapport à la petite vallée où nous nous trouvons. Pas de nouvelles de Massoud. Il y a deux heures, on nous parlait d'un message arrivé hier disant que Massoud allait venir à Khentch. Ici, personne n'est au courant. Merhabuddin monte voir le commandant de cette zone. Espérons qu'il en saura plus! Sinon il faudra se repayer de la marche en montagne.

Merha revient. Il paraît que Massoud va venir, peut-être demain, peut-être après-demain.

Nous décidons de remonter la vallée de Darkhentch pour l'y attendre et filmer les blessés qui se trouvent tout en haut du col.

L'incroyable fourmillement des moudjahidin dissimulés dans les roches nous surprendra toujours. Ils sont tenaces et vivaces, se nourrissent de *toutes* (sortes de mûres très sucrées qui poussent sur des arbres ressemblant à de petits chênes), de noix, de racines même, tirant tout ce qu'ils peuvent de ce que produit de comestible une nature pourtant si aride. Ils survivent.

Les Soviétiques de l'état-major doivent devenir fous. Ils ont tout tenté : bombardements intensifs, opérations commandos coup de poing, actions surprises de grande envergure, isolement, terre brûlée. Rien n'y fait : les moudjahidin du Panjshir comptent peu de pertes, très peu même, ce qui démontre leur grande prudence, la bonne qualité de leurs cachettes, leur flair.

Nous nous installons dans une maison accrochée à la montagne, presque suspendue dans le vide, une des rares maisons qui n'ait pas été touchée par une bombe. C'est là que nous dormirons en espérant la venue de Massoud pour demain. Ce serait idéal.

Samedi 15 septembre

La soirée s'est passée à écouter les récits des bombardements. Le TU-16 par exemple, peut larguer trente-deux bombes à fragmentation, ralenties par parachute. Il ne pique pas. Chaque bombe détruit une surface de deux cents mètres carrés.

Aujourd'hui nous allons filmer les blessés qui se trouvent plus haut. Ce sera notre troisième kararga visitée.

> *Kararga de Khentch :*
> Effectif : 430 hommes, dont 300 armés.
> Commandant : Nassrat Mir.
> Depuis le début de l'offensive (le 21 avril 1984) : 51 morts (moudjahidin et civils confondus).
> Évaluation des Soviétiques tués ou blessés au cours des combats, qui ont eu lieu ici au corps à corps : 1 120 (à l'issue de neuf attaques).
> Matériel soviétique détruit : 17 blindés, 3 camions, 5 hélicoptères (2 de combat, 3 de transport de troupes), 1 SU-24.

Nous rêvons de bons repas. Regret principal : ne pas avoir emporté de « Vache-qui-rit » et de pâte d'amande !

Nous descendons vers le fond de cette petite vallée. Arrêt au poste de la dachaka nichée dans un trou à flanc de montagne. Puis nous filmons les ruines du bazar de Khentch. Demain il faudra aller vers Paryan puisque nous n'avons aucune nouvelle de Massoud.

Dimanche 16 septembre

Tout est effort dans ce pays : la marche longue et pénible, les nouvelles difficiles à obtenir. Nous en avons marre de chercher à rejoindre Massoud, dont personne, en fait, n'a idée de l'endroit où il se trouve, marre de peiner chaque jour, marre de faire autant d'efforts pour presque rien : glaner çà et là une image, un renseignement. Aller filmer les débris d'un hélicoptère demande une journée de marche en montagne, aller questionner un blessé trois heures de marche... La seule chance que nous avons : le calme, côté soviétique.

Nous sommes atteints du mal d'un pays qui s'appelle confort, sécurité, facilité. Nous rêvons de voiture, de bons steaks frites, de rendez-vous bien planifiés. Ça ne va pas durer. Il faut se ressaisir. Ce qui nous tracasse aussi, c'est que nous n'avons aucune scène d'action, aucun commandant ne voulant prendre la responsabilité de nous emmener en opération sans l'accord de Massoud. Nous sommes fatigués et avons beaucoup de mal à monter les pentes raides. Personne ne sait où se trouve Massoud. N'ayant pas de moyens de communications radio — ou du moins tellement limités — les résistants sont vulnérables à toutes les rumeurs. C'est rude pour notre moral : avant-hier on nous disait : « Massoud va venir... »; aujourd'hui il n'est nulle part. Le messager parti de Dacht Riwat il y a quelques jours est dans la nature. Les moudjahidin se plaignent d'être isolés, mal nourris, sans cesse exposés au danger. Tout est si tranquille pour le moment. Tout peut se transformer en enfer en quelques instants. Avec Bertrand nous affichons déprime à l'ordre du jour. Pas d'information, de signe d'espoir de poursuivre le tournage. Nous sommes condamnés à marcher, à souffrir, à croire que nous allons enfin mettre la main sur Massoud. Et s'il était parti dans le Badarchan, l'une des provinces du Nord!

Nous faisons une halte repos dans une mosquée, sur la paille vert clair de la pièce principale. Je retrouve Dolat Khan, l'ex-responsable militaire de Bozorak que nous avions photographié avec Jérôme en 1981. Merha raconte mon reportage à Kaboul : ils sont tous écroulés de rire.

Depuis plus d'un an, Dolat Khan est chargé par Massoud des missions spéciales, notamment de s'occuper des problèmes d'unification. C'est un homme d'une cinquantaine d'années, réfléchi, calme, chaleureux. Avant la guerre, il était directeur de société. Il nous assure de son soutien, comprend notre problème de temps et, finalement, décide de nous accompagner dans notre recherche de l'introuvable Massoud.

Nous reprenons notre marche, attaquant le versant d'une nouvelle montagne. Vers midi, nous stoppons dans une kararga de grottes et de tas de pierres. Des paysans abrités dans ces refuges nous apportent du petit-lait, délicieux avec du sucre !

Bertrand est malade. Tout à l'heure, en grimpant, il s'est arrêté pour vomir... Notre boîte de médicaments est restée à Safied Tchir. Espérons que ce n'est pas grave, peut-être un empoisonnement dû à un abus des conserves soviétiques.

Dolat Khan nous explique que l'unification de la résistance dans les provinces du nord-est de l'Afghanistan est réellement en train de se faire. Sur le terrain, ce n'est plus une utopie.

Des négociations sont actuellement en cours pour unifier la résistance des régions de Hérat, de Kandahar, du Loggar, du Parman, du Kunar, de Mazar, du Badarchan.

Nous pensons à un titre pour le film : « *L'ours de papier* ». La première grande défaite de l'Armée rouge depuis 1945. Nous prenons conscience que le film que nous sommes en train de réaliser peut devenir un véritable événement : il va prouver que les Soviétiques ne sont pas les pacifistes qu'ils ne cessent de se proclamer, que la fameuse « paix » soviétique dont on nous rebat les oreilles sur Radio-Moscou n'existe pas en Afghanistan comme vont le montrer les images terribles que nous prenons des ruines de la vallée martyre.

Tout, ici, a été détruit : maisons, mobilier, véhicules, vergers, récoltes, réseaux d'irrigation, arbres déchiquetés à la mitrailleuse lourde, sol lunaire, cratères de bombes, champs labourés à coups de chenilles de chars, murs dynamités, jusqu'aux livres sacrés des mosquées utilisés comme papier hygiénique par les soldats soviétiques. Les 130 000 habitants du Panjshir ont été jetés sur les routes de l'exil. Ici règnent les ruines pour fantômes. Et pourtant les moudjahidin sont là et tiennent le terrain, cette terre qui est leur chair. En filmant l'efficacité, le calme, le sang-froid de ces hommes d'une autre trempe, le film va prouver que l'Armée rouge est, sur ce terrain, réduite à l'impuissance! Le mythe de son invincibilité va en prendre un rude coup. Car, enfin, elle a tout essayé. Elle a échoué en tout. Les moudjahidin sont là et, pire, pour un chef d'état-major soviétique, ils subissent de très faibles pertes. Ce qui est incroyable, c'est qu'ils ne reçoivent quasiment aucune aide extérieure, se battent avec des munitions qu'ils achètent ou qu'ils prennent sur l'ennemi. Le film va casser la « désinformation » — pour employer un mot à la mode — sur les soi-disant apports militaires américains. De la foutaise! Pas un des commandants rencontrés n'a vu ou entendu parler de cette « aide mythique »! Et nous savons, par expérience, que le désordre est trop grand chez les Afghans, leur individualisme trop farouche, pour qu'ils se soient concertés afin de nous servir la même version sur le chapitre aide extérieure.

Au fur et à mesure de notre progression, nous apprenons que les commandos soviétiques ont effectué plusieurs opérations héliportées de grande envergure, mais partout le scénario est le même et s'achève par un décrochage des paras.

Nous reprenons la route à 14 heures. La montée est aussi raide que dans les cols. C'est éreintant. Même nos trois porteurs paraissent épuisés. Nous craignons qu'ils n'abandonnent et nous laissent nous débrouiller avec notre matériel. Un film, pour la plupart d'entre eux, est un mystère. Ils ne peuvent être conscients de l'impact que peuvent avoir des images de leur lutte sur les peuples d'Occident.

Le soir, après dix heures de marche dans une atmosphère dangereuse — nous avons été survolés par six bombardiers TU-26 qui sont allés lâcher leurs bombes sur la vallée voisine —, nous atteignons une kararga creusée dans le flanc d'une des hauteurs. C'est la garnison de Pochrou, faite d'une série d'abris. La nuit tombe. A peine entrons-nous dans la « pièce-boyau » du commandant qu'un obus de mortier explose un peu plus loin en contrebas.

— Ce n'est rien, ricane le moudjahed assis en face de nous, ce sont les Parchamis de la position qui se distraient. Tantôt c'est nous qui tirons avec la dachaka, tantôt c'est eux qui nous lancent des obus. Personne ici n'a encore été victime de leurs tirs, ils tirent sans viser!

La kararga de Pochrou est située à deux kilomètres au-dessus des positions retranchées de l'armée régulière afghane. Les Soviétiques y étaient jusqu'à leur dernière opération commando. Encerclées, leurs positions sont dans une mauvaise passe : nous verrons le lendemain comment les moudjahidin leur coupent l'arrivée d'eau, venue de la source située près de la kararga. Nous sommes en altitude, à près de 4 000 mètres. De quoi faire une cure d'air pur!

Ici, c'est le commandant Amrodin qui dirige les lieux et les hommes. Grand maître après Allah et Massoud, il a sous ses ordres quelque trois cents combattants bien entraînés; la plupart se trouvent plus bas, à proximité du village de Pochrou d'où ils surveillent les Parchamis retranchés.

Nous sommes enfin au chaud, couchés à même le sol dans nos duvets. Bertrand est malade. Petit bouillon de poule pour se requinquer. Demain sera meilleur...

Lundi 17 septembre

Bertrand va mieux. Un moudjahed est parti vers Safied Tchir chercher notre trousse de médicaments, des messagers sont envoyés, eux, dans la direction opposée, à la recherche de Massoud. Ce soir ou demain, le commandant nous propose d'accompagner un groupe mobile qui doit faire une action de sabotage sur les lignes adverses. Ça promet du mouvement.

Il fait froid. Le matin, pour se laver dans le torrent qui coule dans le creux de l'embryon de vallée, il faut casser la glace. Aujourd'hui, nous allons filmer l'activité de cette kararga de première ligne, enregistrer le témoignage de son commandant sur les attaques de ces derniers mois. Nous passons des heures à nous entretenir avec Dolat Khan qui est intarissable. Les avions passent avec leur bruit envahissant et confus qui ne permet pas toujours de les localiser aussi vite qu'on le souhaiterait. Ce que nous craignons le plus : une riposte aérienne à l'issue de l'opération de demain. Être prudent devient notre leitmotiv. Dolat Khan nous dit qu'il est très touché de la présence française en Afghanistan, médecins et journalistes.

Nous apprenons que les avions qui nous ont survolés hier, sur le chemin de Pochrou, ont largué cinquante-deux bombes sur la vallée voisine, celle de Showa. Aucune victime!

Nous passons l'après-midi à réfléchir au film. Au loin, de temps en temps, des tirs de mortiers. Avec ma gourmandise insatiable pour les sucreries, j'épuise les réserves de sucre de toutes les karargas visitées. Sucre pourtant rare qu'ils m'offrent par délicatesse. Pas de nouvelle de Massoud.

Demain, peut-être...

Mardi 18 septembre

L'école de l'Afghanistan est rude. Je me répète. On s'aguerrit à l'effort, on apprend à résister aux intempéries, à la faim, à la soif, à la peur de la mort ou de la blessure, à la souffrance et à la solitude. On apprend aussi à profiter de la chaleur du soleil après la claque glacée du vent de la nuit, à savourer un morceau de pain dur après un ou deux jours de jeûne, à sucer un bout de *talron* (véritable caillou fait avec de la farine de *toutes*, ces mûres du Panjshir).

Nous posons la caméra devant un groupe de moudjahidin occupés à se partager un gros morceau de talron.

— Si les Russes nous voient, ils diront que nous mangeons de la pierre.

— Eh! eh! ce n'est pas un caillou, c'est du *talron*, ça vient de nos ancêtres.

— C'est de la farine de *toutes*.

— C'est ce qui a permis de rejeter les Anglais hors d'Afghanistan. Autrefois nos ancêtres en avaient toujours un morceau dans les poches...

— ... pour pouvoir se battre contre les Anglais, rester longtemps dans la montagne afin de les attaquer. Allez, mâche. Je crois même que ce *talron* est exposé sur une porte de Londres.

— Dans notre guerre contre les Russes, c'est devenu notre nourriture. Des mûres séchées. C'est bon, très bon. Tu veux en goûter ?

Dans la plupart des endroits où nous allons, et en dépit de cette vie difficile qu'exacerbent les conditions de guerre, les Afghans nous reçoivent avec mille attentions : d'un geste simple on nous cède en souriant la meilleure place pour avoir chaud, l'emplacement le plus douillet, ou le moins inconfortable pour mieux dormir, le dernier verre de petit-lait, la dernière pincée de sucre ou de sel. Le pire c'est qu'ils s'excusent de ne pouvoir donner plus, alors qu'ils vident leurs poches de leurs noix, de leurs pommes, de leur restant de bonbons.

Ce matin, le capteur solaire sert à recharger les batteries d'une radio. C'est vraiment une fabuleuse invention : solide, simple, efficace. L'énergie douce à portée des rayons.

Ce matin, petit café après une nuit dans la même grotte-abri, nuit perturbée par deux chats qui n'en finissaient pas de miauler !

Nous filmons l'arrivée d'un groupe armé de retour du village. Le commandant de Pochrou fait chercher le prisonnier de l'Armée régulière afghane. Il était parti ramasser des broussailles pour alimenter le feu qui fait bouillir l'eau du riz, dans une marmite géante. Devant la caméra, l'interrogatoire commence :

— Comment t'appelles-tu ?

— Anéodine.

— Et ton père ?

— Mohamed.

— D'où es-tu ?

— Je suis du Badarchan.

— Depuis quand étais-tu dans l'Armée?

— Depuis 1982. J'étais dans le bazar à la recherche de produits alimentaires. Je faisais des courses pour la famille. Il y a eu une rafle. J'ai été arrêté.

— Où as-tu été envoyé?

— D'abord à Kaboul, dans une caserne.

— Dans quelle section?

— La sous-division 444.

— Donc les commandos!

— La section batterie 76.

— Depuis combien de temps faisais-tu ton service militaire?

— Deux ans et trois mois. Vingt-sept mois.

— Et pendant cette période, sur quel front as-tu été envoyé?

— Je suis allé dans la province du Loggar.

— Qu'y as-tu fait?

— Les Soviétiques ont capturé des enfants, des femmes et des vieillards pour les brûler...

— Vivants?

— Oui. Les officiers afghans qui auraient voulu s'y opposer ne le pouvaient pas. S'ils disaient quelque chose ils étaient eux aussi éliminés.

— Combien de temps es-tu resté dans le Loggar?

— Un mois en tout.

— Et après?

— Ensuite j'ai été renvoyé à Kaboul puis à Laghman.

— Comment se passaient les attaques des moudjahidin? Y avait-il beaucoup de combats, dans le Loggar, par exemple?

— Beaucoup, par période. Les moudjahidin ont attaqué et détruit des chars. A Laghman, c'était pareil. Après la destruction de véhicules, les Soviétiques ont fait des représailles sur des femmes et des enfants. Ils ont même incendié les mosquées, brûlé les Corans, Les officiers afghans devaient se taire. A Opiam où je suis allé, ensuite, cinquante chars ont été démolis, ainsi que dix autres véhicules. Il y a eu deux cents victimes dans les rangs soviéto-afghans.

— Et après Opiam, où es-tu allé?

— A Kaboul d'abord, puis nous avons été envoyés au Panjshir, à Pochrou. Il y a eu beaucoup de pertes parmi les Soviétiques, et depuis six mois nous nous trouvions encerclés par les moudjahidin.

— Raconte-nous comment tu as été arrêté.

— Il était une heure du matin, j'étais de garde dans le poste. Nous devions aller au ravitaillement, chercher de l'eau, un peu plus haut dans le village. On discutait à chaque fois parce que l'officier disait toujours aux soldats : « Allez, c'est à vous de passer devant », et il y avait toujours un soldat pour refuser. Lorsque nous nous sommes avancés vers les tranchées des mortiers (nous étions quarante-cinq, soldats et officiers), nous sommes tombés dans une embuscade de moudjahidin. Ils s'étaient glissés jusque dans nos positions avancées. Les officiers ont donné l'ordre de tirer en l'air, mais certains ont visé les moudjahidin et le combat s'est engagé. Il y a eu une trentaine de morts, quinze blessés et deux prisonniers.

— Que veux-tu faire maintenant ?

— Je veux rejoindre les rangs de mes frères combattants. J'ai été arrêté par les autorités gouvernementales qui m'ont enrôlé de force dans l'armée. Maintenant je veux redevenir moudajahed, prendre les armes et me battre contre les Russes.

Un message de Massoud arrive pour Dolat Khan. Il vient de recevoir une nouvelle mission : organiser les distributions de munitions pour les karargas de Khentch, Safied Tchir, Dacht Riwat. Nous le retrouverons au retour. Quant à nous, nous devons attendre des nouvelles de Massoud qui, c'est maintenant certain, se trouve dans la vallée voisine, la vallée de Showa. Plus bas dans la vallée tonne le canon.

Nous rencontrons, trop tard pour le filmer, celui qui a construit le « camion-hélicoptère » du Panjshir.

Mais toujours pas de nouvelles de Massoud. Ça devient désespérant !

Mercredi 19 septembre

Hier soir, nous avons écouté la B.B.C. en persan. C'est ici une cérémonie quasi religieuse : chaque soir, à 21 heures 15, des milliers de moudjahidin, dans toutes les provinces d'Afghanistan, sont suspendus aux mots que des transistors de tout acabit déversent dans leur langue. Mais ce soir-là tristesse et colère ont envahi nos hôtes : les nouvelles diffusées, émanant d'une source d'Islamabad, sont visiblement complètement fausses. En substance, on y apprend que la vallée du Panjshir a subi une série d'attaques très meurtrières pour la résistance. Le chiffre de trois cents morts a été donné. Selon les mêmes sources, Ahmad Shah Massoud serait en fuite dans une autre province. C'est faux, puisqu'il se trouve à Paryan ou à Showa, à quelques jours de marche de l'endroit où nous nous trouvons. Quant aux pertes des moudjahidin, elles ne dépassent pas vingt morts, comme nous l'explique le commandant. En fait, les opérations héliportées des Soviétiques se sont partout soldées par de cuisants échecs, les milliers de commandos déposés par des centaines d'hélicoptères n'ayant jamais pu taper que sur du vide et s'étant fait harceler sans relâche.

Les Afghans des campagnes ne s'intéressent guère au monde extérieur. Les journaux n'ont jamais pénétré les campagnes et la radio est écoutée pour la musique et non pour les informations. La circulation des nouvelles se fait essentiellement par les voyageurs qui racontent leur périple dans les auberges (tchaïkkana). Les Afghans sont friands de discussions et aiment les anecdotes; c'est donc sous la forme de récits plus ou moins déformés et d'histoires édifiantes que le monde extérieur sera perçu. Ce qui fait qu'un étranger aura beaucoup de mal à reconnaître sa culture dans les récits qui circulent autour des maisons de thé : les Soviétiques seraient tous incestueux, les homosexuels se marient religieusement en Europe, etc. La géographie politique des Afghans reste celle du monde médiéval : La Mecque à l'ouest, New-Delhi à l'orient et Boukhara au nord.

Pourtant, à l'exception des instituteurs et des étudiants, on

trouve des lettrés qui ont entendu parler de Montesquieu et de Voltaire. Ce n'est nullement la culture qui est absente des campagnes (on se réfère à Alexandre le Grand et à Gengis Khan), c'est le monde contemporain.
La guerre a justement été perçue comme le surgissement de ce monde extérieur qu'on voulait ignorer. La nécessité d'une meilleure information est apparue, ainsi qu'une curiosité personnelle pour l'étranger dont dépend l'avenir de la guerre. Une soif de nouvelles est née de la guerre. Les sources d'informations traditionnelles sont restées, surtout les voyageurs (car on circule beaucoup dans l'Afghanistan en guerre). Mais la source d'information par excellence, c'est désormais la B.B.C. Elle émet le matin en pashtou et le soir en persan; on se regroupe autour du transistor et les gens les plus instruits commentent pour les autres les nouvelles (le persan de la B.B.C. diffère quelque peu du parler en usage en Afghanistan). Les réactions sont émotionnelles : on s'indigne que la B.B.C. n'ait pas mentionné telle attaque soviétique, ou n'ait pas cité le nom d'un commandant, ou ait attribué une opération à un autre parti politique. On s'indigne d'une remarque jugée désobligeante pour la Résistance. Mais la B.B.C. est la référence par excellence : c'est la vérité. Lorsqu'on veut prouver qu'une nouvelle est vraie, il suffit d'affirmer : *B.B.C. goft* (la B.B.C. l'a dit)!

Ce matin encore, le torrent est gelé. La nuit a été très froide. Les Antonovs rôdent. Nous espérons voir Massoud aujourd'hui, ou demain... Nous commençons à avoir envie de rentrer, de refaire en sens inverse la rude route des cols. Bertrand va mieux. Moi, j'ai un abcès sur le gros orteil. Côté matériel, le dernier walkman tient bon. Quelques problèmes avec le micro canon AKG qui doit s'être oxydé. Lorsqu'il fonctionne il est pourtant excellent. Mais le magasinier d'Antenne 2 s'est trompé : j'avais demandé un MD21, il m'a donné un LEM DO2 beaucoup moins bon. De plus, sous prétexte qu'il n'y en avait pas de disponible — mon œil! — il a refusé de me donner des bonnettes antivent, ce qui nous pose sans cesse des problèmes. Problème aussi avec l'éternel torrent, inévitable bruit de fond!

Côté caméra, j'espère que tout fonctionne. Cela fait partie des aléas de cette aventure. Nous attendons toujours des nouvelles de Massoud. C'est décourageant! Nous n'avons rien à lire, aucune cassette de musique à écouter. Nous passons donc le temps à méditer sur fond d'Antonov. La guerre est là.

Recette pour faire le riz : laver le riz, mettre du beurre au fond de la marmite, jeter le riz propre dans le beurre bouillant, ajouter l'eau. Attendre, ça se fait tout seul. Pour accélérer la cuisson, le cuisinier de la kararga met de la pâte à pain sur les rebords de la marmite, joint efficace pour garder la vapeur à l'intérieur. Il place même de la braise sur le couvercle. Chaud en bas, chaud en haut. La cocotte minute afghane est là, devant nous.

Au milieu de l'après-midi, nous perdons patience et expliquons à Mehrabuddin que nous trouvons un peu fort de ne pas avoir reçu de message de Massoud. Une heure passe, un commandant d'un groupe mobile arrive. Il nous dit que Massoud se trouvait sur le plateau de Chamali, en réunion avec des chefs de groupes afin de régler les problèmes soulevés par une série de conflits opposant les groupes du Jamiat aux groupes du Hezbi Islami :

— Ensuite, poursuit le moudjahed de choc, Massoud doit effectivement venir ici pour organiser une grande contre-offensive visant à chasser tous les Russes et les Parchamis de la vallée, notamment ceux de la position que nous surplombons. Et il ajoute : j'ai reçu pour mission de rassembler mon groupe de quarante-huit hommes à Safied Tchir et de faire le plein de munitions.

Il faut donc attendre des nouvelles. Nous ne perdons pourtant pas notre temps, malgré notre impatience. Restant de longues heures inactifs, nous pouvons approfondir le contact avec ces combattants d'un autre monde. Chaque jour, nous pénétrons plus avant dans notre connaissance de ces hommes, cherchons sans relâche à leur faire dire ce qu'ils pensent vraiment, à trouver ensemble le terrain des confidences, à les faire être devant la caméra ce qu'ils sont réellement lorsque nous sommes absents, lorsqu'ils sont ensemble, entre Afghans, à vivre leur quotidien. Le banal et l'extraordinaire. Actuellement nos efforts visent à ce que le film capte des émotions, des scènes intimistes, sensibles. Les Afghans sont tellement pudiques qu'ils nous est toujours très difficile de détecter chez eux la trace d'une tristesse ou la manifestation d'une lassitude, d'un ras-le-bol. Et pourtant nous ne voulons pas brosser un tableau idéal, surfait, faussé par leur souci de ne nous montrer que les beaux aspects de leur vie. Nous passons des heures à expliquer, des heures à écouter. Nous leur demandons de réfléchir sur la façon dont ils perçoivent la mort, la perte d'un des leurs. Curieusement, la mort s'est banalisée avec la guerre. On n'en est plus au temps des larmes. Merhabuddin raconte l'histoire d'une femme de son village qui a successivement perdu un fils, puis deux, sa fille, son mari, et qui se tenait toujours souriante, à travailler, à faire la cuisine pour les moudjahidin, jusqu'au jour où, à son tour, elle a péri dans un bombardement. Ici, on meurt pour l'indépendance, pour une cause dont on est certain qu'elle est juste. Ceux qui s'en vont partent honorés par ceux qui restent à vivre. Ce sont des « shahid », des martyrs.

Ce soir, encore de mauvaises nouvelles à la B.B.C. : on y parle des rivalités entre les partis qui vont jusqu'à dépenser leurs munitions pour se battre entre eux au lieu de lutter contre les Soviétiques. Ceux-ci doivent évidemment savoir en jouer!

Que deviennent, à Paris, mes enfants, Julien, Adrien? Ils ont repris le rythme de l'année scolaire pour apprendre à vivre. Je pense à eux profondément. Je rêve aussi de savoir cuisiner. Nous avons, avec Bertrand, des conversations interminables sur la bouffe : il me raconte des plats que nous savourons avec délectation.

Ici, les civils n'ont plus de place. Avec Jérôme, nous avions filmé les écoles de la résistance du Panjshir. Aujourd'hui, elles s'appellent ruines. Les enfants sont dans les montagnes. Qui va les éduquer, leur apprendre que la vie ce n'est pas uniquement la guerre, qui?

L'éducation traditionnelle se déroule d'abord dans les *maktab*, écoles primaires coraniques, et les *madrasa*, écoles supérieures qui forment spécifiquement le clergé musulman. On trouve en général une *maktab* par mosquée. Non subventionnées par le gouvernement, ces écoles ont un niveau très variable qui dépend entièrement du mollah qui les dirige. Généralement mixtes, les *maktab* regroupent les enfants jusqu'à dix ans; l'infrastructure est très sommaire : une pièce chauffée par le bois que les élèves amènent l'hiver, ou la place de la mosquée l'été. Il n'y a pas de classes de niveau et chacun apprend à son rythme. La discipline n'a pas du tout le même sens qu'en Europe : si chacun bavarde, entre et sort à son gré, le maître est pourtant armé d'une baguette qu'il abat sur les plus récalcitrants. Pas de pupitres, pas d'ordonnance : les élèves sont accroupis en rond autour du maître. Le travail reste très collectif : on ânonne en chœur la leçon; exceptionnellement quelques élèves vont réciter leur leçon au creux de l'oreille du maître. Pas de compétition non plus, chacun apprend comme il peut; il n'y a ni classement, ni examen de passage dans la classe suivante. L'idée qu'il y a une progression du savoir correspondant à un âge déterminé est étrangère à la pédagogie musulmane : on y apprend à tout âge et dans un ordre immuable les livres qu'il faut posséder pour être cultivé. Il n'y a donc pas de progressivité dans l'enseignement; l'enfant est traité en adulte. La pédagogie repose largement sur la mémoire et la répétition. On ne favorise pas l'initiative personnelle et, en même temps, il y a une moindre pression pour la discipline et la réussite dans les études. Il s'agit non pas de briller et de dépasser tout le monde, mais d'acquérir l'*adab*, le savoir-vivre. Il est bon d'être alphabétisé et cultivé, mais l'école coranique ne connaît pas la compétition, peut-être aussi parce qu'elle a cessé d'être un élément de promotion sociale, contrairement à l'école moderne. Une des clés du conflit afghan, c'est bien l'opposition entre l'école « privée », religieuse et traditionaliste, et l'école gouvernementale, occidentalisée, mais présomptueuse et déculturante.

Jeudi 20 septembre

Dès 7 heures du matin, nous filmons : un enfant venu du village nous chante une chanson de moudjahed, un dialogue entre deux moudjahidin, l'un racontant sa bagarre au corps à corps avec un officier parchami... Nous filmons aussi le récit d'une blague sur les Soviétiques — les moudjahidin y tiennent! — et une scène de

« découpage de viande! » Peu à peu nous ajoutons des pièces au puzzle de ce film qui montrera la vie de tous les jours de ces hommes qui se battent depuis déjà cinq ans! Cinq ans!

Depuis quelques jours, nous ne nous appelons plus Bertrand et Christophe, mais Nader Shab (le roi Nader) et Youssef. Nous avons été adoptés. Nous pouvons aller plus loin dans notre enquête, plus rigoureux sera le film, plus juste, plus réaliste.

Nous prenons la décision de partir demain pour la prochaine vallée et la kararga suivante : celle de Showa. Et si Massoud ne s'y trouve pas, nous pousserons jusqu'à Astana, et même plus loin, jusqu'à Paryan.

On y laissera notre peau, mais au moins on n'aura rien à se reprocher. Pas de regret. La décision est ferme et définitive.

Le déjeuner nous redonne des forces. Surtout la force de partir dès 14 heures, de ne pas perdre encore un après-midi à attendre Massoud, toujours annoncé mais jamais là. Nous pensions nous épargner la marche difficile sur la ligne des crêtes, à quelque 4000 mètres d'altitude, ça sera pour une autre fois. Et tant pis pour mon orteil. Il me fait tellement mal que la souffrance devient lentement anesthésiante. Trop c'est trop. Les adieux sont touchants. Tous les moudjahidin disponibles se rassemblent sur les éperons rocheux de cette karaga de Pochrou qui nous a bien plu. Ils nous serrent la main, souriants, avec cette virilité rare et franche qui leur appartient naturellement. Nous contournons l'avancée de roches où veille l'affût de la dachaka et nous voilà à nouveau sur nos jambes pour avancer comme des mules, à flanc de montagne. Nous passons au-dessus des lignes retranchées des Soviétiques. Au col, des traces d'obus de mortier, des tombes, racontent en une image la tragédie qui a dû se dérouler ici (quelques semaines plus tôt, nous dit un des porteurs). Pour nous : le calme. Pas de tirs. Pas d'hélicoptère. D'ailleurs, depuis notre arrivée dans la vallée nous n'avons vu aucun hélicoptère.

— Ils viennent nombreux, jamais en petits groupes. Nous avons maintenant assez de dachakas pour les effrayer.

Nous coupons par des éboulis de roches qui nous contraignent à marcher à quatre pattes. Cette aventure est folle. Le premier voyage, il y a trois ans, était infiniment moins rude, même si tout est relatif. Avec Jérôme, nous avions surtout souffert de la dysenterie. Cette fois-ci, avec Bertrand, nous sommes en fin de compte en excellente santé. J'irais même jusqu'à dire qu'en dépit des souffrances que nous fait endurer cette marche à la poursuite d'un Massoud fantôme nous prenons un pied géant. Il existe en ce pays, chez les hommes que nous rencontrons chaque jour, une essence rare, précieuse, qui s'appelle peut-être noblesse. Le passage des gorges sinueuses aux défilés étroits s'ouvrant ensuite, comme pour nous libérer l'espace, sur l'immensité d'une steppe ou le rayonnement d'une vallée, nous met dans un état de grâce magique. La rudesse du voyage en est le prix à payer. Comme pour extraire quelque rare minerai, il faut creuser, il faut chercher, il faut peiner. Le mythe du reporter s'effrite derrière la réalité du poète qu'on devient à force de s'emplir de ces paysages grandioses, à force d'écouter les fables de ces hommes forts, à force de sentir cette amitié brutale que leur générosité pousse à l'emporte pièce vers vous, l'étranger qu'on accepte, comme on vous tend un verre de thé noir ou de thé vert, selon vos goûts. Nous allons hors sentiers, nous retenant à de rares touffes d'herbes sauvages qui parfois se dérobent en nous déséquilibrant. Bertrand fait une chute spectaculaire, mais se relève indemne! La voie que nous inventons s'ennuage sans cesse de poussière. Nous avons hâte d'atteindre la kararga-asile, la kararga-abri, la kararga-repos.

Un problème pourtant : nos porteurs rechignent à continuer. Ils veulent nous lâcher là, sans plus de formalités, nous larguer, avec nos trois sacs emplis de matériel, trop lourds pour être portés sur ces pentes.

A 18 heures, ayant réussi à terroriser nos dégonflés, nous atteignons, crevés, la kararga de Showa. Curieux endroit, caché dans les replis de rocailles, avec une mosquée au sol recouvert de paille, entourée d'un muret de pierres. Les hommes sont assis en rond. On dirait une histoire d'Apaches. Il ne manque pour satisfaire notre mythologie que le calumet de la paix qui circulerait de mains en mains. Ici, à la différence de la kararga de Pochrou, très décontractée, règne une atmosphère de gravité qui nous impressionne assez. Le mollah nous souhaite la bienvenue. Il est originaire d'une autre province et appartient à un autre parti, celui du Harakat. Contrairement aux autres, il porte un turban de teinte bleue. Il nous montre qu'il sait sourire, mais retrouve aussitôt cet air solennel qui nous force à nous tenir plus droit, plus raide, à parler avec plus d'attention, plus de politesse. La nuit nous vole la lumière. Les hommes se lèvent pour la prière. J'écris, j'écris. Demain nous filmerons cet étrange lieu. Chaque kararga possède sa personnalité, sa couleur, son odeur, sa force. Elle ressemble aux hommes qu'elle abrite, au chef qui la commande, à la situation qui régit son quotidien : ici, en bas, le canon tonne, plus fort qu'à Pochrou.

Vendredi 21 septembre

Nous avons passé la nuit dans une grotte de la kararga de Showa, entassés à dix, serrés les uns contre les autres. Comme ils en ont l'habitude, les moudjahidin ont parlé tard dans la nuit, nous empêchant de dormir. Dehors, au loin, plus bas dans la vallée, est monté le bruit d'une mitrailleuse. « Des soldats qui désertent », nous dit un moudjahed. Des lucioles très lumineuses lancées au-dessus de Bozorak ont, un temps, fait entrer de la clarté dans l'abri-grotte. Nous avions l'impression d'être des spectateurs d'une guerre qui se déroulait sans nous, occupés que nous étions à faire rebrousser chemin au vent glacial pourtant bien décidé à nous faire périr de froid.

Ce matin, grande discussion sur les partis politiques de Peshawar. Il n'en existe pas moins de trente et un, en comptant les groupuscules. Peshawar, ville fascinante par son foisonnement : politiques, humanitaires, trafiquants d'armes, d'héroïne ou de haschish, mais les moudjahidin de « l'intérieur » se plaignent sans cesse de l'inefficacité des partis en exil. Ils sont pourtant nécessaires : ils constituent le seul lien possible entre les résistants de l'intérieur et le monde extérieur; ce monde dont les moudjahidin attendent l'aide... Ici, depuis déjà cinq années, c'est long cinq ans, on tue, on tue des hommes qui ont le seul tort de défendre leurs traditions faussement qualifiées de « féodales ».

Nous filmons dans la kararga une scène émouvante : le mawlawi chante un verset du Coran à la mémoire d'un moudjahed mort récemment au combat. Les hommes se recueillent. Une guêpe passe en battant des ailes. Tout est silence et prière. Ici, en Afghanistan, la religion est l'essence indispensable à la vie.

C'est trop peu dire que la religion imprègne la vie du paysan afghan. Elle fournit l'horizon intellectuel, le système des valeurs, mais aussi le code de comportement. Dans l'idée de tradition, il n'y a pas pour le paysan l'idée d'immobilisme, mais la conformité recherchée à un modèle éthique; l'imitation du Prophète, dans le mode de vie, les gestes et jusqu'à l'habillement (*sunnati* veut dire à la fois traditionnel et à l'imitation du Prophète). Peu importe que cette tradition soit plus fantasmée que réelle, que l'innovation soit en fait constante, que l'éthique soit régulièrement bafouée. Ce qui compte, c'est que cette image donne une parole au paysan, un accès à l'universel que l'État moderne est bien incapable de donner. Il faut avoir vu le paysan afghan face au fonctionnaire : humble et désorienté devant des procédures et des finalités qu'il ne comprend pas, il se tait. Devant le *qazi*, malgré la déférence, il parle, car les références sont les mêmes, ainsi que les valeurs et les moyens de communiquer (la parole).

La religion, c'est aussi une arme contre l'État, toujours extérieur et oppressif. L'État n'a pas de légitimité pour le paysan : la référence est soit en dessous (ethnie, tribu) soit au-delà (*Oumma*). L'État, c'est l'impôt et la force. Le paysan va donc chercher dans les références à une « économie islamique » un système fiscal plus simple, dont la finalité est claire. Données une fois pour toutes, ces règles vont s'opposer aux variations constantes de la fiscalité de l'État. D'autre part, le paysan s'oppose à l'interventionnisme de l'État (monopole, contrôle des mines et des forêts, culture forcée comme celle du coton). Il y a donc dans la résistance une revendication économique, qui vise

non pas le propriétaire foncier, mais l'État, au nom de l'Islam. Cette composante à la fois économique et spirituelle est une des raisons de la dynamique de la résistance.
Enfin, face aux procédures juridiques fondées sur le droit écrit de la ville, l'application de la loi islamique (*shariat*) est, pour le paysan, rapide, compréhensible et surtout *orale* : il peut parler, se défendre, il connaît le système, il y adhère. L' « horreur » de l'Occident devant les peines prévues par la *shariat* est quelque peu hypocrite; citons ce paysan de Kaboul, condamné sous l'ancien régime à dix ans de prison et qui préféra faire appel au tribunal islamique pour avoir la main coupée mais ressortir libre. Ce n'est pas la barbarie qui est en jeu mais l'image du corps.

Nous partons après un déjeuner de riz et de pain. Une route infernale en direction de la kararga d'Astana. A flanc de montagne, manquant de glisser sans cesse tout au long de la pente, nous peinons sans savoir quand et comment va se terminer cette aventure. Nous pénétrons chaque jour un peu plus profondément dans la vallée, chaque jour nous augmentons les risques de tomber sur une opération héliportée soviétique. Et là, adieu le retour rapide en France. Nous osons à peine imaginer le périple qu'il faudrait faire pour fuir une offensive... Altitude moyenne 3500-4000 mètres. Pour accentuer la difficulté de la progression, des mines-papillons vertes, couleur d'herbe, qu'il est conseillé de repérer avant de poser le pied. Nous maudissons ces montagnes ingrates, cette dureté que nous communique la vision permanente des étendues de pierres comme jetées dans la violence d'un orage, et le vent, ce vent venu des cimes enneigées et qui nous saisit, violant le voile de nos patous, le moelleux de nos pulls, la fragilité de nos épidermes. Les corps d'homme deviennent carapace ou se désagrègent. On le dirait. On en craint le processus. Avec l'angoisse des bombes, des attaques, d'une chute fatale dans un précipice. En prime. Fallait pas venir. Maintenant, on la ferme et on avance. Les geignards n'ont pas le droit d'asile sur cette terre, théâtre d'un drame douloureux, impitoyable. Gare au faible. Gare au trouillard. Et les Afghans? Ils ne s'en rendent pas compte. Ça n'est pas leur affaire. Ils ont assez de soucis à guerroyer, que dis-je! à résister. A survivre. Cette dureté est leur pain quotidien, elle est devenue l'existence normale de ces hommes métamorphosés aujourd'hui en êtres d'une trempe nouvelle. Seule grâce apparente dans cette situation, l'aigreur n'a pas de prise sur cette race de seigneurs. Une idée fixe nous trotte dans la tête : trouver Massoud. Car le film ne tiendra pas sans le chef, l'animateur de cette guérilla.

Pour atteindre la kararga d'Astana, nous allons être obligés de marcher deux heures dans la nuit, avec le risque de tomber sur les rochers pas assez vite repérés, de glisser vers les précipices. Si nous ne parvenons pas à trouver un abri, il nous faudra affronter la nuit qui s'accompagne d'un froid glacial. Mon genou me fait un mal de chien.

Vers 20 heures, par chance, nous apercevons enfin les lumières de la kararga. Mehrabuddin, lui, est resté en arrière avec les porteurs. Il devra dormir sous un éperon rocheux, sauvé du froid par nos duvets.

Dans l'abri où nous cherchons quelque réconfort après ce cheminement noctambulesque et cauchemardesque, on nous sert une plâtrée de riz. L'homme qui est assis à côté de moi, dans un anglais élémentaire, m'apprend — ô surprise — que Massoud se trouvait ici-même vers 16 heures!

Mais où est-il maintenant?

— Il nous a quittés pour se rendre dans la kararga de Showa...

— Oh non!

Nous l'avons croisé. Sans doute est-il passé par une autre route, plus bas ou plus haut dans la montagne. Et Mehra qui nous avait juré qu'on ne pourrait pas le rater! Cette nouvelle nous rend pourtant la pêche. Massoud n'est pas dans une autre province. Massoud est bien vivant, à portée de pas, demain sera un bon jour. Nous allons enfin pouvoir boucler le tournage et prendre la route du retour!

Samedi 22 septembre

Je retrouve Sidik (l'homme qui nous a hébergés, il y a trois ans, dans le village alors intact d'Astana). Il a beaucoup vieilli et son visage raconte mieux que les mots les souffrances qu'il a dû, lui comme les autres, endurer durant ces trois dernières années. Ses cheveux ont blanchi, des rides entaillent maintenant la surface de son visage, il est très amaigri... mais toujours aussi chaleureux.

— Mon village est un tas de cailloux. Ils ont tout rasé, même les fondations qui ont été dynamitées.

— Et ton perroquet, l'as-tu encore avec toi?

C'était un perroquet vert, superbe, qui commentait toujours nos conversations... en persan.

— Ils ont même emporté mon perroquet!

— Il s'instruit à l'heure qu'il est, il apprend le russe... Et tes confitures, sont-elles aussi bonnes? Tous les médecins français de l'A.M.I. qui ont passé la nuit sous ton toit en gardent des souvenirs émus!

La réponse de Sidik est un pot de miel qu'il envoie chercher Dieu sait où. Et il raconte ce qu'a été l'exil provisoire vers la vallée voisine d'Andarab, les bombardements, la traque des hélicoptères et des bombardiers. Des moments difficiles dont se seraient bien passés les hommes de cette vallée...

Après le petit déjeuner de délice, nous embrassons Sidik et reprenons la route dans le sens inverse : direction Showa, à nouveau.

Il est 10 heures 30, nous sommes allongés à l'abri d'un immense rocher qui surplombe le torrent de service. Un des moudjahidin qui nous accompagne a trouvé des pommiers. Il revient de son ramassage le patou plein à craquer de ces fruits qui désaltèrent. Nous prenons des forces pour un passage difficile : il va falloir marcher en dessous des postes soviétiques. Contrairement au chemin suivi la veille, nos guides nous ont entraînés vers le chemin de la vallée, pour nous faire plaisir : c'est moins fatigant que la voie en altitude. Hélas pour eux, nous aurions préféré celle de la peine physique à celle du risque de recevoir des obus sur la gueule. Eux, ça les amuse. Drôle de jeu! Hier, ça tirait, mais aujourd'hui n'est plus hier. Nous demandons à madame la Chance une grâce d'une heure, juste le temps de frôler les risques mais de rester indemnes. Les Antonovs rôdent sans relâche. Ils dépensent du kérosène à gogo; pas de crise d'énergie apparemment! Hier la neige nous a préservés des avions, aujourd'hui le ciel est bleu, désespérément clair.

— *Buro barer*. On y va. Passez un par un, laissez un espace d'une cinquantaine de mètres entre vous; cache la caméra sous ton patou...

— Inch Allah!

17 heures. Tout s'est bien passé. Pas de tirs. Pas de trouille. Une balade. Après avoir marché sans répit depuis le matin, nous atteignons un petit ensemble d'abris nichés dans la montagne, là même où, à l'aller, nous avions acheté du raisin à un paysan, de ce raisin couleur vert tendre, sucré, moelleux, né de la terre du Panjshir, et qui se déguste comme une suprême gourmandise. On nous introduit dans un des abris de pierre. Bonne idée, car le vent ici paraît encore plus insupportable qu'ailleurs. Le jour vit ses derniers instants, avec cette clarté d'arrière-garde qui disparaît progressivement derrière les crêtes pour faire place au crépuscule. Dix minutes plus tard, surprise des surprises, Ahmad Shad Massoud écarte le tissu qui fait office de porte coupe-vent et nous tend la main :

— Bonjour, soyez les bienvenus. Je vous cherchais.

Il a l'air content de me revoir mais n'est pas le genre d'homme à se répandre en manifestations chaleureuses. Je le retrouve vieilli, fatigué, mais je le sens fort, plus fort encore qu'auparavant, plus mûr aussi. Après s'être enquis des nouvelles fraîches de l'Occident, il ne perd pas de temps en commentaires et nous dresse un point sommaire mais précis de la situation militaire. Entre-temps, ses gardes — il est maintenant escorté — nous ont servi du thé et du lait en poudre dont nous exagérons les doses. Massoud a fini de parler de la situation, il nous prie de l'excuser :

— Je dois régler quelques problèmes urgents. Vous allez rester avec moi, nous allons avoir l'occasion de nous entretenir plusieurs fois.

Défilent alors une quinzaine de messagers venus de toutes parts : de Dara, du plateau de Chamali, des vallées d'Andarab, de Khost et même du Paktya ! Ils apportent des lettres qui sont autant de problèmes en suspens depuis plusieurs semaines : vivres, munitions, conflits, situations familiales. Massoud doit tout résoudre. Il tranche, réconforte, encourage, sermonne, renvoie... Bonaparte made in Afghanistan, il dicte trois lettres à la fois et son secrétaire a du mal à suivre.

C'est un grand animal politique : disponibilité, avec cette qualité rare qu'est l'écoute des autres, rapidité de synthèse, clarté, ouverture d'esprit ; avec, en plus, la jeunesse — il n'a que trente-deux ans —, un charme extraordinaire qui évoque Guevara, une apparence de vulnérabilité qui donne envie de le protéger, mais qui cache une volonté et une autorité indiscutables. Entouré de gens plus âgés (le « clan des compagnons de Massoud ») qui sont prêts à se faire tuer à sa place, il est respecté mais non adoré. Bref, un personnage au charisme rare. Il est curieux de tout, d'une grande tolérance, sait plaisanter avec ses amis.

Massoud fait tout : régit la vie des moudjahidin, organise le ravitaillement des réfugiés.

C'est un grand homme de guerre.

Nous en avons eu la preuve trois jours plus tard alors qu'il mettait sur pied la contre-offensive. Il n'y a pas un secteur de la science militaire qui lui soit étranger : armes, entraînement, intendance, assistance sanitaire, action psychologique, mais c'est le renseignement qui l'intéresse au plus haut point. Il dira même :

— Cinquante pour cent de mes victoires sont dues à la qualité de mes informations. Je dispose d'un comité secret spécialisé dans le renseignement et l'intoxication de l'état-major soviétique. Lors de la septième offensive, je leur ai fait croire que nous attendions le combat alors que j'avais fait évacuer toute la vallée. Pour la huitième offensive, l'Armée rouge disposait d'un plan entièrement faux sur les positions de nos garnisons et de nos armes antiaériennes.

Ce soir-là, Massoud nous confie une autre information rapportée de Kaboul par plusieurs agents :

— L'Inde, qui se veut neutre dans le conflit afghan, aide, secrètement, de plus en plus, l'U.R.S.S. et l'armée régulière afghane.

C'est un sujet sur lequel il se promet d'envoyer à la presse des révélations précises, preuves à l'appui. C'est par ce même réseau de renseignements qu'il a pu déjouer plusieurs tentatives d'assassinat dirigées contre lui :

— Le K.G.B. avait formé spécialement près de Moscou un groupe de douze Afghans qui avaient pour mission de me tuer avec des balles empoisonnées.

Le responsable du groupe était en fait un homme de Massoud. Il a joué la comédie jusqu'au bout et a livré aux moudjahidin le reste du commando.

Massoud nous montre le revolver et les munitions qui auraient pu lui coûter la vie.

Massoud est avant tout un homme de guerre, et la guerre est, depuis cinq ans, une réalité dans la vallée : huit offensives massives, des bombardements presque quotidiens. De 130 000 en 1981, la population du Panjshir est descendue autour de 30 000 en 1983. Aujourd'hui, sur les ordres de Massoud, tous les civils ont été évacués. Ils se sont réfugiés dans les montagnes, les provinces voisines, et à Kaboul.

Massoud est assis devant nous : il tranche des affaires aussi diverses que différentes, lit un courier fait de petits messages en papier (des lettres « aérogramme » achetées au Pakistan). Soudain il nous apprend une nouvelle ahurissante : Jacques Abouchar s'est fait capturer par les Soviétiques à proximité de la ville de Kandahar. C'est incroyable! Tout le monde à Paris doit s'inquiéter de notre retard. Massoud se propose de faire acheminer une lettre par Salang et Kaboul.

Il est 20 heures 45, le ciel est étoilé. Plus bas dans la vallée explosent des obus de mortiers lourds. Nous n'avons pas nos sacs de couchage parce que Mehra, accompagné de nos porteurs, est allé dans une kararga située en contrebas, voir si Massoud n'y serait pas! Nous allons avoir froid, mais nous sommes arrivés au but de notre expédition, le cœur et la tête de la résistance du Panjshir.

Dimanche 23 septembre

Sans nos duvets, nous avons gelé toute la nuit, mais comme dit Bertrand ça n'a aucune importance, car on ne sait plus très bien ce qui pourrait nous abattre. Jour après jour, nous appliquons le proverbe texan que nous nous répétons pour en rire : « Si c'est difficile on le fera, si c'est impossible ça prendra juste un peu plus de temps. ».

5 heures du matin. Emmitouflé dans mon patou-à-tout-faire, j'écris dans ce carnet témoin de chaque journée. Cette nuit je n'ai cessé de penser au film et à Jacques Abouchar. Que s'est-il passé ? Comment a-t-il pu être pris ? et pourquoi dans la région de Kandahar ? Était-ce en se rendant à Hérat ou en revenant ? L'équipe a-t-elle pu sauver les films ? Nous aimerions bien avoir confirmation de sa capture par la radio, mais la B.B.C. de hier soir ne nous a rien appris. Aujourd'hui, nous ne quitterons pas Massoud. Il va inspecter les karargas de Showa, Pochrou, Khentch, Safied Tchir, Dacht Riwat afin d'organiser une contre-offensive sur les postes soviéto-afghans encore accrochés à la vallée.

— Pour la première fois, nous a-t-il confié, je vais faire usage des quelques missiles SAM 7 qui sont en ma possession. Ensuite, je me rendrai dans le nord de l'Afghanistan, avant l'hiver, pour y rencontrer trois importants commandants. Nous devons créer plusieurs fronts actifs, mobiliser plusieurs divisions soviétiques, les obliger à disperser leur forces.

Massoud nous fait part de ses inquiétudes quant à l'efficacité des partis politiques installés au Pakistan et explique le processus qu'il est en train de lancer, depuis déjà trois ans, pour une unification des partis ou plutôt des combattants de toutes tendances rassemblés sous une même bannière. Cet aspect de la guerre est nouveau et passionnant, nous escomptons en savoir plus. Mais il est l'heure de partir vers Showa, Pochrou et Khentch. Ça monte dur sur des montagnes dépourvues de sentiers. Nous sommes rodés, mais la nuit a été mauvaise, nous accusons la fatigue.

Nous filmons Massoud donnant ses instructions à ses

commandants, étudiant à la jumelle les positions retranchées que nous surplombons.

Nous marchons beaucoup. Vers 18 heures, nous retrouvons la kararga de Pochrou après avoir évité celle de Showa en passant plus haut, par la ligne de crêtes. Trop épuisés pour continuer, nous décidons de laisser tomber Massoud et ses coursiers pour dormir à Pochrou où nous attendent Mehra et les duvets. Massoud continue vers Khentch. Ça sera pour demain.

Lundi 24 septembre

Je passe une nuit sans sommeil, pensant d'abord à Abouchar et à sa blessure, au souci que doivent se faire Mathilde et mes enfants s'ils savent... Pour comble, un tuberculeux n'arrête pas de tousser!

Nous partons avec de nouveaux porteurs. Il est 9 heures. Quatre heures plus tard, nous atteignons la mosquée de la kararga de Khentch, après avoir filmé deux scènes champêtres, paysans travaillant dans les rares champs qui ont échappé aux bombardements.

Je suis assis dans la mosquée. Une dizaine de déserteurs viennent d'arriver. Après le déjeuner, nous allons les filmer... et repartir pour Safied Tchir où nous devons rejoindre Massoud.

Nous y parvenons à 18 heures. Massoud nous explique qu'il doit partir demain pour « travailler » et qu'il sera de retour en fin d'après-midi pour répondre à nos questions.

Nous nous installons dans une pièce et retrouvons nos habitudes de soupe et thé sucré, avec nos copains de la kararga.

Mardi 25 septembre

C'est bientôt le retour. Nous avons déjà filmé plus de cinq heures de pellicule. Aujourd'hui, nous allons voir Ata qui doit avoir préparé nos chevaux. Il va se charger d'acheter du sucre, du talron, des toutes, des noix, du lait en poudre si c'est possible. Comme nous avons pu constater qu'il était le roi du système D, nous lui confions également la difficile tâche de nous dénicher deux pantalons de velours ou de laine afin d'éviter de mourir de froid en passant les cols qui ont de fortes chances d'être déjà enneigés. Nous filmerons ensuite les scènes que nous avons pu observer et qui manquent à notre « palette ». Par exemple, nous filmons une scène d'habillage à la mode soviétique : la plupart des moudjahidin portent en effet des vêtements et des armes soviétiques : bottes, ceinturon à l'emblème de l'étoile... Il n'y a que le bonnet qui soit afghan, lorsque le moudjahed n'arbore pas avec fierté un casque de tankiste russe ou un chapeau de commando de montagne.

Ici, dans le Panjshir, on s'est donc adapté à la guerre. Dans le reste de l'Afghanistan, le vêtement le plus courant est une chemise ample *(pirhân)* qui descend jusqu'aux genoux, sur un pantalon bouffant *(tâmban)* retenu par une ceinture de coton. Par-dessus on porte une petite veste, parfois brodée et couverte de poches où tient le nécessaire, comme la boîte de *naswer*, le mouchoir, le miroir et les petits ciseaux (les Afghans sont très coquets, surtout les Pashtounes). En hiver, on porte maintenant des vestes provenant des surplus des armées occidentales; le temps des poustines de moutons est passé, car leur prix est exorbitant. Le *tchapan*, manteau de soie bariolé aux longues manches qu'on laisse pendre dans le dos, est encore très populaire dans le nord. Les différences régionales et sociales se marquent sur le couvre-chef : les fonctionnaires affectionnent la toque d'astrakan et les communistes ne portent souvent rien, car l'Islam recommande le couvre-chef (un des termes méprisants pour qualifier les intellectuels est *sar-lutchak* « tête nue »). Les autres portent le turban, blanc et très long dans la région d'Hérat, coloré et avec une sorte d'aigrette chez les Pashtounes

de l'est, court chez les Hazaras. Sous le chapeau une petite toque *(kula)*, très brodée dans le nord, avec de la verroterie et fendue sur le devant dans le sud. La tenue européenne s'impose chez les communistes.
Le vêtement des femmes est plus diversifié. La grande différence est entre citadines et paysannes. Les citadines portent un pantalon droit, blanc et terminé par une dentelle; dessus, elles ont une robe légère de couleur qui va en dessous du genou; elles cachent leur cheveux sous un simple voile blanc. Dans les milieux traditionalistes, la femme ne sort qu'avec le *tchadri*, espèce de grand parachute qui les couvre de la tête aux pieds : le regard est dissimulé par une grille d'étoffe. Dans la campagne, les femmes portent un pantalon bouffant et surtout une robe très lourde, noire ou rouge, plus ample que celle des citadines et qui descend jusqu'aux pieds. Le voile, aussi rouge ou noir, descend plus bas que celui des citadines mais ne couvre que la chevelure, c'est le *tchador*. Le *tchadri* est rare à la campagne.
Les jeunes enfants sont habillés très sommairement : à la campagne, jusqu'à trois ans, une simple robe pour les garçons comme pour les filles; ensuite les vêtements sont identiques à ceux des adultes, la fillette portant un voile léger sur les cheveux dès l'âge de neuf ans, et le garçon ne mettant le turban que vers une douzaine d'années (jusque-là il porte la toque).

Sur la demande d'un de nos guides de Safied Tchir, nous nous rendons dans un champ, au milieu de la vallée, bien à découvert, pour filmer une scène qui nous semble tout à fait kamikaze : deux moudjahidin sont en train de tenter le désamorçage d'une bombe de deux cent cinquante kilos... à coups de burin! Ils sont véritablement cinglés! A peine avons-nous installé le pied et réglé la caméra et le son que les bombardiers arrivent, assez bas, trop bas même! C'est la course vers les abris. Nous nous retrouvons alors de l'autre côté de la vallée.

Plusieurs passages d'avions, mais heureusement pas de bombardement.

Nous regagnons la kararga et commençons à filmer le déchargement d'une caravane de munitions lorsqu'à nouveau des avions arrivent. Panique et fuite vers les abris.

Vers 14 heures 30, nous prenons le risque de redescendre

vers la maison pour manger un plat de riz froid. Espérons que les avions ne reviendront plus.

Ils reviennent, hélas! Toujours difficiles à localiser. On attend le fracas des explosions. Et puis le bruit s'atténue. Un moment encore on confond le bruit du torrent avec celui d'un avion. On se calme, on retrouve son sang-froid, on s'aide de l'humour. On espère au fond de soi qu'ils ne reviendront pas... avant la nuit, avant demain, avant toujours! Que jamais plus ce bruit ne viendra troubler le calme des vallées, les bruits familiers de la paix.

Demain, en principe, nous filmerons Massoud. Si tout se passe bien, après-demain nous partirons pour Dacht Riwat.

Mercredi 26 septembre

A 5 heures 30 du matin, nous gagnons les abris, à l'entrée de la petite vallée qui va vers le col débouchant sur la vallée de Dara. C'est par celle-ci que Peter Jouvenal a échappé aux commandos soviétiques lors de la dernière attaque, deux jours avant notre arrivée.

Massoud n'est pas encore redescendu de sa réunion secrète. Pourtant, sous les arbres, d'importants groupes de moudjahidin s'affairent autour des marmites où bout l'eau du thé et du riz. Ils sont nombreux à être venus, sur les ordres de Massoud, se préparer pour la contre-offensive : nous retrouvons le commandant de Showa, celui de Pochrou, celui de Khentch... La réunion promet d'être spectaculaire! Un marchand de pommes arrive avec un mulet chargé de deux énormes paniers d'osier pleins à ras bords de ces fruits rouges, sucrés, rafraîchissants. Plus loin, un boucher égorge, puis découpe une chèvre et un agneau. Nous achetons un foie pour en cuire les morceaux sur le feu.

Il fait froid et nous attendons avec impatience la venue du soleil. Cette foule de combattants est étonnante, bigarrée, riante.

Les moudjahidin ont ce côté chaleureux des fortes personnalités. Ce qui les rend sympathiques, c'est leur individualisme forcené : chacun, ici, s'exprime franchement. On ne cesse de discuter, de plaisanter. Cette société sans femmes est malgré tout épanouie. Ici, le moudjahed a l'air bien dans sa peau. Il est généralement solide, avec une grande gueule et un cœur en conséquence. Sa religion est un rempart contre « l'envahisseur », celui qui n'est pas de sa race et qui veut lui imposer un système dont il n'a que faire. Contrairement à la révolution iranienne, la résistance afghane reste individualiste. Comme l'a écrit Olivier Roy dans la revue *Esprit* (avril 82) : « L'Afghanistan n'est pas l'Iran. »

« L'image du fondamentalisme en Occident est négative : on le voit à travers l'Iran ou les assassins de Sadate. Mais s'il y a bien dans le fondamentalisme cet internationalisme militant, on est loin d'un *komintern* musulman, ou même d'une simple homogénéité des mouvements. Certes, les références idéologiques sont généralement les mêmes : livres de l'Égyptien Saïd Qotb, du Pakistanais Mauddudi et de l'Iranien (shiite) Shariati. Mais l'écho de la résistance afghane dans le monde fondamentaliste est faible : l'Iran s'en désintéresse (la presse accorde plus d'importance à l'Amérique latine), Khadafi est pro-soviétique. Quant à l'Arabie saoudite, si elle aide la résistance, elle reste très inquiète devant le radicalisme des fondamentalistes de tous les pays.

Une des raisons profondes de cet isolement de la résistance afghane est justement ce qui fait sa force : résistance d'un peuple tout entier, elle ne connaît pas ce phénomène d'avant-garde, de minorité agissante, tournée vers le monde extérieur et plus soucieuse de se faire reconnaître comme gouvernement virtuel que de combattre réellement sur le terrain. Il n'y a pas, il n'y aura pas avant longtemps, d'O.L.P. afghane.

Mais, surtout, le fondamentalisme afghan est sociologiquement différent de l'iranien. La révolution iranienne est celle des masses urbaines déculturées, atomisées et marginalisées économiquement, encadrées par un clergé structuré, hiérarchisé et ayant comme tel vocation de pouvoir.

Dans ce pays, l'Iran, retourné par le bulldozer du modernisme, l'effacement des liens traditionnels laisse place aux reconstructions les plus utopiques. Il n'y a plus d'identité parce qu'il n'y a même plus souvenir d'une autre société. Les intellectuels sont tous très intellectualisés et en quête d'un retour vers un monde qui n'existe plus. Tant dans leur vêtement que dans leur vocabulaire, ces contempteurs de l'Occident en portent les stigmates. C'est alors la recherche d'une identité perdue, des fusions impossibles entre l'Islam et le marxisme; et comme toute quête de l'impossible, elle débouche sur la mort. La mort de l'autre pour ne pas se tuer soi-même. Entre soi-même et son double, il y a toujours l'autre, le diable, Sheytan, l'hypocrite, l'impur. Il s'agit d'une anarchie suicidaire.

En Afghanistan, rien de tel. La société paysanne a été agressée de l'extérieur; elle n'a perdu ni sa mémoire, ni son identité. L'intellectuel qui se bat est un intellectuel « organique » : immergé dans le monde paysan, il en garde le vêtement, le geste et le ton. Il a gardé l'*adab*, la politesse millénaire, si nécessaire quand la vie est rude. Et puis le lettré est là pour ramener l'utopiste à sa place. C'est l'absence d'une crise d'identité qui conduit à l'absence de fanatisme. Certes les distorsions existaient dans la société traditionnelle, l'économie de marché et la pénétration de l'État faisaient craquer le tissu social. Mais l'image de soi restait la même; rien qu'un début d'inquiétude devant des distorsions insaisissables : la société réelle se dégageait lentement de l'image que le paysan en avait. Mais la guerre a réconcilié le réel et l'image.

D'où cette confiance en soi qui est si frappante dans la résistance : il n'y a pas de paranoïa, pas de police politique et peu d'exécutions sommaires. Il y a, cachant l'inquiétude des lendemains, une espèce de plénitude et d'optimisme. Et aussi, pour nous, ce sentiment d'irréalité d'une société aussi sereine et sûre d'elle, à quelques mètres des chenilles du modernisme. »

Parmi la foule qui attend Massoud, deux prisonniers soviétiques, un peu paumés, traînent en quête d'une cigarette, d'une pomme, s'ennuyant, mais, curieusement, libres de circuler, libres de plaisanter, libres de s'engueuler. Les moudjahidin du Panjshir ont une manière bien à eux de traiter leurs prisonniers : ils les considèrent comme des victimes, les accueillent en leur communauté, s'en font des copains. Un vieil homme de Pochrou nous disait à ce sujet :

— On ne va tout de même pas tuer les prisonniers russes, la guerre est assez dégueulasse comme ça...

Enfin Massoud est là. Il est midi, nous sommes à l'abri des arbres, en contrebas des abris de pierre, près du torrent. Nous filmons un long et fascinant plan-séquence qui suit Massoud à travers la foule de moudjahidin venus lui soumettre leurs problèmes : un compte rendu d'une attaque-embuscade sur la route de Salang, une demande d'instruction pour l'installation d'un hôpital, une demande d'aide financière pour une famille réfugiée, l'autorisation d'emmener un groupe de blessés au Pakistan. Massoud écoute avec cette attention rare des êtres qui savent faire preuve d'une grande concentration mentale, il tranche ensuite, sourit parfois, se fait grave souvent, ordonne, dirige, coordonne, rassure, encourage. C'est expéditif, efficace, humain. Ainsi, sous ces arbres qui nous protègent des caméras des Antonovs et des radars des bombardiers, le petit monde des résistants vit un moment privilégié : le chef est là, comme un père, comme un maître à penser, un commandant pour agir. Nous avons pu fixer sur la pellicule le va-et-vient des messagers autour de Massoud.

Massoud lit à voix haute pour ses hommes le papier qu'un messager vient de lui tendre :

— Deux tanks ont sauté sur nos mines. Deux voitures ont été incendiées. Un camion de blé et quatre kalashnikof, pardon, nos moudjahidin ont saisi un camion de riz et quatre kalashnikof, un camion de pommes de terre, douze caisses de munitions. C'est ce qui vient d'être pris. Du côté ennemi on a compté soixante morts.

Autour de lui les hommes se pressent, veulent lire ces bonnes nouvelles par-dessus son épaule.

— Où est-ce qu'il est passé le soldat ? Viens ici, compatriote. Sais-tu combien de soldats ont été tués pendant cette attaque ?

— Non, je n'étais pas sur place pendant l'embuscade.

Massoud poursuit sa lecture :

— Ils ont pris aussi trois mille fusils... trois fusils. Un officier a été tué. Un soldat tué... un officier a rejoint les rangs de la Résistance à Paryan. Manjahour a récupéré son arme. Sept et quatre ça nous en fait donc onze, plus trois, ça fait quatorze, plus un autre, ça fait quinze. Ah ! c'est grâce à Dieu. Allez, on fera la même chose à Pochrou, ne vous inquiétez pas... Tiens, toi, donne-moi un bout de papier et un crayon. Toi, je te verrai dans deux jours. Pas demain, tu m'entends, après-demain.

— Je viendrai ici?

— Là où je serai. Donnez-moi un tapis de prière. Les troupes doivent se préparer pour le combat. L'attaque sur les positions de Pochrou va être une chose fantastique pour l'entraînement des combattants.

Massoud avance sous les arbres. Les hommes se succèdent devant lui.

— Monsieur Khari et toi, Nassoudine, vous allez rassembler les meilleurs commandants, les meilleurs chefs de groupes mobiles, regrouper aussi les armes lourdes. Je vous enverrai un message pour vous donner l'ordre d'attaquer. J'écrirai : « Commencez Pochrou » et vous lancerez l'assaut. Tout doit partir de Khentch en direction de Pochrou...

— D'un seul côté de Khentch ou des deux côtés?

— Ça, c'est pas mon problème. Ce qui m'intéresse, c'est le groupe de Khentch. Alors qu'il aille de ce côté ou de l'autre, il n'a que l'embarras du choix, ça le regarde. De l'autre côté il y aura Shabar et ses hommes. Vous avez compris? Je vous enverrai le message. Ce sera le signal.

Massoud s'arrête un instant pour faire sa prière dans le bruit assourdissant du torrent. Nous attendons qu'il ait fini pour le filmer à nouveau. Cette fois, c'est avec le médecin afghan qu'il discute :

— Allez, à nous docteur.

— Je me mets à votre disposition. Où puis-je installer un hôpital?

— Je pense que le mieux est de l'ouvrir à Khentch. Tu trouves quelqu'un pour aller choisir une pièce, la salle d'hospitalisation. Qu'elle soit éloignée des lieux des bombardements, bien abritée. Voilà, tiens, prends avec toi M. Khari, j'ai écrit un mot au commandant pour que l'hôpital soit prêt avant que les combats commencent. Et prévoyez d'être à même d'évacuer les lieux immédiatement en cas de problèmes...

— Mais les médicaments qui sont restés bloqués à Paryan?

— Tout ça je m'en occupe. Ils vont être amenés à votre hôpital.

— Écoute bien... excuse-moi : appelez-moi Mohamed Salom, l'infirmier. Prenez-le avec vous. Vous le connaissez maintenant, c'est un type bien; il a travaillé avec les médecins français. C'est un bon camarade musulman...

La conversation se déroule jusqu'à ce que le docteur s'en aille, se mettre au travail qui l'attend. Massoud s'est levé et passe à un autre groupe. Un jeune homme, l'air préoccupé, lui expose un problème qui l'ennuie. Massoud l'écoute, penché vers lui, puis lui tape sur l'épaule en lui serrant la main :

— Écoute, nous en reparlerons. J'ai des choses à voir avec Gulestan, reviens me voir plus tard...

— Nous avons des blessés, deux, ils peuvent marcher, il faudrait qu'ils puissent se rendre au Pakistan pour être soignés.

— Va voir Agha pour qu'il s'occupe de votre départ. C'est compris? Il te donnera de l'argent pour le voyage. Où est ta famille?

— A Kaboul.

— Bon, parles-en à Khari, je m'en occuperai. Dans deux, trois jours il y aura la réunion des commandants, nous ferons un conseil pour réfléchir à la possibilité de faire revenir des familles dans la vallée. Nous parlerons de tout. Alors on décidera...

Très occupé, Massoud remonte vers un abri où il s'enferme avec deux hommes venus du Badarchan. Nous lui faisons passer un message concernant notre demande d'interview. Il nous promet de s'y soumettre demain. Demain! Encore un jour!

Des bombardiers passent souvent, en formation de deux ou de quatre, rarement plus. Nous espérons, au plus secret de nous, éviter un bombardement en guise de cadeau d'adieu.

Le film semble posséder sa richesse. Nous avons eu de la chance, pourvu que cela continue! Nous avons profité d'une accalmie qui nous a permis de capter la vie quotidienne des moudjahidin, de ces hommes accrochés à leurs montagnes, envers et contre tout. Avec les éléments violents filmés sans doute par Peter Jouvenal et ceux ramenés il y a quelques mois par Andy et Chris Gregory, le film pourra rendre compte avec réalisme et authenticité de cette réalité de la résistance en Afghanistan. Et s'il est vrai qu'il s'agit là uniquement de celle du Panjshir, il faut noter qu'elle se développe grâce à l'exemplarité dont elle est riche, grâce aussi à la puissante autorité de celui qui l'anime.

A l'heure qu'il est je me sens soudainement angoissé : j'ai peur qu'une attaque commando ne réduise à zéro le capital d'images emmagasiné dans nos chargeurs de pellicule. C'est si fragile! Un film n'existe vraiment qu'une fois sur la table de montage, avec, en réserve de sécurité, une copie vidéo. Avant, il n'est encore rien. Lorsque je nettoie ma caméra, je mesure avec inquiétude la précarité de notre entreprise. Il suffit d'un cheveu en travers de la fenêtre de l'obturateur pour rendre l'image inutilisable, un déréglage de la cellule photo-électrique, une mauvaise stabilité, un décentrage d'optique... Il faut que ça marche, bordel! Il faut avoir, dans ce métier qui n'en est pas un — c'est une passion, un plaisir, une nécessité humaine — un capital-chance disponible énorme. Rester en vie, éviter tous les dangers, capter le quotidien. Je pense à Frédéric Laffont et à Eric Boudot une autre équipe d'*InterScoop*, qui se trouvent dans les mêmes conditions, en Chine populaire, pour capter la vie de la jeunesse dorée et celle de la jeunesse délinquante. Nous voulons montrer comment vivent les Afghans, les Chinois : les enfants comme les hommes français, américains, anglais ou soviétiques...

Je suis installé sur un rocher, les genoux enveloppés dans mon patou, à l'ombre des arbres, prêt à courir en haut, vers les abris de pierre. Le torrent coule, assourdissant. J'avais envie d'écrire en cette fin d'après-midi. Mathilde, Julien, Adrien je pense à vous et vous aime.

Jeudi 27 septembre

Hier soir, longue conversation avec Massoud. Il s'entretient d'abord, devant nous, avec un responsable de groupe du plateau de Chamali. Il est en effet urgent pour lui de régler les problèmes qui se posent dans cette zone en raison des nombreux conflits entre les groupes Hezb Isalmi et Jamiat Islami. Massoud nous explique que sa politique d'unification est réellement en train de se concrétiser. Nous lui demandons ce qui s'est passé à Andarab et Khost où, selon les informations que nous avions, la collaboration de la population n'a pas été acquise au soutien de la cause des Panjshiris. Massoud explique que les choses ont changé. A Andarab, plusieurs groupes se sont rangés du côté des Parchamis, mais sans grande fidélité ; de nombreux moudjahidin qui se sont ralliés à Massoud jouent en fait double jeu. A Khost, le problème qui se posait était d'un autre ordre : épargnée par la guerre depuis 79, cette province gâtée par la nature et par les circonstances politico-militaires faisait l'objet d'une propagande soignée de la part du gouvernement. Lors de l'annonce de la grande offensive d'avril sur le Panjshir, la population, sur ordre de Massoud, a rapidement émigré vers Andarab, Khost et les vallées du Nouristan voisin. Informés, les Soviétiques ont alors déclenché une série d'opérations et de bombardements sur ces provinces. La population du Khost, soudainement confrontée à l'horreur de la guerre, a rendu responsable de ses malheurs la population du Panjshir. Il y a eu des dénonciations, des paysans de Khost ont fermé leur porte à ceux du Panjshir. La guerre n'enfante pas que des héros.

— Aujourd'hui, affirme Massoud, la situation a évolué favorablement. Il était de toute manière important pour les gens de Khost de sortir du rêve de paix illusoire. Une collaboration se met en place. Ils vont apprendre à se battre puisqu'ils viennent de comprendre ce que cachaient les beaux discours de réformes de Kaboul !

Nous demandons à Massoud de nous parler de ses techniques pour arriver à infliger autant de pertes aux Soviétiques, sans en avoir beaucoup à déplorer dans ses propres rangs. Il nous fait un brillant exposé sur l'art du renseignement en matière militaire :

— Je contrôle presque tous les agents du service secret afghan (le Khad) qui travaillent pour les officiers de l'état-major soviétique. C'est moi qui leur fais transmettre de faux rapports sur nos positions et nos effectifs. Ainsi, avant l'offensive d'avril dernier, j'ai fait faire parvenir au commandement soviétique, par plusieurs espions et à diverses reprises, des rapports identiques sur les positions de nos dachakas, les emplacements de nos karargas, de nos caches d'armes. Ils ont donc bâti leur tactique d'offensive sur ces rapports. Prévenu de l'imminence de leur attaque, j'ai alors fait changer toutes les positions et fait évacuer toute la vallée. J'ai piégé les routes, les maisons, les arbres même. Tout a été soigneusement miné. Dans un premier temps, avec des escadrilles de TU-16 qui portent dix-huit bombes chacun, les Soviétiques ont procédé à de véritables bombardements en tapis, détruisant pratiquement toutes les maisons de la vallée. Bilan pour nous : une victime!

Devant notre étonnement, Massoud confirme le chiffre et continue, emporté par sa passion :

— Quelques jours après, les Soviétiques ont avancé avec leurs troupes et bien sûr ont perdu de nombreux soldats sur nos pièges. C'est alors qu'ils sont allés bombarder à deux reprises Andarab et Khost, à titre de représailles. Récemment, ils ont recommencé leurs attaques contre la vallée du Panjshir avec l'envoi de leurs commandos de montagne. J'avais très peur de ces soldats d'élite et je dois avouer que pour une fois leur tactique était bonne et très dangereuse pour nous : les commandos sont héliportés par une centaine d'hélicoptères à la fois. Ils interviennent donc massivement sur un objectif qu'ils cernent. Ils sont déposés à la fois au bas de la vallée et sur les crêtes des montagnes. Mais maintenant, avec tous les commandants du Panjshir, nous avons mis au point une technique qui nous sauve. Aujourd'hui, je n'ai pas peur de le dire, les commandos sont des bébés en face de nous.

— Quelle est donc cette tactique miracle?

— C'est simple : lorsque les hélicoptères arrivent, la majorité des moudjahidin s'enfuient par les vallées perpendiculaires. Parmi ceux qui restent, certains observent les déplacements des groupes commandos. Durant vingt-quatre heures, nous évitons tout accrochage, mais préparons des séries d'attaques brèves, violentes, précises. Chaque groupe isolé est aussitôt repéré et assailli par mes hommes qui se replient à l'abri une fois leur objectif détruit. C'est très meurtrier pour les Soviétiques. Lors des dernières opérations commandos, ils ont à chaque fois dû décrocher en subissant de lourdes pertes.

Nous nous levons à 6 heures et faisons les bagages. Vers 8 heures, nous allons partir pour Dacht Riwat avec Massoud et son état-major. C'est là que nous ferons l'interview et que nous filmerons les scènes qui nous manquent.

Massoud nous propose d'emmener avec nous le prisonnier soviétique qui se trouve dans la kararga de Dacht Riwat.

— Je vais lui accorder sa liberté, ainsi qu'à quatre autres soldats soviétiques. L'hiver va être trop rude, je ne peux pas les garder. Il veut aller en France.

Nous allons y réfléchir; notre rôle n'est pas de « convoyer » des Soviétiques à la dérive. Il est vrai que ce jeune soldat de l'Armée rouge est sympa, touchant, et a l'air très désireux de s'en aller avec nous. Il faudra pourtant qu'il accepte que nous le filmions au cas où il voyagerait avec nous. Problème à méditer!

Dans quelques jours, la route infernale va reprendre, mais ce soir chaque pas nous rapproche de notre univers, avec la curiosité impatiente que nous avons de découvrir enfin les images confiées à cette diabolique boîte noire.

Nous partons devant. Bien nous en a pris : à peine une heure après avoir quitté Safied Tchir, les avions bombardent le haut de la vallée. Nous les voyons au ralenti prendre leur axe, virer, piquer et lâcher leurs roquettes et quelques leurres de sécurité pour se protéger d'éventuels tirs de missiles à infrarouge.

C'est assez angoissant, stressant.

Nous arrivons néanmoins indemnes à la kararga de Dacht Riwat et retrouvons nos amis dans une pièce propre comme un sou neuf. On sent que l'arrivée du « big boss » a été annoncée.

La malchance veut hélas! que le bombardement qui a eu lieu ce matin au-dessus de Safied Tchir va peut-être encore nous retarder d'un jour car à Safied Tchir on a dû se précipiter dans les abris. Il faut voir la peur qui se lit sur les visages lorsque le bruit assourdissant d'un bombardier à réaction envahit l'espace acoustique de la vallée. Nous avons eu la chance inouïe d'échapper jusque-là à l'horreur d'un séjour sous les bombes...

Il est maintenant 12 heures 30, je suis assis près du commandant Atiq : nous venons d'avaler une bonne plâtrée de riz bien gras, bien nourrissant. Nous attendons, nous avons l'habitude. Le prisonnier soviétique a eu l'air tout heureux de nous revoir, peut-être va-t-il venir avec nous au Pakistan. Pour traverser le froid des cols, nous sommes vêtus de pantalons de l'armée en grosse flanelle couleur kaki. C'est lourd, mais chaud. Ata s'est bien débrouillé. Par contre, Mehra n'a pas trouvé de pantalon à sa taille; le sien est si large qu'il ressemble à un clown. Nous attendons, nous avons l'habitude... Cette interview de Massoud sans cesse reportée nous fait brûler nos starting-blocks. Des Migs et des Sukhoïs passent et repassent. Nous gardons notre sang-froid, mais ce n'est pas agréable à vivre.

Vers 13 heures, Massoud et ses hommes arrivent. Il déjeune et nous en profitons pour lui expliquer qu'il nous faut impérativement partir demain matin, que nous avons déjà un mois de retard, qu'à Paris on doit s'inquiéter à notre sujet, d'autant plus que l'arrestation de Jacques Abouchar a dû jeter le trouble et l'inquiétude. Nous avons hâte d'atteindre le Pakistan pour en savoir plus sur les circonstances de cette capture. Comment cela a-t-il pu arriver? Des moudjahidin les ont-ils laissés tomber? Hugues de Latude qui devait les guider était-il avec eux?

Nous ne savons rien d'autre que ce qu'a diffusé la B.B.C. en persan : « Jacques Abouchard, blessé, a été capturé par les Soviétiques. Le reste de l'équipe a pu atteindre le Pakistan. » L'auraient-ils laissé tomber? Radio-Kaboul a annoncé la couleur : Jacques Abouchar, un espion qui se trouvait en Afghanistan clandestinement, avec du matériel de propagande pour les « rebelles », ennemis de la révolution. Le disque rayé de l'intox est reparti. Chaque jour nous avons une pensée pour Abouchar, l'imaginons dans sa cellule, entre les mains peut-être d'un des

« guides » qui nous avait fait froid dans le dos, à Martine et à moi, lors de notre bref et aventureux séjour à Kaboul. Il s'appelait Rafi, avait étudié le français à Grenoble, vouait une adoration sans faille pour tout ce qui venait de l'U.R.S.S. Son rêve : habiter à Micro-Rayon, le quartier d'immeubles préfabriqués réservé aux Soviétiques et aux membres du Parti. Un endroit laid à côté des superbes maisons traditionnelles d'Afghanistan.

Nous rencontrons un moudjahed, qui s'est occupé de « Radio-Kaboul libre », une station de radio montée par des bénévoles français.

A l'initiative d'un comité formé en France par Marek Halter, la décision fut prise de doter les Afghans d'une radio qu'ils feraient fonctionner eux-mêmes. Le choix se porta sur la FM, plus transportable. Une équipe de vétérans de « radios-libres » (dont Radio Gilda) débarqua au Panjshir en septembre 1981. Deux ou trois émetteurs furent installés sur les hauteurs. Après le départ de l'équipe française, les Afghans purent faire fonctionner la radio jusqu'en janvier 1982. Les émissions, très bien reçues à Kaboul, connurent un succès considérable. Mais la plupart du matériel fut détruit par les bombardements. Le personnel technique fut utilisé à des tâches plus militaires.
En décembre 1983, une nouvelle tentative eut lieu dans la province de Kunar, et une liaison radio-téléphone-radio put être établie avec Radio Gilda à la date anniversaire de l'invasion soviétique. Cet exploit technique resta sans suite.
Les difficultés de faire fonctionner une radio libre sont en effet énormes : manque de techniciens qualifiés, bombardements (les Soviétiques disposent de matériel de repérage très sophistiqué), manque de sources d'énergie. Enfin un suivi plus grand de la part des parrains est nécessaire. Cependant, il existe désormais des stations mobiles qui émettent depuis les zones tribales, sans que l'on sache qui les fait fonctionner. Mais ce sont des Afghans. « Radio-Kaboul libre » a une descendance.

Et repassent les avions dans un bruit d'enfer. C'est tuant pour les nerfs. On ne sait jamais à quoi s'en tenir, s'ils se préparent à piquer dans notre direction, ou vont au diable, vers d'autres cibles... Et ils volent si haut! TU-16, Mig, Sukhoï, véritables saloperies!

Nous avons préparé un questionnaire en dix points. Massoud est en train de l'étudier avec Mehrabuddin. L'interview sera donc pour demain. Demain se dit *farda* en persan. C'est un mot que les Occidentaux entendent souvent en Afghanistan, trop souvent! En Europe, nous sommes si peu habitués à cette lenteur que l'on a l'impression de perdre du temps, de la vie, de l'action en se trouvant immobilisé dans cet univers afghan où tout est effort. Nous venons de calculer avec Bertrand et Mehra que nous aurons parcouru, à pied, près de 1 500 kilomètres en franchissant quatorze points situés entre 4 000 et 5 300 mètres d'altitude : c'est dire les efforts qu'il a fallu fournir pour ramener un film, c'est montrer aussi et surtout les efforts à fournir par tous les médecins, clandestins qui font du bien. On comprend pourquoi il existe si peu de films sur cette guerre cachée derrière le rempart des montagnes, sous une chape de granite et d'isolement. Les journalistes non sportifs sont exclus d'office de ce théâtre d'actualité. Autre obstacle : il faut connaître la mentalité et la réalité de la vie en Afghanistan pour parvenir à dépasser les classiques images de groupes armés descendant des montagnes, du boulanger qui fabrique ses galettes de pain, des attaques nocturnes, fugitives, où l'on ne voit rien de bien convaincant. Et puis, en Afghanistan plus que partout ailleurs, la réalité est difficile à cerner, la diversité et la complexité du pays incroyables. Une phrase de De Gaulle est revenue à l'esprit de Bertrand : « Vers l'Orient compliqué je vais avec des idées simples. »

Cette fois-ci, deuxième reportage dans l'Afghanistan de la résistance, j'aurai réussi, grâce à l'aide de Mehrabuddin, à pénétrer le quotidien des moudjahidin, le rythme de leur existence, ponctué de temps forts et d'immenses plages de vide, d'attente, d'inquiétude. Avec Bertrand, nous pensons avoir fait un travail honnête, direct, efficace, juste. Encore faut-il atteindre Paris.

Paris! Innombrables sont nos rêves de mets raffinés. Il faut avouer que les Afghans mangent vraiment comme des cochons. La fourchette et la cuillère leur sont tout ce qu'il y a de plus étranger. Ils mangent avec la main droite — instrument de Dieu —, l'autre est pour l'hygiène, si on peut parler d'hygiène en Afghanistan. La soupe se « déguste » en y jetant des morceaux de pain — présenté en galettes. Le pain s'imbibe comme une éponge; il suffit alors de plonger les doigts dans ce qui est devenu une sorte de bouillie, d'en pincer un morceau pour l'amener directement à la bouche. Le riz, qui constitue l'ordinaire de l'alimentation du moudjahed, est, lui, servi avec un peu de graisse. Il est assez collant, mais souvent très bon. On le prend lui aussi avec les doigts de la main droite, en écrasant une boulette pétrie avec le bout des doigts qu'on amène à la bouche et qu'on y introduit avec le dessus du pouce. Le riz, les jours fastes et dans les karargas où le « responsable économique » et le cuisinier sont particulièrement débrouillards, est accompagné de morceaux de viande, de la chèvre ou du mouton, viande bouillie et salée ou cuite en brochette à même le feu.

Il existe aussi une bouillie appelée *halwa*, faite de farine cuite dans de la graisse ou du beurre, mélangée à de l'eau sucrée, bourrative mais douce au goût. Ressemble à la blédine pour bébés.

Ah! j'oubliais le petit-lait, très bon, rafraîchissant, nourrissant, mais un peu indigeste. Les Afghans prétendent qu'en boire trop donne sommeil.

Quelques fromages : du frais de chèvre et du dur qui ressemble au cantal français. Le beurre, lui, est excellent mais extrêmement rare.

Quant aux fruits, ils sont nombreux dans la vallée du Panjshir — pommes rouges sucrées, abricots douceâtres, raisins couleur agathe aux grappes lourdes porteuses de grains ovales énormes et bien sûr les toutes, ces mûres qui poussent sur de petits arbres. Mélangées à des noix, les toutes ont un goût excellent; si on en abuse, elles donnent toutefois de sérieux maux d'estomac. Avec elles, on fait cette farine qui sert à fabriquer ce caillou dont j'ai déjà parlé : le talron.

Nous discutons longuement avec Massoud dans une petite pièce à l'écart de la foule des combattants qui ne cessent d'affluer. Hélas! il est trop tard pour faire l'interview filmée, la lumière est en train de baisser. Ce sont les impondérables du reportage.

Massoud nous confie qu'il ne reçoit aucune aide de l'extérieur, sinon un petit apport du Jamiat Islami qui arrive tous les quatre mois et ne suffit, selon Massoud, qu'à faire vivre les hommes d'une kararga durant seulement vingt jours. A propos des acheminements en armes et en munitions, les articles publiés par *Time* et *Actuel* et relatant une soi-disant filière américaine sont faux. Massoud est catégorique. Mais le plus grave pour lui, ce ne sont pas les fantaisies de la presse occidentale avide de spectaculaire ou de révélations inédites, c'est la situation de son pays qui l'inquiète au plus haut point :

— La pression soviétique s'intensifie considérablement, peu de fronts vont pouvoir résister longtemps. Nous sommes à un tournant crucial. Si l'aide en armement moderne ne parvient pas en Afghanistan, la résistance va mourir. Plus grave encore : trois mille Afghans suivent actuellement des stages de formation en U.R.S.S. Si les Soviétiques sont d'aussi bons endoctrineurs qu'on le prétend, imaginez ce que vont faire ces nouveaux cadres afghans lorsqu'ils seront placés dans l'armée et dans l'administration de notre pays. Il est temps que l'Occident ouvre les yeux. Si la résistance aux Soviétiques en Afghanistan disparaît, l'Occident va se trouver, qu'il le veuille ou non, impliqué dans le processus de déstabilisation entamé par les Soviétiques. La paix dans le monde est menacée.

Vendredi 28 septembre

Énième promesse d'un rendez-vous pour l'interview : Massoud est visiblement débordé; il doit résoudre d'innombrables problèmes. Pour nous laisser de quoi méditer, il nous confie des documents trouvés sur les corps de quelques soldats soviétiques tués lors des derniers combats dans la vallée. Il s'agit de papiers militaires (publiés dans ce livre), mais aussi de lettres d'une femme, d'une mère, d'amies à un de leurs êtres chers, envoyé en Afghanistan.

Avec une grande émotion, pour ne pas dire les larmes aux yeux, nous faisons traduire ces messages tendres devenus pathétiques par la mort brutale des hommes qui les ont reçus. Ceux qui ont écrit ces lettres ne le savent pas encore : les êtres vivants qu'ils aimaient ne sont plus que des souvenirs.

Dans aucune des lettres on ne trouve le mot « Afghanistan ». C'est un mot tabou à ne jamais prononcer. On écrit « là-bas » *(tam)*.

Au bout de cinq années de guerre, les journaux soviétiques, eux aussi, restent très discrets sur cette guerre d'Afghanistan. Ils commencent à peine à en parler. Les rédacteurs, habituellement prolixes sur le thème « amour de la patrie », ont apparemment bien du mal à trouver les arguments capables de justifier la présence militaire de leur armée en Afghanistan.

Dans les enveloppes, usées sur les bords, imprégnées de sueur et bariolées de timbres exaltant le régime soviétique (images de champions des XIVe jeux olympiques d'hiver de Sarajevo, tank de la dernière guerre symbolisant les armes de la Victoire, drapeaux rouges déployés pour le Premier Mai 1984), je découvre avec émotion des photos et des pages à qui sont confiés mille vœux, mille signes de tendresse et d'amour. Avec Bertrand, nous nous sentons indiscrets, partagés entre notre curiosité trop professionnelle et notre envie de laisser pliés en quatre tous ces messages intimes adressés à des soldats morts sur une terre étrangère, loin de ceux qui pensaient si fort à eux, qui espéraient tant en leur retour.

Une photo montre une mère avec son fils, prise de 17 avril 1984, lors de ce qui fut sans doute sa dernière permission; une femme d'un certain âge avec un grand garçon aux cheveux rasés. Dans le mot qui l'accompagne, cette mère écrit à son fils : « Tous sont fiers de toi. »

Aujourd'hui, avec d'autres, son enfant est mort.

Dans les papiers militaires d'Ivan Alexandrovitch Petrov était glissée une photo, tachée de boue, de la sœur du soldat mort : Larissa, visage de jeune fille sympa, rempli de grâce et de fraîcheur. Hélas! là aussi, cette promesse de douceur de vie n'aura pas suffi à protéger Ivan d'un destin tragique.

Plusieurs lettres d'une épouse, qui s'achèvent par ces mots : « Je t'aime, je t'embrasse, je t'attends, Irka. »

Recopiée à la main, par une femme, la poésie d'un soldat de la dernière guerre porte son message d'espérance : « Attends-moi car je reviendrai... »

Parmi les autres photos : des mariés dans la neige accompagnés d'un garçon d'honneur (décembre 83), un petit garçon tenant son chien dans ses bras, un autre enfant jouant dans la neige où il enfonce jusqu'aux genoux. Et puis des visages de femmes comme cette photo d'identité d'une jeune fille blonde aux yeux pensifs, qui a écrit au dos de la photo ce court poème :

Que ton regard clair se pose sur mon visage.
Peut-être alors te souviendras-tu de moi.
Là n'est pas la beauté, elle n'est pas donnée à tous.
Là est une âme pure et un cœur qui bat doucement.
16 ans. Automne 1983.

Parmi les passages qui nous sont traduits du russe, quelques-uns s'impriment dans ma mémoire, résonnant avec des voix qui pourraient être celles de ceux de ma famille :

« Tu écris dans ta lettre que tu connais peu de mots, que dans ton enfance tu lisais peu de livres et que parfois ta réserve de mots est épuisée. Mais quel que soit le nombre des mots, peu ou beaucoup, tes lettres sont tout pour moi. Tu comprends, Sérioj! Tes lettres ne m'apportent toujours que de la joie. Tu entends? Et si dans tes lettres il y avait seulement deux mots « vivant et en bonne santé », pour moi cela suffirait. Aussi tu n'as pas à t'inquiéter pour cela. »

« Tu sais, Sérioj! Jusqu'à l'été c'est encore long, mais je pense déjà à la mer. J'y rêve tout le temps, je m'imagine lorsque nous serons ensemble, tout le temps ensemble. Nous marchons, nous marchons le long du rivage, il est sans fin. Si ces mois passaient plus vite, que nous puissions à nouveau être ensemble.

Je me languis beaucoup de toi, Sériojka. Et je veux que tu reviennes vite. Tu me manques beaucoup. Je voudrais te demander des conseils, mais avant que cette lettre te parvienne (si elle parvient encore), le temps que tu écrives, et avant que ta lettre arrive, il se passera beaucoup de temps. Mais ça ne fait rien, quel que soit le temps que mette ta lettre, je l'attends toujours. Et, Sérioj, il ne faut pas m'écrire : *si tu n'as pas le temps*, je trouverai toujours cinq minutes et je t'écrirai une lettre. Même si elle est courte, tu la recevras. Parfois il n'y aura pas beaucoup de nouvelles, mais ça ne fait rien, je t'écrirai chaque jour. Pour que cela soit bon pour toi et agréable et que cela t'apporte de la joie. Et ce sera la joie, parce que je pense à toi tout le temps, parce que je t'AIME fortement et je t'ATTENDS beaucoup, beaucoup! Seulement prends garde à toi, d'accord? Je sais que cela t'est très difficile, et ces mots paraissent risibles, mais ça ne fait rien, prends garde à toi! »

« Comme j'aimerais maintenant t'embrasser. Mais tu sais, Sérioj, je t'embrasse, tu le sens? Je me serre tout contre toi et je t'embrasse très fort, très fort. Je te regarde et je me réjouis pour toi, pour moi, je me réjouis que tu sois heureux, je me réjouis que nous soyons ensemble, je me réjouis d'être heureuse. C'est si bon, Siérenki, que je t'aie à moi! Pour toi et moi ensemble, c'est calme et reposant, c'est très facile. Si cette année pouvait passer vite, pour que nous soyons ensemble toute la vie. »

« Tu sais, Sérioja, comme je suis heureuse de t'avoir à moi. Je t'aime, Siérenki, je veux que nous soyons ensemble. Je veux que tu vives pour moi. Je te le demande instamment. Prends garde à toi! Prends garde pour moi! car je t'attends beaucoup! Seulement reviens vite, je t'attends, Siérenki! Mon chéri! Mon bien-aimé! Je voudrais tant te dire seulement les mots les plus tendres, pour que tu sois épanoui, afin que tu saches que tu as ton Irka qui t'attend. Je crois en toi! Tu dois, entends-tu? tu dois absolument revenir. Parce que je veux que tu sois près de moi. Reviens vite et prends garde à toi, d'accord? »

Que dire de plus après ces mots justes, vivants et pleins d'espoir?

Nous allons nous installer dans la cour de ce qui fut une

belle maison. Ata vient de passer avec nos deux chevaux. Nous l'envoyons vers un herbage afin de nourrir les bêtes en attendant que nous puissions enfin prendre la route. En principe, le prisonnier soviétique de Dacht Riwat, Nicolas, viendra avec nous. Tous les prisonniers soviétiques du Panjshir vont d'ailleurs être acheminés vers le Pakistan : Massoud ne veut pas les garder durant la rude période de l'hiver.

Le Soviétique excité de Safied Tchir a pourtant expliqué à Nicolas qu'il était complètement timbré de vouloir se rendre en France :

— La France n'est pas un bon pays, ce sont des capitalistes égoïstes. Il n'y a aucune liberté pour les ouvriers...

La discussion qui s'était ensuivie nous avait impressionnés : on se rendait compte à quel point l'esprit d'un jeune Soviétique peut être façonné par les slogans de la propagande : « En France les gens meurent de faim », dixit ce Soviétique, « les gens vont jusqu'à chercher leur nourriture dans les poubelles »...

— En U.R.S.S. on circule où l'on veut, on est libre!

Pendant que nous guettons l'arrivée de Massoud, je repense à cette conversation : comment peut-on dialoguer avec des êtres humains manipulés à ce point. Il faudrait du temps, beaucoup de temps pour dépasser le barrage des mots et des préjugés. Ici, aujourd'hui, nous n'avons pas ce temps.

A 12 heures, Massoud arrive. Nous avons trouvé une courette à l'abri du vent et entourée des indispensables arbres, camouflage anti-Antonov.

Massoud s'installe à l'ombre des branches d'un noyer, devant quelques compagnons qui ne le quittent jamais. Il a préparé ses réponses. Une fois de plus je ne peux m'empêcher d'être impressionné par la précision de sa pensée.

Depuis sept ans, Massoud fait de la résistance. Il a commencé au lycée, puis à l'école polytechnique de Kaboul où il étudiait l'architecture avec des professeurs dont certains revenaient d'U.R.S.S.

Nous répétons les questions.

Sans papier, regard calme posé sur la caméra, Massoud parle. En trente minutes tout est bouclé. Voici nos questions et les réponses qu'il nous a faites :

Par leurs dernières offensives, surtout celle d'avril, les Soviétiques ont entièrement détruit les villages de la vallée du Panjshir; l'envoi récent de leurs commandos héliportés en plusieurs points de la vallée (Dacht Riwat, Safied Tchir, Khentch, Dara, Paryan, Astana, Showa) ne leur a pas permis de prendre position. Il s'agit bien d'une défaite militaire soviétique. Question : quel est votre secret pour tenir ainsi tête à une des armées les plus puissantes du monde, l'Armée soviétique?

Au nom de Dieu clément et miséricordieux, je dois vous dire d'abord que notre secret s'appelle justice. Les Russes sont des agresseurs, notre cause est juste, aussi l'aide et le soutien de Dieu ont sans cesse été avec nous. Dieu est l'auteur des nombreuses victoires que nous avons jusqu'à aujourd'hui remportées. Ensuite, il faut que vous sachiez que le mouvement de la résistance afghane est un mouvement qui émane de notre peuple tout entier. C'est un élan populaire spontané. Enfin, nous avons appris à lutter contre nos agresseurs. Un apprentissage né de l'expérience quotidienne. Aujourd'hui notre organisation est excellente aussi bien au niveau des combattants que du commandement. Voilà ce qui nous permet de tenir tête à l'U.R.S.S.

Il y a trois ans vous étiez sûr de la victoire : avez-vous d'autres observations à faire à ce sujet?

Il y a trois ans, comme vous l'aviez personnellement vu, nous étions convaincus de notre victoire sur les envahisseurs russes. Aujourd'hui, nous venons de repousser la huitième offensive, infligeant une nouvelle défaite à l'ennemi. Nous croyons et n'avons jamais cessé de croire à notre victoire contre l'armée soviétique. Mais la guerre en Afghanistan a atteint un nouveau stade : depuis le début 1984, les Soviétiques ont considérablement augmenté leurs effectifs et leur armement. L'accroissement de leur pression est très net. De notre côté, les forces dont nous disposons et l'aide qui nous parvient restent toujours au même niveau, c'est-à-dire très bas. Et si, n'en déplaise à Dieu, si les moudjahidin n'arrivent pas à renforcer leurs effectifs et leur armement face à l'armée soviétique, nous allons vers de très graves problèmes. Par contre, si nous sommes soutenus par le monde extérieur, si l'aide est progressivement augmentée, la résistance remportera de nouvelles victoires. De toute façon, quoi qu'il arrive, nous espérons, nous croyons fermement en notre victoire finale.

Qu'avez-vous appris en affrontant l'armée soviétique?

On dit que c'est en faisant la guerre qu'on apprend la guerre. Nous l'avons constaté. Depuis déjà bientôt cinq ans de batailles contre les Russes, nous avons appris à lutter contre une armée beaucoup plus forte, plusieurs fois plus forte que nous, contre une armée de super-puissance. Je tiens aussi à vous faire remarquer que nous avions entendu, autrefois, quantité de mythes autour de l'armée soviétique : que c'était une armée invincible, qui ne reculait jamais, et ainsi de suite! Au cours de cette guerre, nous avons constaté, avec notre propre expérience, que l'Armée rouge avait, elle aussi, des points faibles, qu'elle pouvait reculer, qu'on pouvait la vaincre. Voilà ce que nous avons appris dans notre lutte contre l'armée soviétique.

Que pensez-vous de l'évolution de la tactique et de la stratégie des Soviétiques?

Il est naturel que, confrontés depuis plusieurs années, les deux camps opposés apprennent à mieux se battre, à améliorer leur tactique réciproque. Celle des Soviétiques a considérablement changé depuis les premières années : au début, les Soviétiques se battaient comme s'ils étaient en terrain plat, en plaine. Aujourd'hui, ils ont compris que ce n'était pas adapté à l'Afghanistan : ils ont modifié leur armement, faisant intervenir plus de forces aériennes que d'infanterie et surtout en montant des opérations de grande envergure. Lors des offensives l'augmentation des troupes d'intervention a été considérable : depuis cinq ans les Soviétiques tentent de nous écraser. Chaque fois ils augmentent la mise : 5 000 soldats (Soviétiques et Afghans confondus) pour la première offensive, 10 000 pour la seconde; en 1981 : 15 000 pour les troisième et quatrième; 30 000 pour les cinquième et sixième; près de 50 000 pour la septième... Il y a une semaine, nous avons subi une huitième offensive, la plus positive pour nous, car c'est une victoire indiscutable sur l'Armée rouge : leurs commandos ont dû quitter la vallée au bout de quatre jours.

Sur le plan de la stratégie, il est clair, il a toujours été clair que les Soviétiques veulent s'avancer vers l'océan Indien, vers les mers chaudes. Il n'y a pas de raison qu'ils changent d'objectif. Et s'ils parlent à Genève de leurs intentions de paix, ce ne sont que des leurres pour dissimuler leurs crimes. Nous avons des renseignements très précis sur les travaux entrepris par les Soviétiques pour améliorer les infrastructures en Afghanistan : agrandir des bases, élargir des routes. Nous possédons également de nombreuses informations sur le travail de déstabilisation actuellement entrepris par les Soviétiques pour jeter le trouble à l'intérieur du Pakistan. Donc, si la tactique a changé, la stratégie, elle, reste la même : avancer vers le Golfe. C'est clair.

A votre avis, en ayant vidé la vallée du Panjshir de sa population, pensez-vous que les Soviétiques ont atteint leur but ?

A ce sujet, je dois vous préciser que ce ne sont pas les Russes qui ont fait évacuer la vallée, mais nous-mêmes. Nous avions reçu des informations de Kaboul selon lesquelles les Soviétiques avaient un plan de bombardement intensif visant la population et qu'ils préparaient une nouvelle offensive sur la vallée. J'ai alors donné l'ordre à la population de quitter la vallée.

Par la suite, les Soviétiques ont essayé de contraindre la population — surtout celle qui est partie se réfugier à Kaboul — à revenir dans la vallée pour les installer autour de leurs bases. Ils n'y sont pas encore parvenus. Notre peuple a résisté. Il y a eu des pressions, des intimidations, mais les Panjshiris n'ont rien voulu entendre, réaction très positive en ce domaine.

Vous êtes leur ennemi n° 1. Est-il vrai qu'on a tenté de vous assassiner ? Comment cela s'est-il passé ?

C'est exact, les Soviétiques, avant l'attaque de 84, ont, par trois fois, essayé de m'exécuter. Mais, heureusement, comme vous pouvez le constater, ils n'y sont pas parvenus. Une fois, un de nos frères, entraîné pendant deux mois par les Soviétiques pour me tuer, m'a, sitôt arrivé dans le Panjshir, donné le pistolet qu'on lui avait confié pour cette mission. Tenez, voilà les munitions (Massoud sort une boîte de balles de sa poche) et voilà le pistolet. Comme vous pouvez le constater c'est un pistolet à deux canons. Les deux autres tentatives d'assassinats ont échoué car deux de nos agents ont pu nous permettre d'arrêter les tueurs avant qu'ils ne m'atteignent.

Lors de la dernière offensive on a annoncé votre mort dans la presse. Le saviez-vous? Quel effet cela fait-il?

J'écoute beaucoup la radio et donc la propagande qui y est faite par les Soviétiques. En 1982, ils avaient déjà annoncé ma mort. De même avaient-ils lancé l'information selon laquelle trois médecins français avaient été capturés. Tout cela s'est révélé faux par la suite! Aujourd'hui, notre peuple s'est familiarisé avec ce type de propagande : il sait très bien discerner les mensonges des fantoches de Kaboul et ces mensonges ne produisent plus aucun effet sur la population. Et puis, vous savez, que j'existe ou que je n'existe plus, ce n'est pas le plus important, car il y a de nombreux commandants qui prendront la relève, puis d'autres moudjahidin : personne ne parviendra à nous battre sur notre terre d'Afghanistan.

Quel est le moral de l'armée afghane?

En vérité, il n'existe plus grand-chose de l'armée « régulière » afghane. Et je dois dire que si les Russes quittent l'Afghanistan, la soi-disant armée ne pourra pas résister un seul jour face aux moudjahidin. Le moral de cette armée asservie est très, très bas et si les soldats qui la composent en avaient la moindre occasion, ils rejoindraient aussitôt la résistance. Nombreux sont ceux qui le font, comme vous avez pu le constater par vous-mêmes.

Vous avez fait plusieurs prisonniers soviétiques. Ils sont très bien traités, nous l'avons vu. Mais que comptez-vous en faire?

Oui, et comme vous pourrez en témoigner, nous ne les

avons ni tués ni maltraités, comme le prétend la propagande radiodiffusée. Ils vivent parmi les moudjahidin, simplement, mais sainement. Pourtant, aujourd'hui, nous ne savons que faire de ces prisonniers soviétiques. Récemment nous avons tenté d'en échanger deux contre un seul prisonnier moudjahed, mais les Russes n'ont pas voulu. Nous ne comprenons d'ailleurs pas pourquoi les Soviétiques n'accordent pas d'importance à leurs citoyens. A l'extérieur non plus, il n'y a pas de bonne solution : La Croix-Rouge internationale n'a pas pu défendre les intérêts des moudjahidin, ni ceux des prisonniers que nous lui avions remis. Le problème reste donc entier et nous cherchons une solution.

Depuis cinq ans que dure cette guerre il n'y a toujours pas d'unité d'action dans la résistance. Pire, on parle de combats violents entre divers groupes politiques de moudjahidin. Pensez-vous qu'il y aura, un jour, une union sacrée pour la victoire?

Il ne fait pas de doute que sans union il sera difficile d'atteindre l'objectif, peut-être même impossible. Dans le passé, il y avait des discordes, parfois même violentes, entre moudjahidin, et, au début, c'était normal. Mais, grâce à Dieu, ces disputes sont sur le point d'être réglées et nous sommes tous convaincus de la nécessité de l'union entre tous les mouvements de résistance d'Afghanistan. Actuellement, tous les commandants de l'intérieur aspirent à une lutte commune, à des actions d'envergure coordonnées. Ainsi, depuis l'offensive d'avril 1984, de nombreux moudjahidin ont participé aux combats, du nord de Kaboul à la frontière nord de l'Afghanistan. Tous avaient accepté le commandement unifié de l'Afghanistan et nous espérons, nous avons même la certitude, que dans un avenir proche, très proche, il y aura cette unification à l'intérieur de notre pays.

Toutes les réponses sont faites en persan. Je préfère laisser Massoud s'exprimer dans sa langue natale, avec le plus de précision possible. D'ailleurs le film est presque entièrement tourné en persan. Seule exception à ce principe : une question posée par Bertrand à propos des fameux articles de *Time* et d'*Actuel*. Massoud répond en français qu'il n'a jamais eu et n'a toujours pas de relations d'aucune sorte avec les Américains; que personne, avant l'offensive et pendant son déroulement, ne lui a apporté d'aide; que ce que ces articles ont raconté est faux, archi-faux.

Enquête à suivre. Nous sommes très intéressés de rencontrer l'auteur de l'article de *Time*.

(NOTE : Projet d'article pour un quotidien français à propos des papiers de *Time* et d'*Actuel* traitant des filières clandestines soi-disant américaines mises en place pour acheminer des armes et des munitions à destination du Panjshir. *Titre* : LE VAISSEAU FANTÔME DE L'AIDE AMÉRICAINE A LA RÉSISTANCE AFGHANE.

Comme nous sommes allés faire un film dans cette vallée (août/septembre/mi-octobre 84), nous n'avons pu nous empêcher de demander des nouvelles de ces armes. Qui mieux que le chef de la résistance de cette zone pouvait nous apporter une réponse crédible? Mais voilà : selon Ahmad Shah Massoud, aucun contact n'existe entre les moudjahidin du Panjshir, qui se battent sur leur terrain, et les Américains. De plus, toujours selon lui, aucune arme ne serait parvenue par une telle filière. « Ces articles ne comportent que des mensonges. Ils sont absolument faux » (*sic*). Ce fut aussi ce que nous dirent les huit commandants rencontrés dans les karargas que nous visitâmes durant notre séjour.

De retour au Pakistan nous avons voulu vérifier les dires de Massoud et avons interrogé Agha Gul, le responsable de l'organisation des caravanes à destination du Panjshir. Voilà ce qu'il nous répondit : « Jamais je n'ai eu à empaqueter des armes qui nous auraient été livrées par des étrangers, à l'exception de celles que nous adressent les pays arabes amis et les Chinois... » Quant à l'ingénieur Is'haq, chef de l'information au bureau du Jamiat Islami, sa réponse fut encore plus directe : « De l'aide! Quelle aide? Personne en Occident ne s'est encore décidé à nous aider. » De retour à Paris nous avons interrogé le représentant du Jamiat Islami, Homayoun Tandar : « Nous n'aurions jamais pu résister cinq années avec nos seuls moyens si nous n'avions reçu des aides privées, la plupart du temps, de l'argent qui nous a permis de nous procurer des armes sur le marché libre. Mais je vous le répète : il n'y a pas, à l'heure actuelle, d'aide directe à la résistance afghane. Les conséquences de ce genre d'articles sont mêmes extrêmement graves pour nous : ils discréditent notre résistance auprès des pays du Tiers-Monde et des pays musulmans qui, depuis, nous accusent d'être une résistance pro-américaine; ils renforcent la propagande soviétique car ils tendent à prouver qu'il y a ingérence extérieure en Afghanistan. Sur le terrain, ces bruits entraînent un accroissement de la pression militaire soviétique. Ce qui est encore plus grave!

« Cependant, nous souhaitons qu'une aide importante puisse parvenir à la résistance afghane, une aide multi-forme, sans condition, parce que l'écart entre l'escalade militaire soviétique et les capacités de la résistance se creuse de plus en plus.

« L'Occident, quelles que soient ses sensibilités politiques, est aujourd'hui atteint d'un blocage psychologique face à la puissance soviétique. Nous, qui sommes chargés d'un travail en Occident, devons orienter nos efforts dans deux directions : briser cet obstacle et sensibiliser à notre cause. »

Afin d'en savoir plus nous interrogeons donc publiquement l'auteur de cet article : d'où viennent vos informations et avez-vous les preuves de ce que vous affirmez comme vérité absolue? Ou y a-t-il derrière vous un manipulateur appelé C.I.A. ou K.G.B.? Personnellement, durant notre dernier séjour en Afghanistan, nous ne vîmes que peu de convois d'armes et partout les Afghans interrogés se plaignaient de cette carence. Massoud nous confia même que pour faire face à l'offensive d'avril il avait dû acheter des munitions avec l'argent des taxes prélevées d'une part sur le commerce de lapis-lazuli, d'autre part sur l'impôt de soutien levé sur les salaires des Panjshiris travaillant à Kaboul. La chasse à la vérité est ouverte. Affaire à suivre...)

Nous bouclons nos sacs après avoir filmé une scène surprenante : Massoud annonçant à Nicolas sa libération. Nous acceptons de le conduire à l'ambassade de France d'Islamabad. Un drôle de cadeau pour les diplomates! Les adieux de

Nicolas à ses « geôliers » sont touchants. Ma caméra grave à jamais ces poignées de main et ces regards presque tristes.

Nicolas est peut-être officier, bien que très jeune. Il a vingt-quatre ans. Pas très loquace sur son passé dans l'armée soviétique. Ce n'est pas un déserteur, il n'a pas une mentalité de traître. Un brave type. Père ukrainien, mère originaire de Crimée. Avant d'être appelé pour son service militaire il faisait des études dans un institut de mécanique. Sa capture remonte à quinze mois, dans la région de Salang. Les circonstances nous ont été racontées par Massoud :

— C'est par gourmandise qu'il est tombé entre nos mains : les moudjahidin l'ont capturé alors qu'il mangeait du raisin dans un verger...

C'est un grand type, 1 mètre 90, maigre, discret et sensible. Lors de notre arrivée il ne cessait d'avoir les larmes aux yeux. Nous allons sans aucun doute nous en faire un ami. Une fois au Pakistan nous le ferons passer pour un Français, ce qui ne sera pas très difficile parce qu'il nous ressemble un peu. Il a peur du Pakistan, surtout du P.P.P. (*People Party of Pakistan*) qui ont, nous raconte-t-on, assassiné un soviétique déserteur, il y a deux ans.

— Ils lui ont même coupé la tête pour la ramener à Kaboul, ajoute Mehrabuddin féru de détails macabres.

Nous mettons pourtant une condition à notre aide : qu'il accepte d'être filmé. Marché conclu.

Le dernier à prendre la parole est Atiq qui, bavard de premier ordre, y va de son petit discours sur ce jeune Soviétique dont il a pu apprécier les qualités humaines :

— Ahmad est un bon garçon. Il a eu une très bonne conduite avec les moudjahidin. Quand les commandos soviétiques ont attaqué, il n'a pas essayé de les rejoindre. C'est un bon gars. Il a passé un an avec nous. Après l'offensive, nous l'avons mis à l'abri dans d'autres régions. Il a beaucoup circulé parmi nous, souvent sans garde. Le fait qu'il ait admis l'Islam et qu'il veuille se rendre dans les pays de l'Ouest est une bonne chose. Durant sa « détention » il n'a jamais été maltraité, vous pouvez lui poser la question. Les moudjahidin lui rendaient sa politesse, sa gentillesse. Il n'a pas accepté d'être échangé contre d'autres moudjahidin.

Nous fixons le départ pour le lendemain à 5 heures. La journée d'aujourd'hui a été calme, si ce n'est quelques passages d'Antonovs. Ata est parti devant pour l'autre partie de la vallée du Panjshir, Paryan. Nous venons de ranger la caméra, les objectifs, d'envelopper les pellicules dans des couches de sacs plastiques. Je me sens léger, j'ai hâte de voir les rushes. Inch Allah!, comme nous répète à tout bout de champ Mehrabuddin.

Samedi 29 septembre

5 heures du matin. Deux bombardiers survolent Dacht Riwat. Mauvais signe. Ce serait con de se faire tuer le dernier jour du tournage dans la vallée. De se faire tuer tout court! Nous allons prendre le thé, faire nos adieux à Massoud, à Atiq et à tous les autres, embarquer Nicolas avec nous et en avant pour le retour. L'enfer de la marche en altitude va se transformer en plaisir de retourner vers un pays en paix. D'excitation, Bertrand et moi n'avons pas fermé l'œil de la nuit. Mehrabuddin va nous accompagner durant trois ou quatre heures, il bifurquera ensuite pour grimper dans la montagne où on lui a dit que se trouvait son père. Il nous retrouvera dans la première vallée du Nouristan, chez le docteur Abdullhaï que nous comptons filmer pour qu'il nous explique la spécificité de l'Islam afghan.

Nous allons donc saluer Massoud qui se trouve assez loin, dans une maison située en dehors du bourg. Il nous invite à son petit grand déjeuner : kébab de rognons d'agneau et thé au lait. Il est assis à ma gauche en train de nous écrire des lettres pour prendre une route plus facile avec la protection d'un groupe du Hezbi Islami rallié depuis peu au Jamiat. Massoud nous exprime son souhait d'avoir le plus souvent possible des journalistes dans la vallée : « pour témoigner de ce qui s'y passe d'excessif ». Quant aux médecins français, il dit ne pas pouvoir leur garantir le minimum de sécurité en raison des attaques surprises des commandos soviétiques :

— C'est dangereux, très dangereux. Les hôpitaux n'ont jamais été respectés, les médecins ne le seront pas. Nous avons quelques docteurs afghans...

Nous quittons Dacht Rivat, Massoud et ses hommes, avec l'impression d'abandonner des hommes d'une stature exceptionnelle. De ces êtres rares que la Providence jette parfois sur la voie pour soulever un peuple soumis au joug de l'oppresseur. Combien resteront en vie. Les reverrons-nous un jour ?

Ironie du sort, nous emmenons vers la liberté un prisonnier soviétique grâcié, alors que les Soviétiques détruisent au nom d'un idéal que je ne comprends pas très bien. Mais est-ce un idéal ? Et Jacques Abouchar lui, reste entre les mains de ceux qui le font passer pour un agent de propagande. Dieu que le monde est étroit. En Afghanistan, la plupart des moudjahidin n'ont pas de haine, ils ne sont même pas anticommunistes farouches, d'ailleurs savent-ils ce qu'est ou ce que prétend être le communisme ? Je ne pense pas. La majorité des Afghans entrent dans un parti spontanément, en ignorant souvent les grandes lignes politiques de ceux avec qui ils vont lutter. Les Afghans — à l'exception bien sûr d'une bande d'abrutis dont font partie nos « geôliers » nouristanis — sont tolérants, aiment le rire et le plaisir de ne rien faire au soleil. Massoud a libéré cinq des quinze prisonniers qu'il détient.

« Lors de l'invasion, les moudjahidin considéraient tout soldat soviétique comme un militant et ne faisaient pas de prisonnier. L'attitude des résistants a changé en même temps que l'image qu'ils se sont faite de l'U.R.S.S. Les discussions avec les soldats musulmans soviétiques et le comportement fort peu guerrier de l'ensemble des soldats (absence de zèle, manque de combativité, marché noir) ont convaincu les Afghans que les soldats soviétiques ne sont pas motivés, ont été trompés et se désintéressent de l'expansion du communisme dans le monde. En même temps, le

fait qu'ils n'aient pas d'argent, pillent et troquent leur matériel militaire a persuadé la population que l'U.R.S.S., loin d'être un pays avancé, est au contraire pauvre. Le soldat soviétique est donc plutôt considéré comme un « pauvre type » que comme un ennemi. Les déserteurs et même les prisonniers qui n'ont pas opposé de résistance se voient proposer presque immédiatement de reprendre les armes. Ceux qui refusent sont facilement confiés à la Croix-Rouge qui les fait garder deux ans en Suisse, avant de leur laisser le choix entre l'asile politique et le rapatriement. Les Afghans voudraient pouvoir procéder à des échanges, mais les Soviétiques s'y refusent obstinément. Le changement d'attitude des résistants date de juillet 1981, quand les partisans de Khales capturèrent un pilote qui fut remis par les Pakistanais à l'ambassade soviétique.
Les prisonniers soviétiques sont toujours bien traités; ce n'est que dans le Hezb d'Hekmatyar qu'ils sont soumis à des fortes pressions pour se convertir. Ailleurs on les laisse libres. Les chefs de la résistance ont compris l'intérêt politique d'épargner les prisonniers : cela améliore l'image de la résistance et encourage d'autres désertions. Mais l'attitude de la population est spontanément amicale : ce n'est pas le moindre paradoxe de cette guerre que de voir le prisonnier traité comme un invité. La prison est étrangère au droit islamique comme au droit coutumier : on tue ou on invite.
Le nombre de prisonniers comme de déserteurs ne dépasse pas la centaine de 1980 à 1984; la proportion de musulmans parmi eux est supérieure au pourcentage par rapport au corps expéditionnaire, preuve que les musulmans soviétiques sont bien le talon d'Achille de l'U.R.S.S. Il est probable que les résitants intensifieront leur propagande envers les soldats soviétiques, voir envers les Républiques soviétiques musulmanes. » (Extrait du livre à paraître d'Olivier Roy : *L'Afghanistan, Islam et Résistances,* le Seuil éditeur.)

Nous atteignons la kararga de Paryan à 18 heures et y passons la nuit. Ata n'est pas là, les chevaux non plus. Pas de superduvets!

Dimanche 30 septembre

Nous partons à 6 heures, car on nous a dit que Massoud Khalili, un des cadres du Jamiat, qui vient du Pakistan, se trouve dans une maison à une demi-heure de marche. Nous l'atteignons une heure plus tard. Surprise : Andy Skrzypkowak est avec lui. Andy est un Anglais d'origine polonaise comme son nom imprononçable l'indique. Un type courageux qui a déjà rapporté en Occident deux témoignages spectaculaires d'actions commandos moudjahidin sur la route de Salang. Le premier — l'attaque au lance-roquette d'un véhicule blindé — a été diffusé dans le monde entier. Le second, *InterScoop* s'est chargé de le commercialiser en France. La diffusion sur Antenne 2 a été remarquée : un convoi de camions et de blindés transformé en brasier à l'issue d'une embuscade tendue par les moudjahidin de Massoud. (C'est lors de cette opération que Chris Gregory, la femme de Andy, a d'ailleurs pris la photographie qui fait la couverture de ce livre.)

Nous prenons le thé ensemble. Andy a cet air fatigué des voyageurs qui se sont payés douze jours de marche non-stop. Contrairement à notre expérience, il se dit heureux de son séjour dans le Nouristan. Nous discutons beaucoup : il nous confirme l'arrestation d'Abouchar, mais n'a pas plus de précision. Il nous apprend l'assassinat d'un jeune géologue français et de sa femme, deux coopérants avec lesquels nous avions dîné à Peshawar avant le départ...

Mais le temps nous presse. Il me demande de téléphoner à sa femme une fois de l'autre côté. Nous nous souhaitons bonne chance et le voilà parti avec sa lourde caméra 16 ACL. Il est déjà 8 heures. Pour nous, pas question d'attaquer le col aujourd'hui sans la garantie d'avoir nos sacs de couchage. Le col est trop froid. Nous allons attendre Ata ici et partirons demain à 3 ou 4 heures du matin.

10 heures, le propriétaire de la maison nous a foutus dehors. Nous revenons sur nos pas pour attendre les chevaux et Ata à la kararga de Paryan. C'est incroyable de trouver dans ce village une quantité aussi grande d'abrutis. La plupart ont une

manière de parler en accéléré tout à fait horripilante... et ils se plantent devant nous, l'air béat, parfaitement stupide, passant de longs instants à nous observer sous le nez, comme si nous étions autre chose que des hommes. Nous sommes au point mort. Je ne sais pas ce qu'a fabriqué Ata pour être si en retard? Nous espérons — il faut toujours rêver — le voir arriver avant 14 heures. Quant à Mehra, qui est allé rendre visite à son père, nous avons hâte de le retrouver rapidement, car, sans lui, avec nos rudiments de persan, nous sommes un peu démunis de moyens d'action, notamment pour chasser les cons. Quant à Nicolas il ne parle pas un mot de français, ni d'anglais, ni d'allemand. Il parle russe et persan. Pour le moment donc, à part les sourires, les regards et les gestes, nous en restons là. Hier, il a sorti un petit morceau de carte de sa poche : la carte d'un prospectus de la compagnie aérienne afghane Ariana avec, en grand, la France. Il a dit « Paris, Marseille », l'air réjoui. Ce matin il a demandé, en gestes, si la musique française était bonne. Sa culture en ce domaine avait des bases étranges : il nous a cité Mireille Mathieu. Toujours avec des gestes de sourds-muets il nous a fait comprendre que le cinéma français l'intéressait beaucoup, qu'il y avait pas mal de films français dans les salles de cinéma de Moscou.

Nous nous installons dans une maison, au calme. Demain nous marcherons une douzaine d'heures. Il faudrait inventer la machine à atténuer les épreuves. Ici elle fonctionnerait 24 heures sur 24.

Je relis mon carnet noir et me souviens des conditions dans lesquelles j'avais réalisé mon premier film en Afghanistan. Avec Jérôme Bony, qui avait fini premier ex-aequo (avec Didier Régnier) de la « Course autour du monde » — bonne émission fournissant à quelques apprentis cinéastes-journalistes la possibilité de faire le tour du monde une caméra au poing — avec Jérôme donc, nous décidâmes de reprendre nos caméras Super 8 pour faire du grand reportage. Il y avait sans doute un créneau pour ce format réduit et c'était celui du film vrai, destiné à être diffusé par les télévisions. Un obstacle pourtant : les syndicats professionnels qui voyaient d'un mauvais œil le fait qu'un seul homme puisse faire à la fois l'image, le son, l'enquête. Impensable! Et pourtant c'était possible et permettrait d'explorer les zones d'ombre de l'actualité : par exemple aller là où le matériel professionnel peu discret ne pouvait permettre de se rendre. Les pays ne manquaient pas, où les journalistes exhibant leur carte de presse se trouvaient expulsés, dans le meilleur des cas, emprisonnés parfois. Techniquement, nous avions testé le procédé de transfert du film Super 8 sur bande vidéo 3/4 et 1 pouce : la qualité était excellente, si excellente que des techniciens s'y méprirent, pensant que les images que nous leur montrions en vidéo avaient pour origine une pellicule 16 mm!

Afin de prouver ce que nous pouvions faire avec notre matériel dit « amateur », il fallait réaliser un film vérité dans un lieu où l'accès posait le maximum de difficultés. Il fallait investir en temps ce que nous économisions en matériel et en personnel (caméra moins coûteuse, possibilité de tout faire seul, sans technicien supplémentaire). Il fallait investir en richesse et en diversité d'images ce que nous gagnions en maniabilité. La force d'un reportage sur le vif est la capacité de presser à tout moment sur le déclencheur de la caméra, d'enregistrer le moindre déroulement des actions vécues et observées. C'est ainsi que nous en vînmes à choisir un sujet mariant les difficultés du terrain, de l'accès, du danger. De plus, Jérôme s'était lié d'amitié avec quelques victimes du drame qui se déroulait dans un pays peu connu, mais qui, durant de longues années, avait émerveillé ceux qui l'avaient parcouru en touristes ou coopérants techniques : l'Afghanistan.

Depuis le 27 décembre 1979, alors que l'Occident digérait ses festins de Noël, les troupes soviétiques avaient « envahi » le pays : officiellement appelées par le nouveau gouvernement communiste de Kaboul, officieusement pour quelques raisons géo-stratégiques que les spécialistes étudiaient en élaborant quantité d'hypothèses : défendre la frontière, renforcer le glacis, se protéger des contrecoups de la révolution islamique d'Iran, avancer dans une zone d'influence, braver l'Occident en testant ses capacités de réaction devant un fait accompli, aller vers les mers chaudes, la deuxième étape étant alors la déstabilisation du fragile Pakistan, par Balouchistan inter-

PAPIERS MILITAIRES

Les papiers militaires d'un soldat russe, que les moudjahidin disent avoir trouvés sur son cadavre, permettent de reconstituer sa brève carrière militaire, qui malheureusement est celle de nombreux jeunes Soviétiques arrachés pour toujours à leur famille.

Ivan Alexandrovitch Pétrov (nous avons à dessein modifié son nom) est né en 1965. Pendant ses études secondaires, il devient à quatorze ans membre de l'Union des jeunesses communistes léninistes de l'U.R.S.S. (Komsomols). Comme ses camarades d'école, il suit deux ans de préparation militaire et, lorsqu'il atteint l'âge de dix-huit ans, en octobre 1983, il est appelé à faire son service militaire, dont la durée en U.R.S.S. est fixée à deux ans pour l'armée de terre.

Il est affecté dans une compagnie de transmissions pour une période d'instruction de six mois, en U.R.S.S.. Le lieu exact est inconnu, car sur tous les documents militaires les unités sont toujours désignées par un numéro pour des raisons de secret.

Ivan Alexandrovitch est un grand gaillard en pleine santé, comme l'atteste son livret médical dont voici des extraits :

Л. В/Ч 52788

Форма № 1

(воинская часть, корабль)

Подразделение рота связи

МЕДИЦИНСКАЯ КНИЖКА

[redacted]

(фамилия, инициалы)

Дата заполнения „4“ ноября 1983 г.

Раздел 2. Данные физического развития

		Первичное обследование „__“ __ 19__ г.	Очередные обследования 1 год		2 год		3 год	
Рост в см		186						
Вес в кг		75						
Окружность груди	спокойно	94						
	при вдохе	100						
	при выдохе	92						
Спирометрия		4.100						
Динамометрия руки	правой	63						
	левой	64						

Раздел 3. Первичное медицинское обследование

„ “ мес. 19 г.

а) Анамнез, жалобы, перенесенные заболевания, наследственность, вредные привычки (курение, употребление алкоголя), переносимость лекарств

ЖАЛОБ НЕТ. ПЕРЕНЕСЕННЫЕ ЗАБОЛЕВАНИЕ
НАСЛЕДСТВЕННОСТЬ не отягощена
не КУРИТ. АЛКОГОЛЬ не УПОТРЕБЛЯЕТ. ТУБЕРКУЛЕЗ. ВЕНЕРИЧЕСКИЕ ЗАБОЛЕВАНИЯ ОТРИЦАЕТ. ТРАВМЫ ЧЕРЕПА ПЕРЕЛОМОВ КОСТЕЙ НЕТ(ЕСТЬ) ПРИПАДКОВ нет
НЕПЕРЕНОСИМОСТЬ ЛЕКАРСТВ нет
ЭНУРЕЗ ОТРИЦАЮ РОСПИСЬ: [signature]

б) Данные объективного обследования

Телосложение	удовлетворительное
Покровы тела	чистые

Раздел 8. Оценка физического развития и состояния здоровья

Оценка \ Дата	8.11.83	16.12.83					
Физическое развитие (хорошее, среднее, недостаточное)	среднее	сред.					
Состояние здоровья (здоров, практически здоров, требует систематического наблюдения)	зд.	зд.					
Подпись врача	[signature]						

COUVERTURE DU LIVRET MEDICAL

Unité : M.P. V/4 52788

Compagnie des transmissions

LIVRET MEDICAL

Nom de famille et initiales : Pétrov I.A.

Date d'établissement du carnet : 4 novembre I983

PAGES 4 ET 5

Section 2. DONNEES DE DEVELOPPEMENT PHYSIQUE

Taille en cm	I86
Poids en Kg	75
Tour de poitrine :	
- au repos	94
- à l'inspiration	I00
- à l'expiration	92
Spirométrie	4,I00
Dynamométrie des bras :	
- droit	63
- gauche	64

Section 3. PREMIER EXAMEN MEDICAL

Ne se plaint de rien. Maladies contagieuses : néant.

Hérédité : non chargée.

Il dit ne pas avoir de tuberculose, ni de maladies vénériennes.

Traumatismes crâniens, fractures : NON (OUI)

Non sujet à des crises.

Non-tolérance aux médicaments : NON

Enurésie : je n'en ai pas - signature : (illisible)

Constitution : normale.

Epiderme : sain.

PAGES 18 ET 19

Section 8. DEVELOPPEMENT PHYSIQUE ET ETAT DE SANTE

Les examens des 8 novembre I983 et 16 décembre I983 concluent :

Développement physique : Moyen

Etat de santé : Bonne santé

Комсомольская характеристика

Комсомольская характеристика
на [redacted]
1965 года рождения, русского,
образование средне-специальное,
член ВЛКСМ с 1979 года, комсомольский билет № [redacted],
в рядах СА с октября 1983 года.

За время пребывания на учёте в первичной комсомольской организации роты связи в/ч 52788, комсомолец [redacted] проявил себя, как исполнительный, трудолюбивый воин. В коллективе поддерживает с товарищами дружеские отношение. Характер спокойный, справедливый. Активно участвует в различных мероприятиях. Комсомолец морально-устойчив, политически грамотен. Устав ВЛКСМ знает, комсомольские взносы уплачивает во время. Делу Коммунистической партии и Советского правительства предан. Государственную и военную тайну хранить умеет.

Характеристика на комсомольца [redacted] утверждена на комсомольском собрании роты связи, протокол № 8 от 20.03. 1984 года.

Секретарь комсомольской организации роты связи
мл. с-т Дубиковский

Помощник начальника политотдела в/ч 52788 по комсомольской работе л-т Морозов

Document N° 2

Le document N°2 donne l'appréciation portée sur Ivan Alexandrovitch par la section politique de son unité :

FICHE D'APPRECIATION DES KOMSOMOLS

de Pétrov Ivan Alexandrovitch, né en 1965, Russe, instruction secondaire technique, membre de l'Union des Komsomols depuis 1979, carte de Komsomol n° 51823086, dans les rangs de l'Armée soviétique depuis octobre 1983.

Pendant la durée de son appartenance à l'organisation de base des Komsomols de la compagnie des transmissions V/4 52788, le Komsomol Pétrov Ivan Alexandrovitch s'est montré un soldat consciencieux et travailleur. Dans le collectif, il entretient des relations amicales avec ses camarades. Il a un caractère pondéré et droit. Il participe activement aux différentes manifestations. C'est un Komsomol moralement solide, instruit en politique. Il connaît le règlement de l'Union des Komsomols, il paie régulièrement ses cotisations de membre des Komsomols. Il est dévoué à la cause du parti communiste et à l'Etat soviétique. Il sait préserver les secrets militaires et les secrets d'Etat.

La fiche d'appréciation du Komsomol Pétrov a été confirmée à la réunion des Komsomols de la compagnie des transmissions, procès-verbal N°8 du 20 mars 1984.

Le secrétaire de l'organisation des Komsomols de
la compagnie des transmissions
Sergent Doubikovski.

L'adjoint pour l'activité des Komsomols du chef de la
section politique V/4 52788
Lieutenant Morozov.

Document N°3

СЛУЖЕБНАЯ КАРТОЧКА

связи рота(команда) в/ч 52788 полка

1. Должность солдат
2. Звание рядовой
3. Фамилия.имя.отчество [redacted]
4. С какого года на военной службе с 1983 г.
5. Партийность или принадлежность к ВЛКСМ ВЛКСМ

А. ПООЩРЕНИЯ

За что	Вид поощрения	Когда применено (дата и № приказа)	Кем поощрен
За отличное исполнение строевой песни	Благодарность	7.11.83 г.	Командиром полка.

Командир роты к-н Карнаухов =Карнаухов=

Б. ВЗЫСКАНИЯ

За что	Когда совершен проступок	Вид взыскания	Когда применено (дата и № приказа)	Кем наложено взыскание	Когда и кем снято

Взысканий не имеет

Командир роты к-н Карнаухов

Карнаухов

Pendant la période d'instruction, Ivan Alexandrovitch a été un soldat discipliné comme l'atteste la fiche suivante :

FICHE DE SERVICE

Compagnie des transmissions V/4 52788

1. Fonction : soldat
2. Grade : soldat de 2è classe
3. Nom, prénom, patronyme : Pêtrov Ivan Alexandrovitch
4. Depuis quand au service militaire : depuis octobre I983
5. Appartenance au parti ou aux Komsomols : Komsomol

RECOMPENSES

Pour	Type de récompense	Quand	par qui
Pour exécution excellente des chants militaires	Félicitations	7.11.83	Chef du régiment

Le commandant de la compagnie
Capitaine Karnaoukhov

PUNITIONS

N'a pas eu de punition

Le commandant de la compagnie
Capitaine Karnaoukhov

Служебная характеристика.
на рядового [redacted]
[redacted], русского, 1965 года рождение, члена ВЛКСМ с 1979 года, в рядах Советской Армии с октябре 1983 года.

За время прохождения службы в роте связи войсковой части 52788 рядовой [redacted]. зарекомендовал себя, как сознательный дисциплинированный воин.
За время службы освоил воинскую специальность радиотелеграфиста. Постепенно осваивает программу боевой и политической. Уставы Вооруженных Сил СССР знает хорошо и старается пользоваться ими в повседневной практике. Из штатного оружия стреляет на „хорошо". Совершил три прыжка с самолета. В коллективе имеет заслуженный авторитет, пользуется уважением у товарищей. В строевом отношении подтянут. Физически развит. Делу партии и советского правительства предан. Военную и государственную тайну хранить умеет.

Рядовой [redacted]. достоин направление на службу за границей.

командир II взвода ст. л-т [подпись] „Макушин"
с выводами характеристики согласен.
командир роты связи к-н [подпись] Карнаухов=

Войсковая часть 527..

Document N°4

Le document N°4 est celui qui conclut la période d'instruction. Il s'appuie sur la feuille d'appréciation de la section politique pour juger de la fidélité d'Ivan Alexandrovitvh à la cause du parti communiste et de l'Etat soviétique.

ATTESTATION DE SERVICE

du soldat Pétrov Ivan Alexandrovitch, Russe, né en 1965, membre de l'Union des Komsomols depuis 1979, dans les rangs de l'Armée soviétique depuis octobre 1983.

Pendant la durée de son service dans la compagnie des transmissions de l'unité militaire 52788, le soldat Pétrov I.A. s'est signalé comme un soldat discipliné.

Durant son service il a acquis la spécialité de radiotélégraphiste. Il a progressivement assimilé le programme des règlements militaires et politiques des Forces Armées de l'Union Soviétique, il les connaît bien et s'efforce de les utiliser dans la pratique quotidienne. A obtenu la note "Bien" au tir à l'arme de dotation. Il a effectué d'un avion trois sauts en parachute. Dans le collectif il a une autorité incontestable, il jouit de l'estime de ses camarades. Bonne attitude en ordre serré. Bien développé physiquement. Il est dévoué à la cause du parti et de l'Etat soviétique. Il sait préserver les secrets militaires et les secrets d'Etat.

Le soldat Pétrov I.A. est digne de servir à l'étranger.

Le commandant de la 2è section — Lieutenant Makouchine
Le commandant de la compagnie des transmissions — Capitaine Karnaoukhov

La conclusion est :

" DIGNE DE SERVIR A L'ETRANGER "

Ivan Alexandrovitch peut alors espérer faire son service en Europe de l'Est dans un des pays satellites, ce qui est le rêve de bien des conscrits qui n'ont jamais franchi les frontières de l'U.R.S.S. Mais la "sale guerre" d'Afghanistan exige de plus en plus de combattants.

Son aptitude aux sauts en parachute amène à lui faire passer toute la série des tests pour l'aptitude à l'incorporation dans les parachutistes. Les résultats figurent dans son livret médical :

La conclusion de tous les tests est positive. Elle est confirmée par la mention qui figure en bas et à droite du document, datée du 8 mai 1984 et signée par le président de la Commission Médicale Militaire :

" APTE A SERVIR DANS LES TROUPES AEROPORTEES "

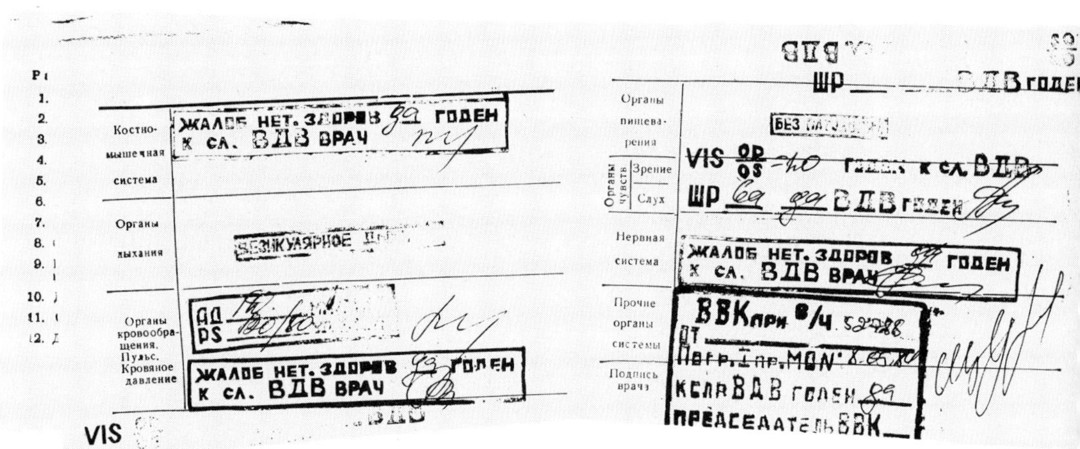
Костно-мышечная система
ЖАЛОБ НЕТ. ЗДОРОВ ГОДЕН
К СЛ. ВДВ ВРАЧ
Органы дыхания
Органы кровообращения. Пульс. Кровяное давление
AD
PS
ЖАЛОБ НЕТ. ЗДОРОВ ГОДЕН
К СЛ. ВДВ ВРАЧ
VIS
Органы пищеварения
Органы чувств
Зрение
Слух
VIS
ШР
Нервная система
ЖАЛОБ НЕТ. ЗДОРОВ ГОДЕН
К СЛ. ВДВ ВРАЧ
Прочие органы системы
Подпись врача
ВВК при
ПРЕДСЕДАТЕЛЬ ВВК

Pages 6 et 7
du livret médical

Mais, pour l'affectation définitive dans les troupes aéroportées opérant en Afghanistan, il ne suffit pas d'avoir de bonnes notes et d'être physiquement apte. L'Armée soviétique exige des qualités morales exceptionnelles. Pour les détecter, les services de psychologie de l'armée ont mis au point un petit chef-d'oeuvre : c'est un questionnaire sous forme de 50 phrases à compléter.

C'est une véritable confession qui est demandée. Le but n'est pas seulement d'apprécier la résistance à la peur de l'homme interrogé (phrases 2, 7, 20, 32), mais de mettre son âme à nu. On peut imaginer quelle a dû être la tension psychologique d'Ivan Alexandrovitch lorsqu'il a complété les 50 phrases, en pensant à l'effet que ses aveux, ses demi-mensonges ou sa dissimulation feraient sur ses supérieurs. Essayez donc vous-même de faire cet exercice.

Quoi qu'il en soit, Ivan Alexandrovitch, après avoir recopié les phrases en les complétant, a soigneusement plié en quatre le questionnaire, sans doute pour garder le souvenir de l'épreuve subie, et l'a rangé dans ses papiers militaires.

Les réponses d'Ivan ont dû satisfaire les autorités soviétiques, car il est affecté aux troupes aéroportées en Afghanistan.

Quelques semaines après son arrivée sur le théâtre d'opérations, au cours de l'été I984, le soldat Ivan Alexandrovitch Pétrov est tué dans sa 19è année. Les services psychologiques de l'armée soviétique ont pu alors se reporter à la réponse qu'avait dû faire Ivan à la phrase 46 :

" Quand je n'existerai plus, mes amis..."

Форма А

НЕЗАКОНЧЕННЫЕ ПРЕДЛОЖЕНИЯ

I. Думаю, что из меня
2. Если все против меня, то
3. Я всегда хотел (хотела)
4. Если бы я был командиром (или занимал руководящий пост).
5. Будущее кажется мне
6. Мое начальство
7. Знаю, что глупо, но боюсь
8. Думаю, что настоящий друг
9. Когда я был ребенком
IO. Идеалом женщины для меня является
II. Когда я вижу женщину вместе с мужчиной
I2. По сравнению с большинством других семей моя семья
I3. Лучше всего мне работается с
I4. Сделал бы все, чтобы забыть
I5. Думаю, что я достаточно способен, чтобы
I6. Я мог бы быть очень счастливым, если бы
I7. Если кто-нибудь работает под моим руководством
I8. Надеюсь на
I9. В школе мои учителя
20. Большинство моих товарищей не знают, что я боюсь
21. Не люблю людей, которые
22. Когда-то я
23. Считаю, что большинство юношей
24. Супружеская жизнь кажется мне
25. Моя семья обращается со мной, как
26. Люди, с которыми я служил (работал)
27. Моей самой большой ошибкой было

см. на обороте

PHRASES INCOMPLETES

1. Je crois que je pourrai
2. Si tout est contre moi, alors
3. Je voulais toujours
4. Si j'étais commandant (ou si j'occupais un poste de commandement)
5. L'avenir me semble
6. Mes supérieurs
7. Je sais que c'est absurde, mais j'ai peur
8. Je pense qu'un véritable ami
9. Quand j'étais un enfant
10. La femme idéale pour moi, c'est
11. Quand je vois une femme avec un homme
12. Par comparaison avec la plupart des autres familles, ma famille
13. Ce que je préfère le plus, c'est de travailler à
14. Je ferais tout pour oublier
18. Je pense que je suis suffisamment capable de
19. A l'école mes professeurs
20. La plupart de mes camarades ne savent pas que j'ai peur
21. Je n'aime pas les gens qui
22. Il m'est arrivé de
23. J'estime que la majorité des jeunes
24. La vie conjugale me semble
25. Ma famille me traite comme
26. Les gens avec lesquels je faisais mon service (je travaillais)
27. Ma plus grande erreur a été

Voir au dos

28. Ma plus grande faiblesse consiste en
29. Mes ambitions cachées dans la vie
30. Le jour viendra où
31. Lorsque mon commandant s'approchait de moi
32. J'aimerais cesser d'avoir peur
33. Plus que tout j'aime les gens qui
34. Si je devenais à nouveau jeune
35. J'estime que la majorité des hommes
36. La plupart des familles que je connais
37. J'aime travailler avec des gens qui
38. J'estime que la majorité des mères
39. Quand j'étais plus jeune, je me sentais coupable si
40. Quand je commence à ne plus avoir de chance, je
41. Plus que tout je voudrais dans la vie
42. Quand je donne aux autres la mission

43. Quand je serai vieux
44. Les gens dont je reconnais la supériorité par rapport à moi
45. Mes craintes m'ont amené plus d'une fois
46. Quand je n'existerai plus, mes amis
47. Cela ne me plaît pas beaucoup quand les hommes
48. Le souvenir le plus vivant de mon enfance, c'est
49. Les gens qui travaillent avec moi
50. Le pire qu'il me soit arrivé d'accomplir, c'est

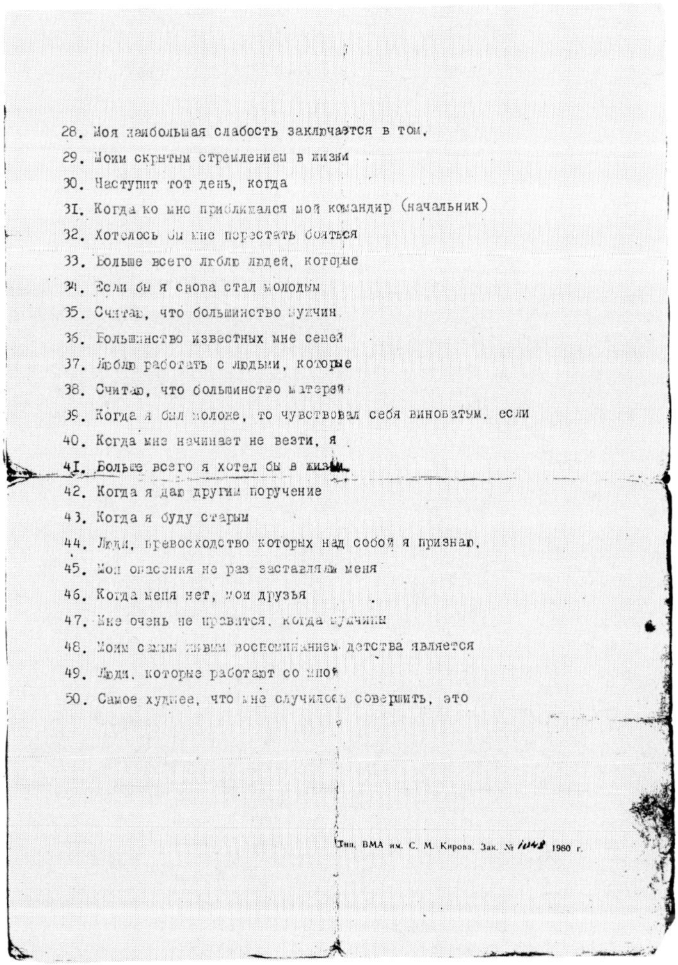

28. Моя наибольшая слабость заключается в том,
29. Моим скрытым стремлением в жизни
30. Наступит тот день, когда
31. Когда ко мне приближался мой командир (начальник)
32. Хотелось бы мне перестать бояться
33. Больше всего люблю людей, которые
34. Если бы я снова стал молодым
35. Считаю, что большинство мужчин
36. Большинство известных мне семей
37. Люблю работать с людьми, которые
38. Считаю, что большинство матерей
39. Когда я был моложе, то чувствовал себя виноватым, если
40. Когда мне начинает не везти, я
41. Больше всего я хотел бы в жизни
42. Когда я даю другим поручение
43. Когда я буду старым
44. Люди, превосходство которых над собой я признаю,
45. Мои опасения не раз заставляли меня
46. Когда меня нет, мои друзья
47. Мне очень не нравится, когда мужчины
48. Моим самым живым воспоминанием детства является
49. Люди, которые работают со мной
50. Самое худшее, что мне случилось совершить, это

Тип. ВМА им. С. М. Кирова. Зак. № 1048 1980 г.

Imprimerie de l'Académie Kirov de Médecine Militaire. Commande N°1048. Année 1980.

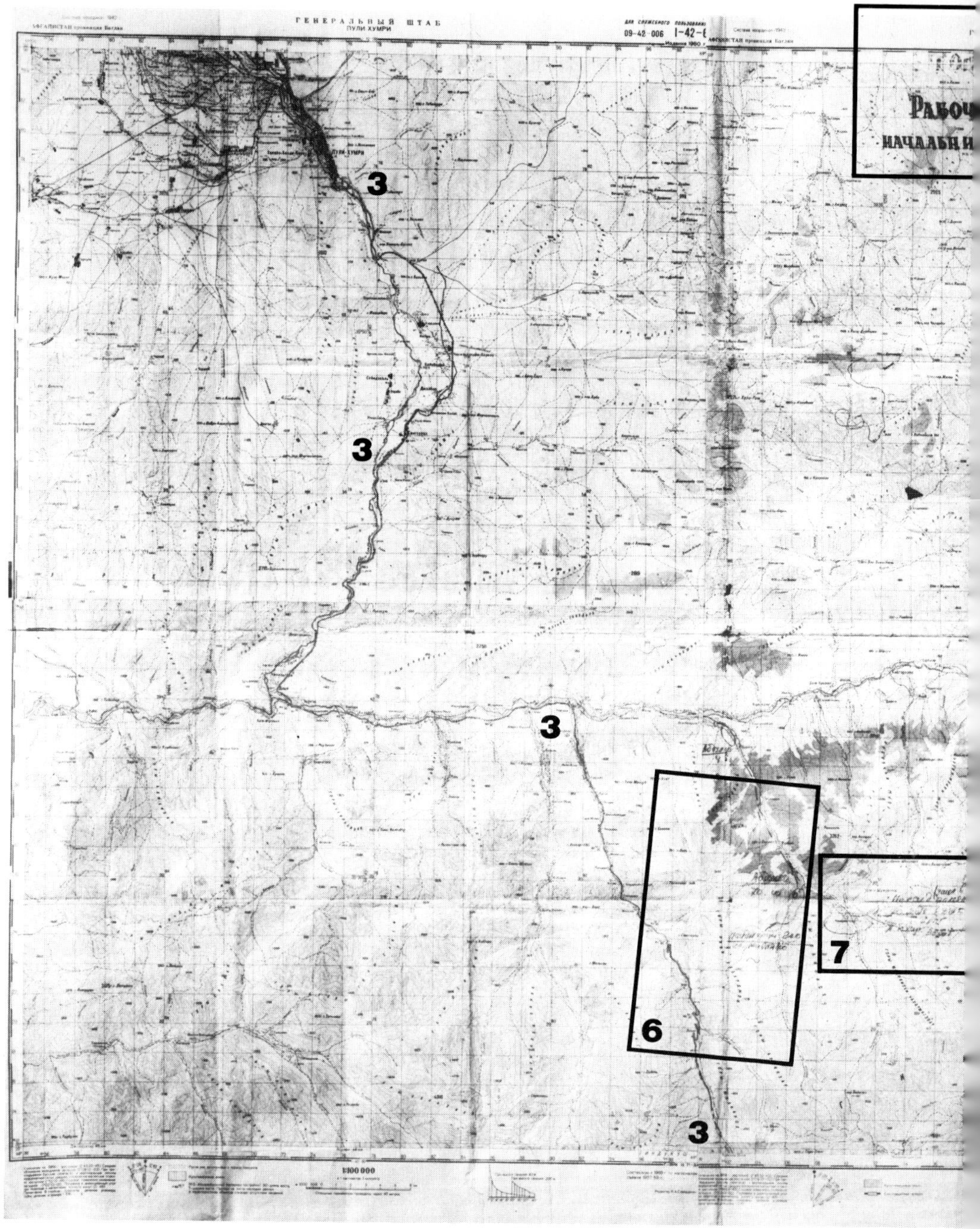

I - CARTE DU CHEF DU RENSEIGNEMENT O.G. trouvée dans la sacoche d'un officier soviétique mort dans un avion abattu par les moudjahidin de Massoud en septembre I984. Assemblage de I2 cartes d'état-major au I00 000e (1 cm pour 1 km) couvrant un territoire de 134 kilomètres sur 73. Au verso de chaque carte, un tampon précise le numéro d'inventaire et la date : 30.8.84.

2 - CARTE DRESSEE EN I969 d'après les relevés de I957-I959. Vérifiée. La carte éditée en I972 correspond à l'état du terrain en I976-I979. Nouvelle édition I980.

Les cartes de l'état-major soviétique étaient bien à jour à la veille de l'intervention de décembre I979.

3 - ROUTE DE L'U.R.S.S. A KABOUL (500 km depuis la frontière). Véritable cordon ombilical par lequel passent les convois de matériel lourd, de munitions et de ravitaillement de l'armée d'intervention. Sur la carte, la route part de la ville de Pouli-Khoumri au nord à 650 mètres d'altitude, suit les vallées des rivières Pouli-Khoumri et Andarab, puis grimpe vers le sud à travers les montagnes de l'Hindou-Koush jusqu'à 3 300 mètres.

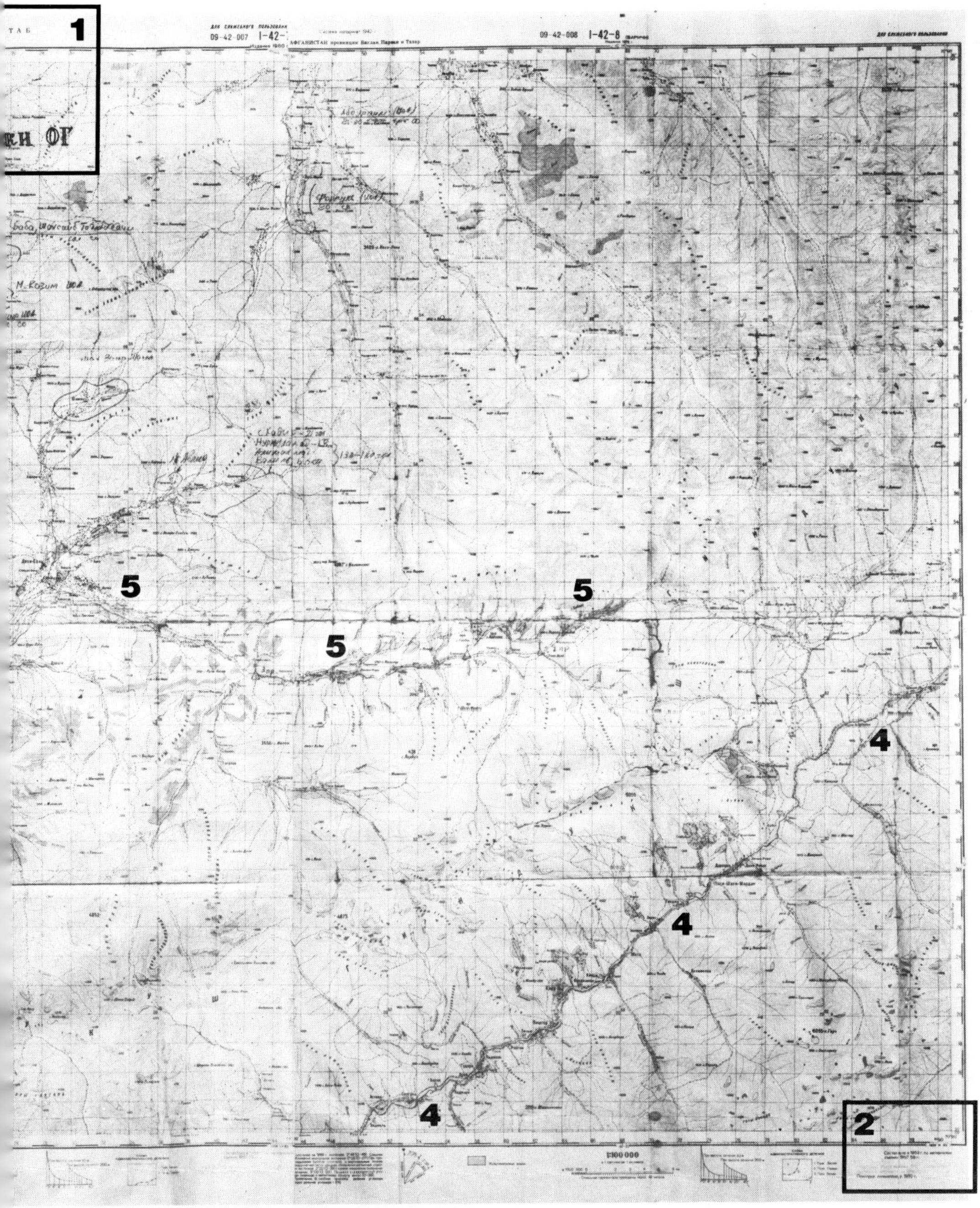

Dans le long tunnel de Salang, situé immédiatement au sud, un télescopage de camions a provoqué un incendie et causé la mort par asphyxie de plusieurs centaines de Soviétiques et de civils afghans en 1982.

4 - LA VALLEE DU PANJSHIR. Perpétuellement bombardée, envahie neuf fois, la vallée du Panjshir, devenue champ de ruines, est l'un des lieux meurtriers de cette guerre. Nos deux "clandestins" l'ont parcourue entre les deux dernières offensives soviéto-afghanes.

5 - LA VALLEE DE L'ANDARAB. L'officier de renseignements a marqué le long de cette vallée, sur une distance de 50 km, quatre emplacements d'unités soviétiques. La vulnérabilité de ce dispositif déployé tout au long d'une vallée entourée de montagnes tenues par les moudjahidin, montre la précarité de l'occupation du terrain par les Soviétiques, d'où la nécessité pour eux de faire appel à des effectifs de plus en plus considérables.

6 - UN SECTEUR HAUTEMENT STRATEGIQUE. En montant vers l'entrée du tunnel de Salang, la route serpente le long d'une vallée dominée par des sommets dont certains dépassent 4 500 mètres. Passant sur des ponts et sous des galeries anti-avalanches, elle est une cible de choix pour les moudjahidin tapis dans les rochers en surplomb.
A 10 km à l'est de la route, sur la carte, l'officier de renseignements soviétique a entouré d'un trait de crayon l'emplacement de 200 Panjshiris camouflés dans une vallée.

7 - L'AVANT-DERNIER REPAIRE DE MASSOUD. A 13 km à l'est de la route, l'officier soviétique a écrit au crayon le nom de l'insaisissable Massoud, suivi de ce constat : "Il est parti à Bamyan". Puis il énumère l'armement repéré là : 6 mitrailleuses lourdes (dachakas), 3 lance-roquettes.

6 - Un secteur hautement stratégique

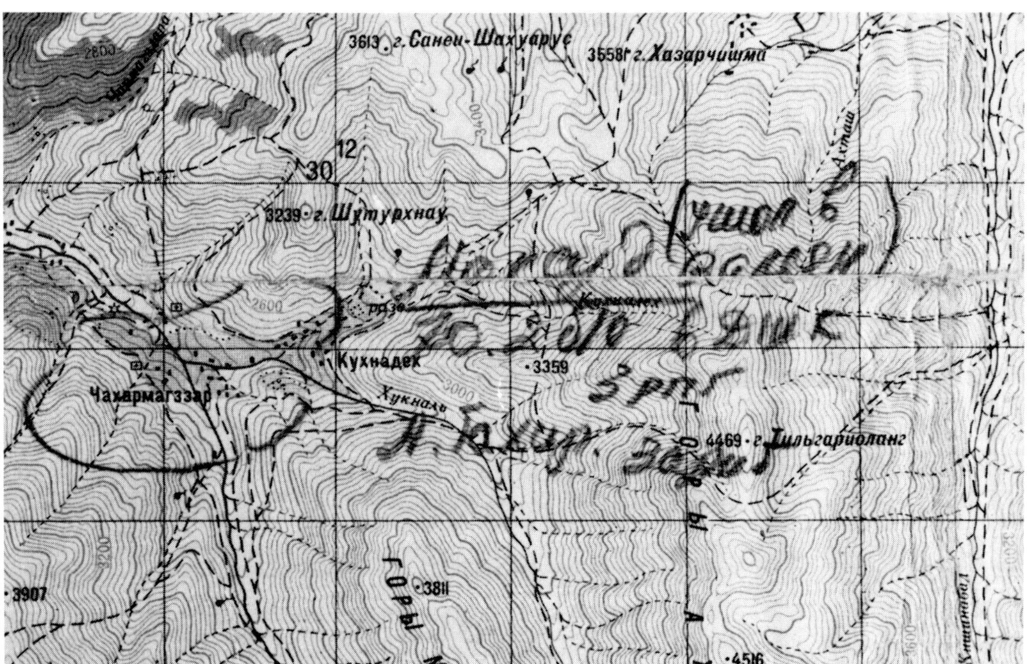

7 - L'avant-dernier repaire de Massoud

posé, People Party of Pakistan et détérioration du climat social.

Le cahier des charges du film que nous nous proposions de réaliser était ambitieux : entrer clandestinement dans ce pays en guerre et montrer, le plus simplement possible, le plus honnêtement possible, comment la population d'une vallée afghane vivait la guerre et organisait la résistance. A cette époque, il n'y avait encore que peu de films sur cette situation de l'Afghanistan et ceux qui avaient été réalisés ne l'avaient été que dans des zones situées à proximité de la frontière pakistanaise : dans le Kunar, le Paktya, la région de Kandahar, le Nouristan. De plus, ces films ne montraient alors que la façon dont les groupes de ceux qu'on appelait les moudjahidin (combattants de la foi) attaquaient les convois ou les postes isolés avant de se replier dans les montagnes ou les villages qu'ils contrôlaient. Rien sur la vie des Afghans. On savait donc peu de choses, pire on s'était déjà lassé des scènes des galettes (boulanger faisant les galettes de pain, le « nan »), des petits groupes de combattants courant à travers les paysages de cailloux, des moudjahidin posant devant la caméra exhibant avec une fierté statique la kalashnikof qu'ils venaient de recevoir, le passage dangereux des hélicoptères ou des convois de blindés sur une route stratégique, des coups de mains nocturnes. Il fallait aller vers la population, creuser plus loin cette résistance qui semblait « s'organiser » (je le mets entre guillemets parce que l'organisation n'est pas à proprement parler le fort des Afghans).

La date du départ fut fixée au début août. Pour tout financement nos économies : quelque 30 000 francs investis dans la pellicule, deux aller-retour en charter Paris-Karachi, via Aman, de l'argent pour les frais de séjour (ce n'était pas l'Inter-Continental!). Les caméras, nous les avions : une Beaulieu et une Nizo sonores, c'est-à-dire enregistrant le son sur la piste couchée posée sur un bord de l'émulsion. Jean Bruel, encore lui, avait prêté un superbe Nagra SN, plus petit que nos caméras, pour faire des sons de qualité. Quant à la préparation du sujet, nous avions, pour cela, rencontré plusieurs réfugiés afghans à Paris et en Europe. Nous tenions absolument à nous rendre dans une province d'Afghanistan jamais encore visitée par des journalistes. On nous signala le Panjshir comme étant une zone sans doute assez bien organisée.

Une fois à Peshawar, ville d'élection des partis politiques de la résistance afghane, grossie mille fois par les arrivages déprimants des millions de réfugiés, nous rencontrions une femme médecin bénévole qui justement, chance, revenait du Panjshir : Laurence.

Laurence appartenait à une organisation humanitaire baptisée d'un nom qui faisait croire à une organisation internationale : *Aide Médicale Internationale*, une petite association bien française de médecins et d'infirmières bénévoles. Elle venait d'ouvrir « un hôpital » dans la vallée du Panjshir et y avait commencé la formation d'infirmiers afghans. Elle n'eut pas de mal à nous communiquer son enthousiasme.

— Vous pourriez partir avec la nouvelle équipe de l'A.M.I. qui devrait prendre la route dans quelques jours.

L'équipe comprenait Frédérique, jeune toubibesse du nord de la France, Bertrand, médecin alsacien qui avait déjà une expérience outre-mer en Éthiopie, et Evelyne, infirmière intrépide avec une expérience des zones de guerre.

Un Afghan me secoue alors que j'étais parti loin dans mes souvenirs. Je referme mon carnet. Il est déjà 12 heures 30. Ata vient d'arriver avec les chevaux, les bagages, l'air rieur selon son habitude. Le fait que nous l'avons attendu ne le dérange pas. Et puis il faut attendre Mehrabuddin qui, nous explique Ata, doit nous retrouver ici en fin de journée. Et demain en avant. Le froid commence hélas! à se faire sentir, la neige saupoudre les versants nord des montagnes qui nous surplombent. Il faudra marcher vite pour avoir chaud. Nous passons l'après-midi à échanger nos rêves de bonne bouffe et jurons de nous mettre à la cuisine fine. L'énumération des plats nous fait un bien fou. Dans le fond de la pièce, le représentant des taxes pèse et repèse les lapis-lazulis des caravanes en route vers le Pakistan. Ces pierres seront expédiées vers Hong-Kong, l'Allemagne et le Japon.

Lundi 1er octobre

J'ai peu dormi car un texte me trottait dans la tête : une lettre ouverte à adresser à Monsieur Babrak Karmal, le président de la République démocratique d'Afghanistan pour agir en faveur de la libération d'Abouchar. Vers deux heures du matin, j'ai pris ma lampe de poche et me suis débarrassé des phrases qui me couraient à travers l'esprit en les jetant sur mon carnet.

Nous partons vers 6 heures, l'estomac vide. A 14 heures, nous franchissons le col, non sans joie, mais éreintés. Une tempête de neige nous a surpris dans la montée. Nous passons par-dessus les nuages vivre un répit de ciel bleu et de soleil, comme un petit morceau de paradis suspendu par-dessus la tourmente. Deux heures plus tard, à peine avons-nous atteint le premier abri que la neige se remet à tomber : gros flocons balancés dans un vent glacial. L'abri est lui aussi réfrigéré, car les pierres sont gelées. La chaleur de la marche se dissipe. Nous décidons de ne pas attendre Ata qui traîne derrière.

— Il doit sans doute avoir des problèmes pour faire grimper les chevaux dans cette neige, remarque Bertrand.

Nous reprenons la descente, sortons de la bourrasque pour aller bon train à travers d'immenses et superbes prairies d'altitude.

La nuit nous surprend. Elle tombe ici d'un seul coup, avec le froid. Nicolas, par chance, aperçoit deux chevaux près d'un abri, en contrebas.

— Il est incroyable, celui-là : il voit la nuit.

Personnellement, je ne vois pas du tout les chevaux.

Qu'à cela ne tienne, nous descendons en avançant avec un équilibre de funambule sur les tas de cailloux qui nous séparent de cet abri refuge.

Son observation était juste : dans une cabane de pierre, abrités du vent, un homme et un jeune homme essaient d'allumer un feu. Nous arrivons comme des sauveurs puisque nous avons un briquet. Le feu crépite et nous réchauffe. Dehors, la neige tombe sous le manteau de la nuit. Il n'aurait pas fait bon marcher dans cette glacière ! Par chance, j'ai conservé sur moi mon patou et m'y emmitoufle égoïstement. Bertrand aura plus froid. Nicolas, quant à lui, n'ayant ni veste ni pantalon chauds va geler jusqu'au matin, s'occupant vaille que vaille à entretenir le feu avec des brindilles ramassées entre les pierres qui entourent la cabane. Le feu d'enfer, lui, n'aura duré que quatre heures.

Mardi 2 octobre

Vers 4 heures 30, nous reprenons la marche. Cinq heures plus tard, nous atteignons la tchaïkkana où nous avions passé une nuit, à l'aller. Boire du thé sucré devient un délice luxueux. Nous dégustons du pain et quelques morceaux de viande qui baignent dans de la graisse. Bertrand me recommande quelques bons livres de recettes de cuisine. Je pense à mes enfants. Je pense aussi aux phrases stupides que j'ai souvent entendues :

— Ah! mais vous avez deux enfants! Vous êtes fou de faire ce métier avec deux enfants!

Le risque est une notion qu'il convient d'apprécier avec sérénité : car enfin, j'ai toujours considéré plus dangereux un retour de Pentecôte en automobile qu'une marche dans les montagnes afghanes. On peut mourir en traversant la rue sans regarder. Dans un pays en guerre, on prête une attention aiguë à sa sécurité. C'est même une obsession. On ne s'aventure pas à l'aveuglette. Il y a toujours des règles à respecter. Par exemple : ne pas filmer dans une zone de frontière, trop infiltrée, trop traversée par d'innombrables groupes plus ou moins sûrs; ne jamais rester plusieurs jours au même endroit : il faut être mobile, changer souvent de plan, être imprévisible pour tous. Enfin, partir avec des gens sérieux... Les accidents arrivent, un commando peut tomber du ciel, une bombe peut exploser sur la maison où vous vous cachez... oui, bien sûr, mais la probabilité est tout de même assez faible.

Ce voyage me permet de faire le point. Je pense aussi, sans cesse, au montage de ce film qui sera important pour moi, dans ma vie professionnelle comme dans mon existence d'homme. Cette période de tournage aura été étrangement intense. Ces Afghans, en dépit de leurs innombrables défauts, m'auront appris la force de se battre envers et contre tous, de vivre en riant en dépit de tous les drames qu'ils ont à traverser. Avec leur classe, avec leur noblesse, leurs défauts s'effacent et je les leur pardonne : leur crasse, leur manière dégueulasse de manger avec leurs doigts, de se racler la gorge pour cracher juste devant vos pieds, de parler fort sans respecter le sommeil de ceux qui veulent prendre du repos. Ah! pour parler ils parlent! C'est un flot incessant d'histoires, de ragots, d'épopées toujours embellies.

J'écris ces phrases assis sous la tente de la tchaïkkana. Une quinzaine de Panjshiris viennent d'arriver. Eux aussi s'en vont vers le Pakistan. Comme un rituel ils nous demandent des médicaments...

Nous partons à 14 heures pour l'entrée d'une nouvelle petite vallée qui mène au prochain col, un col beaucoup plus raide. Mehrabuddin n'est visiblement pas arrivé. Il a pris la mauvaise habitude de traîner. C'est fou ce que nous aurons pu attendre dans ce pays! Et nous sommes maintenant dans le Nouristan, avec des gens beaucoup moins sympathiques que les Tadjiks du Panjshir, mentalité oblige!

Mercredi 3 octobre

Il a plu au début de la nuit, une pluie forte qui nous a poussés sous une tente. Un quart d'heure plus tard, alors que l'averse se poursuivait, un Nouristani tentait de nous mettre dehors. Signe de l'hospitalité de cette région de sauvages. La différence entre les Panjshiris et les Nouristanis est profonde : autant les premiers sont gais et savent apprécier les bonnes et belles choses, autant les seconds sont sinistres, renfrognés et vivent dans la saleté. Leur région est sublime de beauté, préservée des blessures de la guerre car éloignée des zones stratégiques, mais ils mangent mal : leur pain est lourd, ils sont la plupart du temps intéressés, cherchant sans cesse à exploiter le voyageur. On dit d'ailleurs la zone infestée de bandits qui dépouillent les voyageurs imprudents, mal armés, peu nombreux. Notre cas! C'est arrivé il y a un mois au cousin de Ata. Il ne s'en est sorti qu'avec sa veste, son pantalon et ses chaussures. Un de ses compagnons qui transportait un petit sac d'émeraudes accroché dans sa culotte n'a même pas pu s'opposer à une inspection intime qui lui a valu de perdre son trésor!

Mehrabuddin n'est toujours pas là. Alors qu'il nous a énormément aidés à faire le film, il nous fait maintenant perdre un temps précieux. C'est plus qu'agaçant. Comme il est menteur comme un arracheur de dents, nous nous interrogeons, avec Bertrand, sur l'excuse qu'il va nous servir... si par chance il se décide à arriver!

S'il n'était pas porteur de la lettre de Massoud pour le commandant du Hezbi qui doit nous trouver un guide pour prendre un raccourci, il y a deux jours que nous serions déjà partis.

16 heures : Mehra apparaît enfin. Il prend un air constipé en découvrant nos gueules butées :

— Mon père était malade... il a la typhoïde. J'ai dû m'occuper de faire prévenir le médecin afghan envoyé à Khentch par Massoud.

Demain, le plus tôt possible, nous partirons à l'assaut de cette saloperie de col. Hier les Soviétiques ont bombardé : trois morts.

Le groupe des quatre autres prisonniers soviétiques libérés par Massoud nous rejoint. Leur compagnie ne nous est pas très agréable...

Jeudi 4 octobre

Départ 5 heures du matin, après une nuit passée à gamberger au plan de montagne du film et surtout à la manière d'intégrer les photos et les lettres trouvées sur les cadavres de soldats soviétiques. Une séquence émouvante à laquelle je tiens tout particulièrement car je pense qu'il faut même, de par ce film, dépasser le cadre de l'Afghanistan : faire sentir aux téléspectateurs la cruauté et l'injustice des drames qui se déroulent ici, drames pour Afghans, drames pour Soviétiques : drame humain.

Super-duvet est un régal, c'est notre plus grand luxe : avoir chaud malgré le vent, la rosée.

Nous passons le col totalement enneigé vers midi et descendons à travers une véritable tempête de neige. Notre équipement est bon, nous n'avons même pas froid aux pieds. Nos pantalons de l'armée pakistanaise, en flanelle et en drap épais, nous tiennent chaud aux jambes.

Nous atteignons le plat de la vallée vers 20 heures. La nuit est tombée, mais la lune a pris le relais du jour pour éclairer les endroits où nous posons les pieds. Ata, encore une fois, est à la traîne. Il est peu probable qu'il arrive si tard. Encore une fois, il va apprécier la chaleur de nos duvets. Dieu soit loué, Mehra nous rejoint et nous trouve un abri dans la maison d'un réfugié de l'intérieur.

Vendredi 5 octobre

Nous quittons à 7 heures la maison qui nous a abrités et atteignons à midi celle du commandant du Hezbi, clef pour le raccourci tant attendu.

La théorie nous fait rêver : trois jours de marche.

— Il y aura un point dangereux, traduit Mehra, puisqu'il faudra passer entre deux postes militaires parchamis. Quelques risques de bombardements, une rivière à traverser en barque et enfin à trois jours de là les jeeps pakistanaises...

Espérons que le passage de la théorie à la pratique n'allongera pas le temps, comme cela arrive si souvent en Afghanistan. Nous avons été assez échaudés depuis le départ pour accepter de croire en cette bonne prévision. Aujourd'hui, nous n'avons pas le moral. Ata n'est toujours pas là. Depuis qu'il a doublé ses prix, il va deux fois plus lentement. Quant à Mehrabuddin, il nous exaspère. Nous n'avons plus confiance en lui : cette perte de confiance est née le jour où nous avons appris qu'il nous avait caché ce qui était arrivé à Abouchar :

— Je ne voulais pas vous affoler, nous avions assez de difficultés comme ça.

La goutte qui a fait déborder le vase a été cette perte de temps : deux jours de plus que prévu pour revenir de chez son père. Nous broyons du noir et pensons que les Afghans sont tous des menteurs. De plus, nous nous acharnons à voir dans les médecins les responsables de ce laxisme vis-à-vis du temps : en restant trois à quatre mois sur le terrain les missions médicales ont accoutumé les Afghans à ces longues périodes de disponibilité. Et puis, plus nous sommes sympa, plus ils en profitent, comme des gamins. La vie est trop dure ici.

Ata arrive à 14 heures. Il raconte qu'un cheval a fait une chute. Espérons qu'il n'y a pas trop de casse. En fait, la seule chose qui ait maintenant de la valeur est le sac qui contient les pellicules impressionnées. Le reste, le matériel, c'est aujourd'hui secondaire. Nous lui accordons une heure pour souffler et reprenons la route à 15 heures. Distance annoncée d'ici au Pakistan : cent trente kilomètres.

Mais tout serait simple si Ata ne se mettait pas à faire la gueule : il ne veut pas emprunter cette route qu'il ne connaît pas et qui l'amène trop loin de Chitral. En fait, nous sommes des pigeons rêvés : nous sommes à la merci de ses quatre volontés. Et, bien sûr, tout se termine par une histoire de fric : il accepte de prendre cette voie-raccourci si nous lui payons le retour vers le Panjshir. Mais comment? Total du voyage, uniquement pour deux chevaux et cent kilos de bagages : 30 000 afghanis à l'aller + 50 000 au retour. Nous concluons ce marché, non sans lui faire savoir qu'il a intérêt à avancer au pas de course.

Nuit glacée, gelée, mais super-duvet est là, gardien de la chaleur et du confort...

Samedi 6 octobre

Nous avons quitté Paris le 6 août : deux mois! Nous partons vers 5 heures du matin. Si nos prévisions sont bonnes, nous devrions atteindre le Pakistan le 8 ou le 9. Mais nous n'y croyons qu'à moitié. La partie la plus rude nerveusement reste à jouer : nous avons un film superbe dans nos sacs à dos, il faut porter toutes les pellicules en bon état à Paris, jusque sur la table de montage. C'est un marathon fou où tout peut arriver : c'est d'ailleurs en prévision de certains accidents que j'ai empaqueté les pellicules dans plusieurs épaisseurs de feuilles de plastique, le tout collé et surcollé au sparadrap de tissu tressé.

Midi. Nous stoppons près de l'éternel torrent. La vallée est très belle, l'eau transparente donne ce relief d'aquarium aux verts innombrables qui nous fascinent, mousse sous-marine accrochée aux rochers. On y voit quantité de truites en balade tranquille : les Afghans ne pêchent pas... hélas! Nous avions pourtant pensé prendre des hameçons sur l'exemple de Jean-José Puig, le pêcheur français de l'Afghanistan, roi de la truite et du brochet. Nous essayons de trouver des sujets de pensée pour calmer notre impatience à rentrer. Je viens de réfléchir durant trois heures sur les causes d'une tare des Afghans : pourquoi parlent-ils si fort? C'est vrai, quoi, ils n'arrêtent pas de gueuler, comme si vous étiez à l'autre bout de la montagne, alors que vous pourriez leur toucher la barbe. J'ai trouvé deux causes : la présence quasi permanente du bruit du torrent dans les vallées et le fait qu'ils ne se lavent qu'exceptionnellement les oreilles.

Nous ouvrons nos deux dernières boîtes de conserve, du bœuf aux petits pois, made in Bulgaria, avec traduction en persan sur l'étiquette (afin que les soldats afghans de l'armée régulière puissent savoir que ce n'est pas du porc). Nous nous offrons aussi un sachet de soupe tomate/vermicelle à laquelle nous ajoutons nos derniers sachets d'huile d'arachide. C'est ça l'organisation. Et pour bien faire les choses jusqu'au bout nous nous servons un petit café... avec du sucre puisque nous avons une réserve de trois kilos, bien conservée dans un foulard. Depuis ce matin, la marche relève plus de la promenade que de l'exploit sportif. Tant mieux. Et le paysage nous donne des frissons d'émerveillement. Après l'horreur de la route vers Astana, c'est vraiment un plaisir. Comment croire que la guerre est là, dans cette région qui ressemble à la Suisse paisible? Nicolas se métamorphose : il a pris des couleurs. L'exercice lui fait du bien. Il reprend confiance en lui, et en nous. A Peshawar, nous l'interrogerons sur son passé. Pas maintenant. Nous voulons le laisser se décontracter, se décaper de l'angoisse qui préside au quotidien des zones de guerre, redevenir un jeune type qui aspire à ce qu'on lui foute la paix!

18 heures. Je suis assis sur un rocher. Devant moi, Ata décharge les chevaux, pendant que Mehra discute avec deux responsables d'un superbe village typique du Nouristan qui se trouve derrière nous, accroché à la paroi de la montagne. Un pont acrobatique, très impressionnant, enjambe les eaux vertes du torrent, faisant un saut de quelques dizaines de mètres au-dessus de lui. Le versant de la montagne qui fait face au village est proche. C'est vraiment magnifique. S'il n'y avait pas l'angoisse de tomber dans une embuscade, de perdre les films ou de se faire bombarder, ce voyage de retour serait une balade. Mais le bruit du torrent peut cacher le vrombrissement de deux moteurs d'hélicoptères en patrouille...

Nous venons d'acheter un poulet et demandons au chef du village s'il peut nous faire préparer ce plat délicieux à base de courgettes cuites dans de la graisse et de l'ail. Nous en avons mangé hier, chez le commandant du Hezbi... Aux dernières nouvelles, nous allons même avoir du halwa, la blédine made in Afghanistan. Nicolas fait des yeux de gourmet. Décidément, ces

Français n'arrêtent pas de se faire plaisir. La France, pour lui, à en croire nos nombreuses conversations, doit être une gigantesque cuisine-pâtisserie-boulangerie inventrice de mille mets dont il n'arrive pas à retenir les noms, tant il y en a!

Ses préoccupations mentales restent pourtant d'un autre ordre : il s'interroge sur les questions qui vont lui être posées à l'ambassade de France. Nous lui expliquons qu'à notre avis il faudra qu'il soit toujours le plus franc possible, qu'il exprime nettement les raisons de son choix pour la France. Nous soulignons que nous comptons l'interviewer sur son passé, son service militaire en Afghanistan, les circonstances de sa capture et son année de captivité chez les moudjahidin. Nous insistons sur le fait que nous ne cherchons pas le sensationnel, que nous ne sommes en aucune manière des agents de propagande, mais qu'il a tout intérêt à donner un récit exact de son existence afin de se prémunir contre des interprétations que pourraient faire ultérieurement quelques « journaleux sans scrupules de la presse à sensation ». Il est un peu inquiet, ne connaît rien de l'Occident sinon quelques rares images construites par les services d'information de son pays. Et quelles images! C'est absolument passionnant de constater à quel point des êtres humains peuvent être manipulés, engagés dans des voies artificielles, motivés à coups de mensonges. Pour lui, par exemple, il est inconcevable d'apprendre qu'il existe une presse libre en France. Pire, il est très sceptique lorsque nous lui expliquons qu'il est possible aux journalistes d'attaquer le gouvernement dans leurs articles...

Nous lui souhaitons d'élargir son horizon. Nous lui redisons qu'il n'est pas question pour nous de l'influencer. Nous ne faisons que l'aider à entrer en France et en tirons l'avantage d'une expérience tout à fait originale : soldat de l'armée soviétique en Afghanistan, prisonnier des moudjahidin, libéré sans condition par Massoud, droit d'asile pour devenir réfugié politique en France. Nous nous interrogeons néanmoins sur la façon dont cela se passera avec les autorités françaises. Mais avant, nous avons encore hélas! quelques obstacles importants avant d'obtenir les réponses à nos interrogations : passer les postes parchamis, entrer clandestinement au Pakistan puisque nous n'avons pas récupéré nos passeports, atteindre, sans se faire arrêter, l'ambassade de France. En théorie, nous avons prévu de faire l'interview de Nicolas dans la maison de Ahmad Zia, le frère de Massoud, à Peshawar. C'est un endroit calme et relativement discret. Nous partirons ensuite pour Islamabad où nous descendrons à l'Holiday Inn. Nous y resterons la nuit afin de, ô joie suprême, pouvoir téléphoner à ceux que nous aimons. Ensuite, bain, savon, shampooing, eau chaude et, luxe parmi ces luxes, un dîner où nous n'aurons rien à nous refuser. Le lendemain matin, nous irons à l'ambassade déposer Nicolas aux bons soins des autorités de notre pays qui, nous le pensons, seront disposées à l'accueillir. Ensuite, retour à Peshawar pour filmer les partis, la ville, les camps d'entraînement de moudjahidin, les camps de réfugiés, les hôpitaux de la Croix-Rouge internationale, etc., puis petit détour à Chitral histoire d'honorer notre engagement de discuter clairement avec le ministre du Nouristan... Alors seulement nous rentrerons en France. J'imagine le moment exquis où je pourrai voir la piste défiler de l'autre côté du hublot de l'avion, savoir que des milliers de kilomètres seront alors parcourus en quelques heures... Mais cela est loin, encore loin, très loin. Je rêve.

— Tu es libre. Tu ne nous dois rien. Ce sera à toi, à toi seul, de choisir la voie de ta nouvelle existence. Il faudra que tu travailles. Que tu sois attentif.

Nous dialoguons toujours à trois : Mehra servant d'interprète.

Pendant la marche, les centaines d'heures, que nous franchissons à pied et dans notre mental, notre pensée fait défiler d'innombrables thèmes qu'elle développe, tourne et retourne dans tous les sens de la dialectique, histoire de s'occuper, de faire perdre à la conscience cette lenteur qui risquerait de nous excéder : le drame afghan, la politique, des plans de montage pour le film, l'avenir, la bouffe, l'art de vivre, l'apprentissage de la tolérance, les fruits de l'expérience... tiens, jamais la sexualité. Jamais. Jamais l'érotisme non plus. Ce pays, où les femmes ressemblent à des fantômes, est totalement démuni de signes érotiques, fussent-ils les moins suggestifs. Ici on ne pense pas au plaisir du corps. La rudesse de l'existence, les efforts physiques qu'il faut sans cesse faire, effacent tout désir sexuel, tout rêve sensuel. C'est un des rares endroits où j'ai l'impression de devenir un être humain asexué, dur, capable d'endurer le froid, la faim, le manque de sommeil, le danger, l'horreur. Nous devenons ici, réalisme l'oblige, des hommes de pierre.

Ce soir, le moral est meilleur. Notre ras-le-bol de l'Afghanistan s'estompe avec l'idée du dîner qui se prépare. Nous nous trouvons encore à une centaine de kilomètres du Pakistan. Nous allons dormir au chaud pour repartir demain, encore plus vite, encore plus pressés, mais prudents et sereins. Il faut impérativement conserver un sang-froid à toute épreuve. Toujours parvenir à se reprendre en cas de petite défaillance de moral, contrôler ses pulsions. Parfois, à la pensée de mes enfants, j'ai les larmes aux yeux. Julien du haut de ses neuf ans et demi n'avait pas très envie de me voir partir pour l'Afghanistan. J'espère seulement que l'histoire fâcheuse qui est advenue à Abouchar ne l'aura pas perturbé. Quant à Adrien, je pense qu'il sort seulement de son univers merveilleux de bébé. Pour la première fois il est à « la grande école »! J'ai vraiment hâte de les revoir, de les serrer dans mes bras et qu'ils sentent combien je les aime, que ce « travail » que je fais là est une passion et une nécessité pour moi d'éclairer la réalité du monde où ils vont avoir à grandir, à se battre, à être meilleurs.

Alors que j'étais parti dans ma tête, un Afghan du village a semé le désordre dans nos plans : il prétend que la route que nous sommes en train de suivre est extrêmement dangereuse.

— Il vous faudra huit jours pour atteindre le Pakistan et il y a beaucoup de patrouilles d'hélicoptères.

Ata flippe complètement. Il n'était déjà pas brillant lorsque nous avons perturbé ses habitudes en décidant d'emprunter cette voie qu'il n'avait jamais expérimentée. Maintenant, il veut repartir par la route qu'il connaît, c'est-à-dire celle sur laquelle nous avons tant peiné à l'aller.

Ata, guide merveilleux pour nous conduire au Panjshir, se révèle brutalement peu courageux. Il est casanier, a ses habitudes et n'aime pas en changer, a peur de l'inconnu, ne veut pas prendre un risque dont il ignore la nature. Ils sont nombreux les hommes de ce genre : ceux qui ne sont courageux que dans les intentions, trouillards dans l'action. Nous sommes déçus. Plus, écœurés et attristés. Et nous alors?

Pense-t-il à ce que nous avons payé de nous-mêmes? Si nous avions perdu notre sang-froid, avec tous les obstacles que nous avons rencontrés, il n'y aurait jamais eu de film!

Nous ne savons toujours pas, encore moins ce soir, à quel moment nous allons enfin atteindre le Pakistan. La frontière : un horizon idéalisé pour découvreurs d'un autre siècle! C'est si dur. Y parviendrons-nous un jour?

Dimanche 7 octobre

Départ 7 heures, après un petit déjeuner avec du fromage de chèvre frais baigné dans du beurre fondu. Excellent. Nous achetons un bon morceau de ce fromage. Il vaut mieux bien manger pour affronter ce que nous réserve la journée. Sûrement des emmerdements de premier ordre... à voir la gueule d'Ata.

Il met d'ailleurs une mauvaise volonté flagrante à charger les chevaux. Je l'engueule lorsqu'il manque de faire tomber le sac contenant les pellicules, notre bien le plus précieux. Aujourd'hui, il avancera à pas lents. C'est lamentable. Il est maintenant 11 heures environ. Le chemin reste assez facile, Quoique très pentu.

— Vous ne passerez pas avec vos chevaux, a prétendu l'homme d'hier soir.

Il est vrai que certains passages exigent de nos chevaux des prouesses d'adresse : quelques raidillons très rudes, des descentes périlleuses. Ça prend du temps. Il faut freiner les chevaux en les retenant par la queue. Veiller à l'endroit où ils posent chacun de leurs sabots. Et éviter de sursauter lorsque l'un d'eux fait un écart pour retrouver de justesse un équilibre dangereusement perdu. A l'heure qu'il est, je suis assis sur un rocher pendant que

Ata et Mehra guident très prudemment nos montures sur une montée terriblement étroite et quasiment à pic! Et si le type d'hier avait raison? Nous prions secrètement pour qu'il n'y ait pas de chute. Avec une attention particulière pour celui qui transporte le sac des pellicules.

14 heures. Halte dans une kararga de Hezbi Islami, où nous prenons un thé. La route a été pénible pour arriver jusque-là. L'angoisse de voir un cheval basculer dans le ravin nous a mis dans un état de nerf peu favorable à la bonne humeur. Il a même fallu faire de l'escalade, pendant que les chevaux passaient par le torrent, l'eau bouillonnante jusqu'à l'encolure, nous franchissions un pan raide de falaise, les doigts et le bouts des souliers accrochés à quelques rares aspérités. De la varappe pure et simple.

Nous repartons vers 15 heures. On nous promet une route assez plate, plus facile pour les chevaux et pour nous-mêmes. Nous-mêmes, nous nous en foutons. Ce qui compte c'est apporter cette pellicule-témoignage sur la table de montage, à Paris. Paris, une ville qui n'existe alors que dans notre imagination!

En fait, la route n'est ni plate, ni facile, mais pleine d'embûches : les chevaux suivent un sentier; six cents mètres plus loin, après un tournant qui cache la suite du programme, un précipice coupe le passage. Éboulis, crevasses. Nous prenons parfois un canal d'irrigation comme repère. Une erreur qui coûte deux heures : après quarante minutes de marche aisée, le canal se transforme en un pont de troncs d'arbres suspendu au-dessus d'un ravin de bien cinq cents mètres de profondeur. Il faut faire demi-tour. A pied, ça pourrait passer, en prenant des risques. Mais, avec les chevaux, c'est impossible. Nous perdons un temps fou et ne sommes même pas sûrs d'arriver. Y aura-t-il toujours un passage, en bas ou en haut, pour franchir tel ou tel obstacle? Dieu seul le sait. Et Dieu se marre. Ça n'en finit pas. Nos nerfs ont beau être en acier trempé, nous avons une envie irrésistible de hurler notre rage. Mais nous la fermons, par pudeur pour nous-mêmes. Par force. Nous marchons sans nous plaindre, nous pouvons courir pour rattraper un cheval, descendre en bondissant d'un rocher à l'autre. Nous sommes des brutes. Avec l'entraînement que nous avons maintenant, les montées ne nous font ni chaud ni froid. Nous passons du plat à l'à-pic sans perdre notre souffle. Idem pour les descentes. Rien ne nous gêne. Un berger qui passe avec son troupeau de chèvres (elles passent partout) nous annonce le prochain village dans deux heures. Nous sommes habitués à ne plus y croire.

Il va bientôt faire nuit et nous ignorons s'il va être possible d'atteindre le village. Je suis seul, adossé à un rocher lisse. J'attends Bertrand et les autres. J'ai peut-être pris trop d'avance, histoire de me calmer, de brûler ce surplus d'énergie qu'amène la colère, la rage.

Ils arrivent. La nuit tombe. Le jour a fermé son parapluie clair comme un vendeur de camelote surpris par la police. Ata, pour changer, fait la gueule et répète, avec la régularité d'un métronome, qu'il veut arrêter. Nous ne l'écoutons pas et marchons. Il n'a qu'à suivre ou crever de froid pendant la nuit qui s'annonce. Le vent vient de prendre sa permanence. Putain de nature. Pas de cadeau pour les hommes. Pas de respect de leur peine.

Finalement nous atteignons le village que nous avons peine à voir tant la nuit est avancée. Les chiens manquent de nous bouffer. La progression sans lune a été une partie de cauchemar. De la routine...

Lundi 8 octobre

Nous vivons dans un roman de science-fiction diabolique où le temps recule. Lorsque nous demandons à quelle durée de marche se trouve le Pakistan, on nous répond toujours :

— Trois jours, ou quatre!

C'est abracadabrant. Depuis deux jours que nous marchons dix à douze heures par jour, nous n'arrivons pas à atteindre la frontière de ce putain de pays. De plus, avec ce sinistre lâcheur d'Ata, nous ne sommes plus sûrs. Un guide de mauvaise humeur, c'est la porte ouverte à tous les pépins. Et s'il rebroussait chemin avec nos pellicules? Par prudence, nous décidons de ne plus jamais partir devant, nous marcherons derrière lui. Il est ainsi verrouillé. Avancer ou recevoir notre pied dans le cul. On devient grossier par nécessité. Et puis il réagit comme un gosse, s'est mis dans la tête que cette route était impraticable, alors que celle des cols est autrement plus rude, à notre avis! C'est dément de constater que ce type que nous prenions pour un débrouillard courageux n'est en fait qu'un sale dégonflé. Ce matin, il reprend sa litanie :

— Je ne continue pas. Mes chevaux vont se blesser. Regardez leurs jarrets, ils sont déjà tout irrités.

— Arrête tes conneries, ce ne sont que des égratignures. Il y a trois ans, dans la caravane, les chevaux pissaient le sang. On suivait le sentier à la trace de leur sang... Tes chevaux n'ont que de petits bobos, rien de bien grave...

Nous négocions pour qu'il aille au moins jusqu'à la kararga où là, peut-être, quelqu'un nous renseignera sur la durée du voyage et l'état du chemin. Quelqu'un de sérieux! Car si la durée s'allonge au fur et à mesure que nous avançons, l'état de la route se modifie. Selon quelques passants croisés depuis ce matin, nous venons de franchir le plus difficile. Est-ce sûr? Tout, jusqu'ici, s'est révélé faux. La route n'est toujours pas plate. Quant au col qu'il y aura à passer, nous n'arrivons décidément pas à savoir s'il est oui ou non praticable pour les chevaux. Selon les uns, c'est impensable, selon les autres, il n'y a aucun problème : « C'est à peine si on peut parler d'un col tellement il est plat. » Autre point flou : l'emplacement de la frontière déterminée par la rivière. Avant ou après le col? De cela on ne sait rien, toujours de l'à-peu-près. Une chose est certaine : la rivière coule en bas! Quant aux postes parchamis entre lesquels il va falloir se faufiler, il ne reste aujourd'hui, aux dires de ceux qui en viennent, que le risque de se faire tirer dessus au canon; les hélicoptères ont, aujourd'hui, toujours selon nos « conseillers de rencontre », disparu depuis plusieurs mois.

Nous gardons notre sang-froid. Il le faut sinon je crois sincèrement que nous serions dans le trente-sixième dessous.

Avis : l'Afghanistan n'est pas un lieu pour les candidats aux dépressions nerveuses. Nous sommes prêts à tout, même à porter nos bagages sur la tête en marchant à quatre pattes s'il le faut! Ce que nous voulons, c'est sortir, avec nos films. On comprendra maintenant combien il est difficile d'être précis en Afghanistan : les Afghans sont des poètes de l'approximatif. Ils ne savent ni prévoir, ni évaluer. Ils ne savent compter que lorsqu'il s'agit de leurs intérêts.

Nous venons de constater, avec Bertrand, que nous avons dû avoir à peu près tous les ennuis imaginables dans ce genre de voyage, à l'exception d'une bombe sur le coin de la figure ou d'une capture par les Soviétiques. Il restait aussi d'être abandonné par le guide des chevaux. Eh bien, nous y sommes! Ata refuse de continuer. Une fois de plus nous sommes dans la merde. Il va falloir trouver des ânes ou des porteurs, puisque dans cette région il n'y a pas de chevaux. C'est d'ailleurs ce qui flanque la frousse à notre ex-ami. Combien de temps cela prendra-t-il? Est-ce seulement possible? Nous nous efforçons de raisonner Ata et de l'amener à nous conduire jusqu'à la maison du commandant. Il finit par faire du style en prétendant qu'il s'engage à nous y amener même s'il doit porter ses chevaux sur son dos! Et vient la question fric, évidemment! Il voudrait en plus que nous le payions sur-le-champ. Nous laissons un flou artistique sur cette question délicate, à régler une fois chez le commandant.

10 heures 30. Après une heure trente de route parfaitement plate et large à laisser passer une voiture, nous atteignons un grand village où l'on nous explique qu'il y a deux routes pour le Pakistan :

A gauche, par une vallée qui monte, nous mettrons deux à trois jours :

— Et c'est plus facile pour les chevaux et moins dangereux pour les hommes, car il n'y a pratiquemment pas de risques de se faire tirer dessus.

L'autre route ne comporte que des inconvénients. C'est toujours la même chose avec les Afghans : il y a le possible et l'impossible, le raisonnable et l'insensé, l'épreuve et l'exploit.

Ata semble rassuré. Nous sommes invités à déjeuner chez le

chef du village. Nous acceptons et partirons ensuite en direction de la première route.

Tout semble s'arranger : le vieux Pashtoune qui nous reçoit invente mille attentions pour nous faire plaisir. Il nous dit s'être rendu au bazar de Kaboul et avoir trouvé la capitale plus agitée qu'à l'accoutumée :

— Les moudjahidin ont tiré au canon sur des quartiers habités par les Parchamis. La vie à Kaboul va être de moins en moins viable.

Il nous raconte son voyage avec ses incessants contrôles. « Je suis un vieil homme, je ne crains pas d'être envoyé dans l'armée. Autrefois, j'étais officier. » Chaque trimestre, il se rend ainsi à Kaboul, prenant le bus à Djelalabad. Il en est souvent ainsi pour les paysans qui vont au bazar faire des courses nécessaires.

Les campagnes afghanes vivent largement en autarcie. Cependant, un certain nombre de biens indispensables circulent dans tout le pays et se retrouvent dans les villages les plus éloignés : thé, lampe à pétrole, transistors, tissus et verres « Duralex ». Si l'industrie afghane est embryonnaire, le commerce de détail y est florissant : les grandes villes comptent des bazars animés et des sociétés d'import-export qui commercent avec le Japon, la Chine et l'Europe. Les marchandises partent ensuite dans les bazars provinciaux, chargées dans des camions inséparables du paysage afghan; sur des châssis Bedford, des artistes ont refait une énorme caisse en bois, recouverte de tableaux multicolores peints à la main. Certains bazars reculés ne sont accessibles qu'au bout de trois ou quatre jours de camion. Les paysans vont s'approvisionner dans ces bazars : ils y vendent le surplus de leur récolte, mais surtout les produits « lucratifs » (beurre liquide, fruits séchés, yaourt, combustibles, etc.). Ils achètent ensuite les produits indispensables : thé, sucre, tissu, outils... Les transactions sont longues et on marchande dur. Le paysan qui vient souvent de loin, à pied et en traînant son âne, passe son temps entre deux achats à la maison de thé, où il peut dormir et manger pour une somme modique : c'est là qu'il apprend les dernières nouvelles. Les jours de marché, les bazars sont plus animés : on vend et on achète les animaux sur pied (surtout les moutons); conteurs et joueurs de musique parcourent les maisons de thé.

Les bazars ruraux ne paient jamais de mine : c'est une longue rue désolée bordée de boutiques en bois ou en terre faite d'une seule pièce, où le marchand accroupi attend le chaland. Un peu plus loin, on trouve quelques bâtiments administratifs : école, poste de l'armée, siège du chef de district. Le bazar correspond rarement à un village : c'est un lieu neutre, situé sur la route, loin des villages où vivent les paysans. Lieu de passage, peuplé souvent de commerçants venus d'ailleurs, le bazar a pourtant une énorme importance : c'est non seulement le lieu des échanges économiques qui désenclavent une société autarcique, mais aussi le lieu du pouvoir politique, de l'État et à ce titre les bazars seront des enjeux importants dans la guerre.

Le vieil homme confirme la qualité de la route qui nous a été indiquée à l'entrée du village. Ainsi allons-nous peut-être réussir à sortir d'Afghanistan sains et saufs, avec nos films et notre équipement au complet! Ce reportage mériterait de figurer dans le Livre des Records.

Nous quittons la maison hospitalière non sans avoir reçu l'accolade amicale et reprenons la route pour nous arrêter, vers 18 heures, dans le dernier village avant l'approche du col; col que nous devrions, si les informations ne sont pas fantaisistes, franchir demain.

Nous avons appris que Jacques Abouchar allait être jugé, c'est ce qu'a annoncé Radio-Kaboul, il y a quelques jours. J'écris assis sur une poutre taillée dans un tronc de sapin. Nous attendons que Mehra mette la main sur le chef du village afin qu'il nous reçoive pour la nuit. Tout à l'heure, alors qu'il fallait remonter le lit d'un torrent encombré de grosses roches polies par les eaux, Ata a refait des siennes. Vivement le Pakistan et surtout la France! Nicolas se plaît en notre compagnie, nos colères le font rigoler, il parle avec Mehra qui lui raconte son arrivée et son adaptation à la France. La France terre d'asile.

— Tu verras, il y a une foule d'étrangers, dont pas mal de Russes. Tu auras le choix pour trouver des professeurs qui t'enseigneront le français. Et puis, si la France ne te plaît pas, tu seras libre d'aller en Angleterre, en Hollande, en Allemagne...

Nous dînons merveilleusement bien : les Pasthounes de la

maison qui nous abrite n'arrêtent pas de fumer une pipe à eau qui pue. Je leur offre un peu de tabac pour pipe, de « l'Amsterdamer ». C'est à leur tour de faire la grimace. Chacun ses goûts! La pipe à eau force à aspirer la fumée jusqu'au plus profond des poumons car il faut que l'air parcoure toute la tige et traverse l'eau avant d'atteindre la gorge. Ils n'arrêtent pas ainsi de tousser et de cracher. A part cela, ils sont très attentifs à ce que nous soyons à l'aise. Le père a fière allure. Il est entouré de quatre de ses fils, dont l'un joue avec son enfant, un gros bébé qui ne cesse de vouloir m'attraper les orteils. La discussion dure tard dans la nuit. La pièce, ouverte sur une vue que la nuit nous a dérobée, est balayée par un vent doux qui vient de parcourir la plaine étalée en contrebas. On entend les cris de quelques oiseaux de nuit. Un des invités demande à Mehra si les moudjahidin du Panjshir détiennent beaucoup de prisonniers soviétiques. Mehra explique qu'il y en a quatre qui sont en train d'aller vers le Pakistan, par la route du Nord. Je ne peux m'empêcher de demander à celui qui vient de parler ce qu'il ferait, ici, des prisonniers soviétiques.

— S'ils se convertissent à l'Islam, il faut qu'ils vivent, sinon il faut les fusiller.

Nicolas fait une tête mi-figue mi-raisin, partagé entre le sourire et l'inquiétude. Il a de l'humour.

Mardi 9 octobre

Nous en avons assez des chantages d'Ata et demandons à Mehra de faire chercher des ânes. Le fils de notre hôte va nous guider vers le Pakistan. Nous signifions à Ata que des dégonflés de son espèce nous n'en avons rien à foutre! Nous avons été plus qu'honnêtes avec lui, il menace sans cesse de nous laisser tomber, prend son temps, nous augmente ses prix. C'est trop! Qu'il aille se faire voir! Une heure plus tard, le fils de la maison a trouvé des ânes à louer. Mehra s'occupe de négocier les prix de location et de faire répartir les charges dans de petits sacs de toiles. Nous avons maintenant trois ânes, dont un miniature...

Ata reçoit son argent, mais pas de poignée de main. Même pas un regard. C'est à nos yeux un pauvre trouillard, notre route est ailleurs, qu'il retourne vers ses habitudes. Il a de toute façon très bien gagné sa vie avec nous!

Vers 9 heures, nous reprenons la route vers le col. Le sentier serpente sur une terre de bruyère étendue comme un tapis moelleux au pied de sapins géants. C'est magnifique. La pluie tombe en buée, poussant les branches à dégager des odeurs de résine exquises où se mélangent une dizaine de senteurs issues de plantes sauvages dissimulées par touffes dans les replis des roches de cette forêt sauvage à l'harmonie suprême. Comment échapper au lyrisme dans un décor aussi fastueux? Nous nous laissons aller à notre émerveillement qui nettoie tous les soucis. Un temps. Cliché de paix et d'absolu. Ici la nature dicte la noblesse et la grandeur. La classe!

Le ciel est noirâtre. On entend venir l'orage. La bruine s'est transformée en vraie pluie.

Nous commençons à monter un sentier aux lacets très serrés à flanc d'une montagne où s'enclave l'étroite vallée que nous venons de quitter. Quelle beauté! Vers 12 heures 30, nous sommes au col. La grêle nous pousse dans un abri-refuge de berger. Par la porte nous voyons des milliers de grêlons rebondir comme des billes en plastique sur l'herbe dense de cette prairie d'altitude. Mehra et notre nouveau guide sont partis voir dans les autres abris occupés par les bergers s'il ne serait pas possible d'acheter de la graisse, de la farine et du sucre, histoire de se faire une bonne plâtrée de halwa, notre gourmandise. Nos ânes miniatures sont loin derrière, il est prévu qu'ils nous rejoignent en fin de journée dans le village où nous devrons passer la nuit. Demain, avec beaucoup de chance, nous serons au Pakistan!

Recette du halwa : prenez du beurre, faites fondre dans une marmite et mélangez-le à autant de farine à laquelle vous ajoutez de l'eau sucrée, très sucrée. Vous placez cette mixture sur le feu et tournez jusqu'à la cuisson. On peut, dans un pays riche, ajouter du chocolat, des amandes et des pistaches.

Marche de nuit jusqu'au premier village après le col.

Mercredi 10 octobre

Les ânes ne nous ont pas rejoints au village où nous avons dormi. Nous ne pourrons donc pas atteindre le Pakistan ce soir, mais demain :

— Compatriote *(atender)*, aura-t-on le temps d'atteindre la rivière avant la nuit ?

10 heures. Nous attendons depuis 8 heures du matin. Aucune nouvelle des ânes. C'est incroyable. Ça ne peut jamais marcher correctement. Chaque obstacle franchi en révèle un prochain, plus vicieux. Arriverons-nous un jour à sortir le film de ce pays ? Sur le champ où nous nous trouvons, des éclats de roquettes nous avertissent du risque. On en oublierait presque la guerre !

Mehra et le guide décident de remonter pour essayer de trouver ânes, convoyeurs et bagages.

Ils arrivent enfin. Nous partons... mais la route est tellement difficile que nous ne progressons que fort lentement. Jamais nous n'atteindrons la rivière ce soir. De plus, l'âne miniature ne cesse de tomber ou d'être stoppé par un obstacle trop grand pour lui. Il faut souvent le porter ! Porter l'âne ! Nous devions y arriver à cette situation grotesque : deux couillons de Français soulevant la monture chargée de transporter leur matériel. Lorsque le passage est haut, Bertrand le prend par l'encolure, je le prends par les pattes de derrière, et hop... on le monte d'un cran. Même intervention lorsqu'il tombe dans un trou ou glisse dans un canal d'irrigation. Deux Pieds nickelés en vadrouille. Ça nous arrache pourtant de bons éclats de rires. Le meilleur gag est de placer Nicolas près de cet animal minuscule,

Nicolas avec son bon mètre quatre-vingt-dix, ses bras dont il ne sait jamais que faire et ses jambes qui toucheraient par terre, s'il acceptait de monter sur l'âne. Mais il ne veut pas nous offrir ce spectacle comique supplémentaire. C'est drôle, mais nous sommes tout de même dans le pétrin. De plus, le propriétaire de cet âne est un tout petit Afghan qui porte le sac à dos avec les pellicules. Un sac qui racle lorsqu'il franchit des blocs de roche trop hauts pour ses jambettes. L'âne et l'ânier forment un couple de carnaval... pas très efficace du côté de la vitesse. Quant aux deux autres ânes, ça va. Ils filent bon train devant, beaucoup plus sûrs que les chevaux. Et puis les ânes, ça mange de tout. Pas de souci à se faire, pas de longs arrêts pour leur donner l'orge indispensable à leur combustion interne. Et puis ça ne lâche pas de pets immondes à vous couper la respiration. Bref, l'âne est propre, économique, résistant. Je n'ose regarder dans le sac de caméra qui a fait les frais de la chute de cet animal acrobate. On verra au Pakistan ce qui reste de l'objectif. Si jamais on y parvient un jour! Il fallait évidemment que nous tombions sur l'âne le plus petit de tout l'Afghanistan!

Nous marchons, d'obstacle en obstacle, d'assistance d'âne en assistance d'âne, ainsi jusqu'à 18 heures, heure de l'entracte nocturne. En cette fin de journée nous décidons d'abandonner l'âne rikiki à un paysan qui, moyennant quelques afghanis, le gardera pensionnaire jusqu'au retour de son proprio mini-guide. Nous nous chargeons comme cela devait arriver, chacun son sac à dos, Bertrand porte le pied de la caméra. Demain... le Pakistan... Peut-être.

Jeudi 11 octobre

Lever 3 heures 30 du matin, départ 4 heures. Après quatre heures de progression, nous apprenons, comme par hasard, que les deux heures de marche prévues initialement pour atteindre la rivière sont devenues huit. Si nous arrivons cette nuit ce sera un miracle. Le pays élastique s'étire sans cesse dans le sens de la rallonge, jamais dans le sens du raccourci!

Vers 10 heures, nous laissons les montagnes dans notre dos. Mehra et le guide nous abandonnent sous un bosquet d'arbres pour aller chercher des moudjahidin chargés de la protection des quelques groupes qui s'aventurent dans cette zone. Trois quarts d'heure plus tard, ils reviennent avec des hommes armés. Des hélicoptères tournent dans le ciel, par patrouille de deux, lentement, d'un bord à l'autre de l'horizon, d'est en ouest. Nous réglons le prix de la location des ânes et chacun se charge du matériel et des pellicules. Ça va nettement plus vite.

La zone frontière est dangereuse. Nous n'avons pas envie de traîner.

Dès le début de l'invasion soviétique, des bombardements sporadiques ont eu lieu sur le territoire pakistanais. Cependant la situation s'est nettement dégradée à partir de janvier 1984. Les points visés sont les bases de départ des moudjahidin vers l'intérieur : Trimangal près de Parachinar ou Badani près de Quetta. Les bombardements les plus meurtriers ont eu lieu en août et septembre 1984, faisant des dizaines de morts, dont des citoyens pakistanais, à Trimangal.
Ce qui inquiète particulièrement les autorités pakistanaises, c'est la concomitance entre ces bombardements et la pression indienne sur la frontière du Cachemire. Les Pakistanais pensent que Soviétiques et Indiens ont programmé une escalade coordonnée contre le Pakistan pour l'amener à cesser de soutenir les résistants afghans, voire pour le déstabiliser.
Face à ces provocations, le gouvernement pakistanais garde un profil bas. il fait semblant d'attribuer les incidents aux seules forces gouvernementales de Kaboul. Il minimise le nombre de morts et évite de concentrer des troupes ou de riposter.
Mais si l'escalade se poursuit, le Pakistan devra répondre ou céder. Dans le premier cas, qui le soutiendra en Occident?

Il est midi, nous sommes assis sous les arbres près d'un moulin à eau qui ne cesse de tourner. Des paysans, attendant leur tour pour faire moudre leurs grains, mangent des épis de maïs qu'ils font griller sur des braises. Par-dessus les arbres passe encore une patrouille d'hélicoptères. Ici, on semble avoir l'habitude de ces insectes. Ils passent dans l'indifférence générale. Notre escorte est partie chercher un bateau. De l'autre côté, nous avancerons dans une vallée, puis aurons une montagne à franchir, une de plus, mais la dernière !

Par contre, il est peu probable que nous puissions atteindre le Pakistan ce soir. Sur ce sujet, les avis de ceux qui nous entourent restent tous contradictoires. Nous allons enfin apprendre ce qui arrivé à Jacques Abouchar.

On vient nous chercher pour prendre place sur une sorte de barge bricolée : deux chambres à air de camion recouvertes d'un plancher de branches assemblées par de la ficelle. Le courant est violent. C'est sûr, nous flotterons mais n'avons aucune chance d'arriver exactement en face. Comme ils n'ont inventé ni la cuillère, ni la fourchette, il était peu probable que les Afghans inventent la rame ou la pagaie : ici on « rame » avec un bâton. Avec un tel instrument le « bateau » est quasiment à la merci du courant. Nous descendons trois cents mètres plus en aval. Les hélicoptères arrivent à nouveau. Il s'en fallait de peu qu'ils ne nous surprennent pendant la croisière. Nous nous accroupissons dans l'herbe haute qui borde la rivière pour les regarder juste sous le flanc, histoire de vérifier qu'ils ne nous laissent pas tomber un cadeau explosif sur la tête.

Sur l'autre rive, la marche reprend, sac sur le dos, à pas rapides. Nous sommes pressés. Mais bien sûr le pépin arrive : nos moudjahidin courageux demandent chacun 2 000 afghanis pour nous mener jusqu'à la prochaine kararga. Mehra est, lui aussi, dégoûté de leur attitude. Une fois leur commandant absent, ils retrouvent leur sens des affaires. On a beau « se battre » (se bat-on vraiment dans cette zone ?), on cherche à faire quelque gain, surtout sur le dos des étrangers. Les journalistes trinquent, comme les médecins. Le problème vient de cette assistance bénévole qu'ont apportée les médecins. Ils ont habitué les Afghans à recevoir sans rien donner en échange. Nous discutons et restons évasifs sur les 2 000 afghanis.

— On verra à l'arrivée...

Nous marchons jusqu'à 17 heures 30. Juste avant d'atteindre la kararga, nos porteurs stoppent et réclament l'argent. Pas question, nous continuons et laissons Mehra se démerder :

— Donne-leur 1 000 afghanis pour les quatre.

A la kararga, cachée dans un repli de montagne, nous sommes reçus par un commandant ouvert et sympa. Il va nous donner de nouveaux porteurs pour nous conduire à un village où nous pourrons louer trois ânes et partir pour le Pakistan au lever du jour. Au lever du jour...

Dans le village, nous sommes reçus dans une superbe maison. On nous sert quantité de petit-lait, du thé sucré et de la viande. Nos hôtes sont délicats, intelligents, mais ce crétin de Mehra, qui adore faire des blagues, a raconté que nous étions Tunisiens. Pourquoi? Pour s'amuser, c'est aussi simple que ça.

Pour m'amuser à mon tour, j'explique au chef du village que le gouvernement tunisien est très favorable à la cause de la résistance afghane.

— Je crois même savoir qu'il va vous faire parvenir cent mille tapis de prière...

Vendredi 12 octobre

On nous réveille à 1 heure 30 du matin. Les trois ânes sont déjà chargés et piétinent devant la porte. Notre hôte nous salue et nous regarde partir dans la nuit. La dernière montagne s'approche de nous, écarte ses maillons de monts et de cailloux, un passage-gorge se dessine, se faufile entre deux falaises, puis monte, lentement d'abord, sèchement ensuite. Nicolas traîne la patte. Il aurait bien dormi quelques heures de plus. Il sait aussi que l'épreuve qui nous attend relève pour lui du quitte ou double : pire, il risque d'être emprisonné par la police pakistanaise et remis aux autorités soviétiques, contre son gré! Nous aussi sommes soucieux. Dix fois, vingt fois nous avons demandé à notre nouveau guide de ne pas se tromper de route, de nous conduire là où il n'y a pas de check-point.

— C'est vital. Nous n'avons pas de passeport et tous les films qui sont avec nous constituent un témoignage sur votre guerre.

Mieux, ces films contiennent la preuve d'un massacre de réfugiés dans les montagnes, les blessures d'un peuple, la destruction de villages, de champs, de canaux d'irrigation. Mais aussi et surtout la preuve d'une résistance acharnée, du courage de quelques Afghans rassemblés dans une même cause.

A 7 heures du matin, NOUS SOMMES AU PAKISTAN : la paix respire dans ces champs intacts qui s'étendent sous nos yeux. Au loin des nuages de poussière signalent la présence de voitures et de bus. Nous ne souffrirons plus, nous sommes libres, vivants, témoins chargés de ce que nous avons vu, de ce que nous allons transmettre.

Quelques jours au Pakistan

Déguisés en moudjahidin, la peau du visage et des mains brûlée par le soleil, le vent et la neige, nous avons franchi sans problèmes les trois postes de contrôle de la police pakistanaise. Dans la jeep que nous avons louée pour rejoindre Peshawar, huit moudjahidin font de la figuration pour que nous nous fondions dans leur groupe. Ça a marché! Nicolas : voilà la liberté. Demain la porte de la France s'ouvrira pour t'accueillir. Demain sera ton problème, ton destin. Bonne chance. Pour nous, tu n'es plus un Soviétique armé et agressif, mais un copain que nous aimons bien, avec qui nous avons partagé les peines, mais aussi les joies. Nous avons gagné. La frontière est franchie.

A Peshawar, avant de foncer vers le luxe de l'hôtel Kayber, l'Inter-Continental local, nous déposons Nicolas dans une maison de Panjshiris. Sans passeport, nous n'osons l'emmener directement avec nous. Trop voyant. « Nous reviendrons te chercher ce soir, ou demain matin, pour te conduire à l'ambassade. » On se salue tout simplement.

A la réception de l'hôtel, nous apprenons que plusieurs Français sont présents, dont un journaliste de la « télévision française ». L'ascenseur occupé, nous courons dans l'escalier. La porte s'ouvre en grand : Alain Guillo, voyageur amoureux de l'Afghanistan, Laurence Laumonier, de *Aide Médicale Internationale*, Alain Boinet, de *la Guilde du Raid*, Pierre Issot-Sergent, grand reporter, et Olivier Warin, digne représentant d'Antenne 2 se lèvent stupéfaits de voir les deux zombies crasseux qui s'avancent dans la chambre :

— Ça alors, c'est la meilleure nouvelle de la journée, s'exclame Pierre, chaleureux.

— Vous êtes vivants! Nous vous croyions prisonniers, vous aussi... Les autorités de Kaboul ont annoncé hier la capture de trois nouveaux « espions » qui doivent être présentés à la télé dans les jours qui viennent!

— Et Abouchar? C'est vrai l'histoire de sa capture?

— Pourquoi crois-tu que je suis là? fait Varin. Abouchar est dans la merde. En France l'opinion publique est complètement mobilisée, toute la presse parle de lui, avec manif à l'appui sur la liberté de la presse.

Bertrand et moi sommes éberlués, nous savions que Jacques s'était fait prendre, bien que ça aurait pu être une fausse nouvelle, et, soucieux de garder le moral et de sauver nos os et nos films, nous avions pris l'habitude de ne pas en parler. Et là, dans l'oasis feutrée de l'Inter-Cont, nous réalisions brusquement que, non seulement nous étions à l'abri dans ce lieu de luxe, prémices réconfortantes du monde occidental, mais que Jacques Abouchar, notre complice de la deuxième équipe qui devait montrer la partie ouest de l'Afghanistan, n'était pas au rendez-vous. Son nom même, sorti de la bouche d'Olivier Warin, journaliste dépêché par Antenne 2 pour suivre et enquêter sur les évolutions de ce qui était devenu déjà « l'affaire Abouchar », semblait perdu au fond de notre conscience, lavée par deux mois et demi de guerre, d'espaces immenses, de visages étrangers; à tel point que notre vrai visage, notre passé, notre morale s'étaient effacés pour laisser place au peuple d'Afghanistan... Et soudain, toute notre aventure devenait d'un seul coup inutilisable et se trouvait rayée d'un trait de plume.

— Alors, Abouchar? C'est bien vrai. Il est vraiment en taule? Merde! Merde! Merde!

Olivier raconte les développements de la campagne de presse qui bat son plein à Paris et dans toute la France. Ce qui nous choquait alors : Abouchar devenait vedette internationale. Sur la scène des médias, il prenait soudain la place que n'avait jamais eue la résistance afghane. Nous téléphonons aussitôt à Michel Thoulouze pour signaler notre arrivée et le prévenir de la présence de Nicolas. Qu'allait-on en faire?

— Vous nous avez donné des sueurs froides, nous avions peur qu'il vous soit arrivé malheur, dira Thoulouze qui ajoute un mot gentil : Ça me fait vraiment plaisir de vous savoir entiers.

Mais pour notre jeune ami soviétique, il est formel :

— Confiez-le aux Afghans, il est hors de question que vous apparaissiez en public. Nous avons caché votre existence. Le Soviétique, c'est encore pire : pour le moment, vous n'existez pas! Vous ne devez pas exister.

Message reçu.

Olivier nous invite à dîner, notre premier dîner. Il remplit une demande de permission (c'est un usage juridique ici, pays musulman où la consommation d'alcool est prohibée, exception faite aux étrangers) pour obtenir une bouteille de whisky... et à la fin du repas, très en forme, nous fait rigoler en nous rappelant à l'ordre :

— N'oubliez pas, mes amis, que je suis le président du Club des Ringards de Peshawar... Et le voilà qui nous fait un discours de bienvenue.

C'est sympa. Le Club des Ringards de Peshawar est une blague que nous partageons avec plusieurs journalistes spécialistes de l'Afghanistan. Jean Bertolino en fait partie, Jérôme Bony aussi. Est accepté comme membre celui à qui il est arrivé une histoire loufoque au moment d'entrer clandestinement dans le pays voisin. Celle d'Olivier vaut son pesant de whisky : ce diable de grand reporter, soucieux qu'il était de passer inaperçu, décida, pour atteindre la zone tribale, de voyager en car avec une trentaine de moudjahidin. Un problème devenu obsessionnel l'empêcha pourtant de dormir la veille du départ : avec sa tête d'Irlandais moustachu et ses yeux bleus, il était hors de question de rêver se faire passer pour un Afghan. Olivier Warin eut alors l'idée géniale de demander aux résistants de louer un bus avec des glaces en verre fumé (ça existe à Peshawar). Seulement sa pensée fonctionnant en roue libre lui signala que la forme de ses yeux le distinguait aussi des autres, des vrais Afghans. Notre héros décida alors de les dissimuler derrière des lunettes noires.

— Mais un type avec des lunettes noires, ça se remarque dans un bus. Aussi ai-je acheté trente paires de lunettes noires...

A l'idée de la tête qu'avaient dû faire les policiers pakistanais en inspectant le bus, nous ne pouvions nous arrêter de rire.

Plus tard, à Peshawar

Deux jours ont passé. Nicolas a été placé sous surveillance, dans une des maisons du Jamiat, ou ailleurs, dans un endroit plus secret, plus discret. Nous ne pouvons le voir, lui dire que nous allons tout faire pour l'emmener en France, plus tard, lorsque Jacques sera libéré, s'il est libéré rapidement.

Nous décidons de rentrer à Paris, l'équipe de notre agence nous attend, nous ne pouvons plus rien faire d'utile ici. Warin accepte de s'occuper de Nicolas, de tout faire pour que l'aide que nous lui avons apportée puisse déboucher sur la France, terre promise. Solidarité de Français. Merci, Olivier, d'avoir tout fait, dans la moiteur de Peshawar.

Bertrand a pris des risques pour aller chercher nos bagages

restés en rade dans un camp du Jamiat, à trois heures de Peshawar. Nous avons annulé notre visite de « courtoisie » au ministre du Nouristan, ce sera pour plus tard. Il a un compte débiteur dans notre mémoire... Il y avait plus grave. Abouchar... et Nicolas.

Et puis l'avion a décollé de Karachi pour franchir la mer, les déserts et les montagnes... C'est ça le progrès de l'aventure humaine.

Épilogue

Nous volons haut. L'hôtesse nous a gâtés en apprenant notre aventure, racontée pour être bien traités! Elle nous confie un plateau de fromages délaissés par les passagers de première classe et deux tournedos sauce béarnaise que nous allons déguster en cachette dans son coin cuisine. Un régal, une retrouvaille, un avant-goût du pays.

Quelques heures plus tard, après avoir crevé le tapis de nuages qui défilaient sous le fuselage, le patchwork bien agencé des champs et des toits de maisons se rapproche. Songeur, tête posée sur le rebord du hublot, je regarde la France. Nous volons maintenant sous un plafond de cotonnade. Les petits panneaux *prière de ne pas fumer; attachez votre ceinture* sont allumés.

— Dressez votre fauteuil, Monsieur, pour l'atterrissage.

Machinalement j'esquisse le geste. Le fauteuil récalcitrant semble ne pas vouloir répondre à ma volonté. Tant pis! Je suis loin, très loin, je regarde la France, et je suis ailleurs, mon esprit caracole, se perd, des bribes de discussions avec quelques moudjahidin me reviennent en mémoire, et surtout ce vent sur la montagne, ces torrents d'eau claire qui nous accompagnaient comme des cascades infinies, cette beauté qui pourtant nous empêchait d'obtenir une bande-son correcte et nous faisait rêver aux salles calfeutrées des studios d'enregistrement parisiens, afin de ne rien perdre du flot de paroles qui se déversait, inépuisable, des bouches de ceux que nous filmions; ces mots, ces révoltes, c'était pourtant là-bas, derrière le bruit continu du vent que nous devions filtrer; nulle part ailleurs, car elles n'auraient plus eu aucun sens; car c'était ici que les mots prononcés par ces hommes, ces résistants du défi, avaient leur vraie valeur et leur message au monde s'accommoderait des avatars techniques produits par une nature abusive, se mettant en avant, voulant à tout prix avoir le dernier mot. Les films, le son seront-ils bons?

— Mesdames, messieurs, nous arrivons à Roissy, la température au sol est de 14 degrés centigrades, vous êtes priés de garder votre ceinture attachée jusqu'à l'extinction complète des voyants lumineux...

L'annonce en anglais était risible. La pauvre hôtesse avait dû l'apprendre sur les bancs d'une école catholique plus versée dans le latin que dans les langues vivantes.

L'aérogare ne me rapprochait pas plus de mon pays. Et pourtant, de l'autre côté des barrières, mes enfants, Adrien. Julien, mes amis, Mathilde. Tous, tous étaient là, à nous attendre, à nous aimer.

Le tourniquet lent et méthodique se chargeait de bagages. Pourquoi ce ne sont jamais les nôtres en premier? L'attente, Bertrand et moi, debout sans savoir quoi se dire, quoi ajouter à tout ce qui venait d'être vécu. Enfouis en nous-même, comme dans les hauts de ces montagnes où la respiration et le rythme de la marche se ralentissent : on s'économise, on garde ses émotions dans le coffre de sa pudeur. L'air là-bas était trop pur.

Ici, le bruit disloqué du monde moderne nous assaille de toute part. Les odeurs des pots d'échappement vont pénétrer nos nez déshabitués. J'étouffe! Partir! Et pourtant je suis heureux de voir, d'entendre, d'être dans ce que j'ai toujours connu : la ville.

Le parcours du combattant se termine, je pousse le caddie vers la station de taxis. Assis, tranquilles, nous glissons sur les courbes douces des échangeurs. Bertrand et moi ricanons niaisement : « On a gagné! On les a eus », mais le « on » c'est nous, nous nous sommes gagnés.

L'embouteillage commence, à peine sorti de l'aéroport. Le chauffeur de taxi nous fait la conversation. S'il savait d'où nous venons! on se garde bien de lui dire. D'ailleurs, il s'en fout. Je raconte, pour faire rigoler mon petit camarade, que nous revenons du Brésil. Bertrand me regarde, lève les yeux au plafonnier, l'air de dire « T'es pas fatigué de tes conneries? » Le chauffeur s'en contrefout. Il revient plein gaz sur le trop-plein de bagnoles à Paris. Je ponctue la conversation de « oui » distraits, on avance pas à pas, tant de voitures. La ville, énorme, m'envahit. Trop, c'est trop. Mais, malgré moi, j'ai envie de sentir la pluie tomber, ruisseler sur l'asphalte, de voir ces bons gros marronniers qui balisent nos places, nos rues et nos jardins publics. J'ai envie de manger, de ma cuisine, de devenir moi-même un cordon bleu, tellement j'ai rêvé de nourriture. Paris. Il ne reste plus qu'à tout raconter, à ces gens furieux de s'être mis eux-mêmes dans cet embouteillage matinal. Klaxons excédés, indignés, petites révoltes sur la route du boulot. « Chacun est seul dans sa voiture. On devient impuissant », fait remarquer le chauffeur.

Je pense à tous ceux qui forment le réseau égoïste, individualiste du monde moderne : comprendront-ils qu'à l'autre bout du monde, à quelques heures d'avion, des enfants se battent et meurent, des hommes résistent à l'oppresseur, se terrent dans des grottes, pourchassés par une grande puissance qui s'applique à détruire ceux qui refusent la soumission?

Le type derrière fait des appels de phare. Et je fais partie de cette communauté, de ces gens anonymes qui se taisent, oublient comme s'ils ne savaient plus rien, comme si l'information n'était que des mots et des images. Je me sens encore ailleurs, mais tout s'embrouille : les Afghans qui ne céderont qu'avec la mort, les jeunes Soviétiques amenés à se battre contre d'autres hommes. Je revois leurs lettres pliées en quatre, précieusement gardées dans les poches de leurs uniformes militaires, ce sont les mêmes souffrances, tout ceci est un malentendu sur une carte d'état-major, ... et ce Russe qui ne rentre pas en France. J'ai envie de crier ma colère. Ma peur aussi.

Parmi les combattants que j'ai accompagnés dans leurs

marches, qu'ils soient Afghans, Tigréens, Angolais, j'ai toujours eu conscience que la caméra que je portais en bandoulière avait plus de pouvoir que leurs fusils d'assaut. Et pourtant je suis conscient des faiblesses de l'aventure journalistique : sommes-nous aussi objectifs qu'il fait bon de le croire? Jusqu'où peut-on aller pour suivre la lutte pour une cause, pour témoigner d'une aventure humaine, qu'elle soit musulmane, marxiste, chrétienne, de gauche, de droite, du centre?

A *InterScoop*, marginaux de la télévision, mais reconnus par elle, en France et surtout à l'étranger, nous sommes intimement conscients que l'aventure des hommes et des femmes de notre époque est exaltante : nous voulons en être des témoins privilégiés. Aller sans préjugés vers les conflits qui perturbent le développement de la communauté planétaire. Mais aussi, vers la construction du monde de demain. Le plus naturellement du monde, nous voulons exercer notre métier, un métier qui contribue à l'épanouissement de nous-mêmes, de notre passion de vivre. Nous ne voulons pas que « journalisme » signifie avant tout recherche du spectaculaire, du scoop, soit synonyme de facilité, de vite fait.

Des mots qui font du vent

A l'heure où mon stylo s'approche du point final de ce livre écrit dans la sueur du voyage, la peur de la guerre, la découverte d'hommes dignes de ce nom, décembre annonce son froid, peut-être sa neige parisienne, promise à la bouillasse. Nicolas n'est toujours pas en France.

Dès notre arrivée, d'hommes politiques en fonctionnaires, Bertrand a cherché une main pour ouvrir la porte d'accueil à ce jeune Soviétique qui a goûté la France par nos manières d'être, par nos paroles, par nos espoirs. A peine avions-nous posé nos bagages que le Quai d'Orsay donnait le ton :

— Surtout pas un mot sur votre reportage en Afghanistan. Vous nous avez foutus dans la merde! Nous sommes en train de négocier le retour d'Abouchar, il en a pris pour dix-huit ans. Alors pas un mot! à personne.

La réalité vue de la fenêtre d'un bureau est plus facile que celle vécue dans la rue.

Bertrand et moi promettons bien évidemment d'attendre que Jacques soit hors de portée des Soviétiques avant de publier nos articles et de montrer le moindre bout de film. Les « autorités » françaises ont peur de l'opinion. Nous, en égoïstes, n'avons que faire des sondages. Je ne vois que Jacques et moi penchés sur une carte d'Afghanistan dans les bureaux de Cognacq-Jay, avec le bedeau qui nous tape sur l'épaule et nous congratule. Ce sont, comme on dit, les risques du métier. Mais la France s'est, ici, dressée pour un des siens. S'il n'était pas journaliste à Antenne 2, aurait-il eu droit au même retentissement national et international? Qu'à cela ne tienne, les Français ont dit à voix haute : « Non », ont manifesté leur indignation, et rien que ça, pour moi, ce fut une révélation. Abouchar, « Tartampion », ça n'avait pas d'importance. L'important est que la masse passive, les gens solitaires, se soient unis et aient bougé pour un homme, un seul.

Mais nous avions ramené dans notre besace un secret fait de chair et de sang. Un jeune Soviétique, prisonnier des moudjahidin, qui avait sympathisé avec eux... Je revois encore dans mon viseur de caméra la scène du départ lorsque les Afghans avaient décidé qu'il repartirait avec nous. Une belle poignée de main, fraternelle. De résistants afghans à un soldat russe, Nicolas, égaré dans cette guerre. Et nous lui avions fait traverser, à ce grand dadais de Russe, la frontière pakistanaise. Nous avons osé. Nous lui racontions la France, terre d'asile, où la paix ne serait pour lui plus jamais un vain mot, la paix et la liberté. Nous y étions, avec lui, comme avec un copain de toujours. Bertrand insistait sans cesse pour que je le filme. Moi, je trouvais inutile de sortir tout un matériel pour Nicolas qui, évidemment, pourrait répondre à toutes nos questions une fois arrivé en France.

— Fais pas chier avec Nicolas.

Hélas! les questions (Depuis combien de temps étais-tu en Afghanistan? Comment était le moral dans l'armée? Que pensais-tu des moudjahidin avant de vivre avec eux? etc.) formulées à l'adresse de Nicolas, sont aujourd'hui, un mois et demi après notre retour, restées sans réponses. Et pourquoi? Les choses qui paraissent, souvent, les plus simples, par je ne sais quel coup du sort deviennent les plus difficiles. Nicolas n'est toujours pas admis en France. Personne, ici, ne veut encore se mouiller. Pire, on a exigé de nous le silence sur cette affaire. Et nous avons tenu notre parole. Mais quelle ne fut pas notre stupeur de rencontrer des journalistes de *Libération*, du *Nouvel Observateur*, qui étaient au courant de cette « affaire ». Qui avait parlé, mettant en danger la sécurité de Nicolas (risque d'assassinat par des extrémistes pakistanais, risques d'être remis aux autorités soviétiques, risques de se retrouver en U.R.S.S., via la Suisse, par la filière Croix-Rouge...)?

La première fois que nous avons pu, Bertrand et moi, manifester notre existence en public, ce fut à l'émission de Hervé Chabalier, *Carte de presse*, consacrée à Jacques Abouchar. Un court extrait de ce que nous avions filmé dans le Panjshir, beaucoup de discours de journalistes soudainement apeurés à l'idée d'avoir à prendre la responsabilité d'envoyer de nouvelles équipes en Afghanistan, un Jacques Abouchar fatigué et négatif sur ces Afghans qui l'avaient si mal escorté, dont il n'avait pu voir que les mauvais côtés... Une tristesse de voir tant d'hommes assemblés pour si peu de courage et de chaleur humaine.

Bientôt le film sortira. Michael Barry nous en a inspiré le titre. Ce sera :

AFGHANISTAN
LES COMBATTANTS DE L'INSOLENCE

Nicolas le verra-t-il le jour de sa diffusion sur l'antenne? Il me semble impensable qu'il ne puisse venir comme réfugié. Faut-il être un dissident célèbre pour en avoir le droit? J'aimerais ne jamais avoir honte d'être Français.

POST-SCRIPTUM POUR MEHRABUDDIN

« Tu nous as bien guidés à travers tant d'aventures. Et cela a rarement été facile. Nous avons râlé, pesté, juré. Mais tu as gardé la tête froide. Grâce à toi, nous avons ramené plus qu'un témoignage, l'intime couleur des êtres qui forment ton peuple. C'est ce que le film montre. Merci. »

Chronologie

La meilleure chronologie pour raconter l'histoire de l'Afghanistan vient d'être publiée dans un ouvrage collectif, *Afghanistan, la colonisation impossible* [1], auquel ont participé Pierre et Micheline Centlivres, Bernard Dupaigne, Étienne Gille, Alain Marigo, Jacky Mathonnat, Jean-José Puig, Gilles Rossignol, Olivier Roy. N'ayant pas la prétention de réinventer l'histoire cette chronologie, nous semble tout indiquée.

I. LES RACINES HISTORIQUES

VIIIe s. av. J.-C.	Naissance à Balkh, au nord de l'Afghanistan actuel, de Zoroastre, fondateur de la religion mazdéenne.
550-545	Conquête de l'Afghanistan par Cyrus.
331-323	Alexandre fonde des colonies grecques dans toute la région.
250	Constitution d'un royaume grec indépendant en Bactriane (nord de l'Afghanistan actuel).
Ier s. ap. J.-C.	Installation de la dynastie Kouchan.
IIe s. ap. J.-C.	Règne de Kanichka. L'Afghanistan est alors essentiellement bouddhique.
Ve siècle	Invasion des Huns hephtalites.
651 (29 de l'hégire)	Prise d'Hérat par les Arabes.

1. © Éditions du Cerf, 1984

871	Le territoire correspondant à l'Afghanistan actuel est à peu près islamisé.
962-1148	Dynastie ghaznévide (dont la capitale est Ghazni). Elle connaît son apogée avec Mahmud qui étend son empire du Khorassân à l'Indus.
1148	Dynastie des Ghorides.
1220-1222	Gengis Khan franchit l'Oxus et saccage tout le pays.
1364	Timur Lang (Tamerlan) conquiert le pays. Dynastie timouride.
1504	Bâbur s'empare de Kaboul et en fait sa capitale. Dynastie des Grands Moghols.
XVIe et XVIIe s.	L'Afghanistan est partagé entre l'influence perse (Safavide) à l'ouest et l'influence des Moghols à l'est.

II. LE ROYAUME AFGHAN SE CONSTITUE ENTRE RUSSES ET ANGLAIS

1747	Création d'un royaume afghan par les Pachtouns Abdali (dits, par la suite, Durrâni).
1747-1772	Règne d'Ahmad Châh de la famille Sadozaï. La capitale est Kandahâr.
1772-1793	Règne de son fils Timur, qui s'installe à Kaboul en 1775-76.
1793-1818	Trois fils de Timur, dont Châh Chodja, se disputent le pouvoir. Les Britanniques obtiennent l'interdiction pour tout étranger non anglais de pénétrer en Afghanistan.
1834	Dost Mohammad est proclamé émir et inaugure la dynastie Mohammadzaï.
1839	Châh Chodja reprend le pouvoir avec le concours d'un contingent de l'armée anglaise.
1841-1842	Extermination du contingent britannique lors de la première guerre anglo-afghane. Châh Chodja est assassiné et Dost Mohammad règne de nouveau jusqu'en 1863.
1855	Traité d'amitié et de non-ingérence avec la Russie.
1868	Le tsar Alexandre II vassalise Boukhâra, qui n'est plus autorisée à recevoir d'émissaires anglais, puis Khiva (1873).
1873	Les Anglais obtiennent du tsar que l'Afghanistan demeure hors de la zone d'influence russe.
1878-1879	Après l'envoi par les Russes d'une mission militaire à Kaboul, les Anglais pénètrent de nouveau en Afghanistan. Ils installent un résident à Kaboul et contrôlent la politique étrangère du pays (traité de Gandomak). Deuxième guerre anglo-afghane.

III. CRÉATION D'UN ÉTAT AFGHAN MODERNE SOUS TUTELLE ANGLAISE

1880	Abdul Rahmân, petit-fils de Dost Mohammad, monte sur le trône.
1884-1885	Les Russes occupent Merv puis se saisissent de l'oasis afghane de Pandjdeh.
1895-1896	Soumission et conversion par Abdul Rahmân du Kâferistân, qui devient Nouristan.
1896	A la suite de différents accords entre les Anglais, les Russes et les Afghans, les frontières de l'Afghanistan sont fixées.
1901	Habibullah, fils d'Abdul Rahmân, monte sur le trône. Il entreprend quelques réformes (1904 : ouverture du premier lycée afghan, le lycée Habibia; 1913 : fondation du premier hôpital).
1907	Par le traité de Saint-Pétersbourg, les Russes s'engagent à ne pas s'immiscer dans les affaires afghanes.
1914-1918	Neutralité afghane dans la Première Guerre mondiale.

IV. UN PAYS INDÉPENDANT QUI S'OUVRE SUR L'EXTÉRIEUR

1919	Assassinat d'Habibullah; son fils Amâmullah monte sur le trône et rejette la tutelle anglaise; troisième guerre anglo-afghane. Les Anglais reconnaissent l'indépendance complète de l'Afghanistan.
1920-1921	Traité d'amitié puis traité de non-agression et de neutralité avec l'Union soviétique. Des relations diplomatiques sont établies avec la Turquie, l'Italie, la Perse et la Grande-Bretagne.
1922	Établissement de relations diplomatiques et culturelles avec la France.
1923-1928	Promulgation d'une série de textes constitutionnels
1924	Rébellion à Khost. Le chef de la rébellion, un *mollâ*, est exécuté en janvier 1925.
1929	Un Tadjik (le « Fils du porteur d'eau ») renverse le roi jugé trop moderniste. Il est lui-même éliminé neuf mois plus tard par le général Nâder, de la famille Mohammadzaï, qui est proclamé roi.
1931	Première Constitution afghane.
1933	Assassinat de Nâder. Son fils Zâher monte sur le trône, mais c'est un frère de Nâder, Hâchem, qui exerce la régence puis devient Premier ministre.
1934	L'Afghanistan entre à la Société des nations.
1939-1945	Neutralité afghane pendant la Deuxième Guerre mondiale.

V. LA POLITIQUE D'ÉQUILIBRE ENTRE LES BLOCS ET LA LIBÉRATION POLITIQUE

1946	Chah Mahmud devient Premier ministre à la place de son frère Hâchem, et libéralise le régime. Création d'un mouvement de jeunesse d'opposition (Wikh-e Zalmayân). Début de l'aide économique américaine à l'Afghanistan. Création de l'université, qui compte à l'origine une centaine d'étudiants.
1947	Création du Pakistan. L'Afghanistan pose le problème du Pachtounistan.
1950	Premier accord commercial avec l'U.R.S.S. De 1950 à 1969 l'aide économique soviétique sera de 638 millions de dollars (dont 85 % de prêts) contre 406 millions de dollars pour les Américains (dont 20 % de prêts) et 83 millions de dollars pour les Allemands de l'Ouest.
1953	Le prince Daoud, cousin et beau-frère du roi, est nommé Premier ministre.
1954	Les Américains refusent d'armer l'Afghanistan contre le Pakistan.
1955	Crise avec le Pakistan : la frontière est fermée de mars à octobre.
1956	Premier plan quinquennal. L'U.R.S.S. commence à équiper l'aviation afghane. La reine paraît en public le visage dévoilé, comme l'avait fait avant elle l'épouse d'Amâmullah.
1960	Traité de non-agression et d'amitié avec la Chine.
1961	Rebondissement de la crise avec le Pakistan. La frontière est fermée de septembre 1961 à juin 1963. L'U.R.S.S. en profite pour renforcer son influence.
1963	Daoud est contraint de donner sa démission et est remplacé par Mohammad Yussof qui n'est ni membre de la famille royale ni même pachtoun. Le roi effectue une visite officielle en U.R.S.S. et aux États-Unis.
1964	Visite du roi en Chine. Le 1er octobre, adoption d'une nouvelle Constitution libérant le régime.
1965	1er janvier : premier congrès du Parti démocratique du peuple afghan; Taraki est élu secrétaire général. 2 mars : normalisation des relations avec le Pakistan. 1er au 3 juin : visite du roi en France. Octobre : élections du Parlement; 4 communistes sont élus. 24 octobre (3 Aqrab) : des manifestations à l'occasion de la réunion du Parlement font trois morts et entraînent la démission du docteur Yussof; Maywandwâl le remplace comme Premier ministre.

1966 Nur Ahmad Etemadi est nommé Premier ministre.
Scission au sein du P.D.P.A. entre le Khalq de Taraki et le Partcham de Kârmal.
Signature avec l'U.R.S.S. d'un protocole concernant l'exploitation du gaz afghan par l'U.R.S.S. jusqu'en 1985.

1968 Constitution de l'organisation des Jeunes Musulmans.
Le 13 novembre : inauguration de la route du Sâlang qui relie Kaboul à l'U.R.S.S. en franchissant l'Hindu Kuch par un tunnel creusé à 3 500 m d'altitude.

1969 L'agitation étudiante provoque la fermeture de l'université pour six mois. Renouvellement du Parlement.

1970 Agitation dans les milieux religieux contre les marxistes et l'occidentalisation des mœurs.

1971 Abdul Zâher est nommé Premier ministre.
L'université est de nouveau fermée de novembre 1971 à avril 1972.

1972 La famine fait 100 000 morts dans les provinces du centre et du nord-est.
Octobre : Gâhez, journaliste antisoviétique, est assassiné.
Décembre : Moussa Chafiq est nommé Premier ministre.

1973 Mars : signature d'un traité avec l'Iran sur le partage des eaux de l'Helmand. Ce traité considéré comme antinational par une partie de l'opinion ne sera jamais ratifié, mais sera néanmoins, semble-t-il, appliqué.

VI. LA RÉPUBLIQUE (1973-1978)

1973 17 juillet : Daoud prend le pouvoir avec l'aide d'officiers nationalistes et communistes et instaure la République.
Le roi abdique en août et s'installe en Italie.
Septembre : Maywandwâl, ancien Premier ministre, progressiste modéré, accusé de complot, est arrêté. On le retrouvera mort dans sa cellule...

1974 Daoud procède à de nombreuses arrestations dans les milieux islamistes. Il commence à se séparer des ministres *partchami*.

1975 Accord économique avec l'Iran qui promet 70 millions de dollars pour des projets agricoles et pour l'étude d'un chemin de fer reliant l'Iran au Pakistan via Kaboul. L'aide iranienne dépasse alors l'aide soviétique. Publication d'une réforme agraire limitant la propriété à 20 ha de terres irriguées.
Un début d'insurrection provoqué par des islamistes échoue au Pandjchir.

1977 Daoud promulgue une Constitution républicaine instaurant un parti unique, se fait élire président pour six ans par une *loya djirga* (assemblée coutumière) convoquée

	par ses soins et forme un nouveau cabinet; Accord commercial de trente ans avec l'U.R.S.S.
	Réunification du P.D.P.A.
	16 novembre : assassinat du ministre du Plan.
1978	Visite de Daoud au Caire, puis en Inde et au Pakistan. Le 18 avril : assassinat de Mir Akbar Khayber, leader communiste; ses obsèques donnent lieu à une importante manifestation.
	Le 27 avril : coup d'État militaire. Daoud et ses proches sont assassinés. Les dirigeants du parti communiste prosoviétique s'installent au pouvoir et proclament la République démocratique d'Afghanistan, dont Taraki est nommé président.

VII. LE POUVOIR COMMUNISTE (1978-1979)

1978	
1er mai	Constitution d'un gouvernement civil formé uniquement de membres du parti.
15 mai	Le firman n° 4 proclame l'égalité de tous les groupes ethniques d'Afghanistan.
	L'U.R.S.S. prend en charge l'organisation des forces de sécurité.
12 juin	Le firman n° 5 retire la nationalité afghane à vingt-trois membres survivants de la famille royale.
Fin juin	La tendance de Babrak Kârmal est mise en minorité. Tous les membres de son groupe sont envoyés en ambassade à l'étranger.
Juillet	Début de l'insurrection musulmane au Nouristan.
12 juillet	Le firman n° 6 abolit partiellement les dettes hypothécaires des paysans.
17 août	Le général Qâder et le colonel Rafi sont arrêtés. Les journaux publieront en septembre des « aveux » selon lesquels ils auraient cherché à renverser le régime.
Octobre	Le firman n° 7 supprime le douaire.
19 octobre	Le régime adopte un drapeau rouge d'où sont exclues les références à l'islam.
2 décembre	Promulgation du firman n° 8 limitant les propriétés à 6 ha de bonne terre.
5 décembre	Signature à Moscou d'un traité d'amitié avec l'U.R.S.S.
1979	
Janvier	La répression se renforce et vise les milieux religieux mais aussi certains milieux progressistes. L'insurrection se développe dans tout le pays. Des réfugiés commencent à parvenir au Pakistan.
14 février	Un commando enlève l'ambassadeur des États-Unis qui

	est tué quand la police — conseillée par un Soviétique — intervient.
15 mars	L'insurrection d'Hérat est écrasée par l'aviation soviétique; des milliers de morts sont dénombrés.
27 mars	Hafizullah Amin devient chef du gouvernement.
23 juin	Un soulèvement populaire dans les milieux hazâras est écrasé dans le sang à Kaboul.
5 août	Échec d'une mutinerie à Kaboul.
14 septembre	H. Amin élimine Taraki qui revenait de Moscou où il avait été reçu par Brejnev.
	Il demande le 6 octobre le départ de l'ambassadeur soviétique qu'il accuse d'avoir comploté contre lui.
Octobre	Offensive des troupes gouvernementales appuyées par des conseillers soviétiques contre les insurgés dans le Paktyâ.
7 décembre	L'ambassadeur d'Afghanistan en Arabie saoudite rejoint le mouvement de résistance en formation.
Du 25 au 27 décembre	Pont aérien entre l'U.R.S.S. et Kaboul. H. Amin est éliminé et Babrak Kârmal est installé au pouvoir par les Soviétiques. Il y a alors environ 400 000 réfugiés afghans au Pakistan.

VIII. L'OCCUPATION (depuis 1980)

1980	
4 janvier	Le président Carter annonce un embargo sur les livraisons de céréales à l'U.R.S.S.
6 janvier	Libération de plusieurs milliers de prisonniers politiques.
14 janvier	L'Assemblée générale de l'O.N.U., réunie en session extraordinaire, demande le retrait immédiat, inconditionnel et total de toutes les troupes étrangères d'Afghanistan.
19 janvier	La Chine suspend les négociations entreprises avec l'U.R.S.S. en vue de renouveler le traité signé en 1950.
29 janvier	La Conférence islamique, des ministres des Affaires étrangères condamne à l'unanimité l'occupation soviétique de l'Afghanistan.
12 février	Interdiction est faite aux journalistes « impérialistes » de séjourner en Afghanistan.
Du 18 au 25 février	Suite de manifestations et de grèves à Hérat, Kandahâr, Djalâlâbâd, Kaboul. La répression fait plusieurs centaines de morts.
Mars	L'armée soviétique attaque la vallée du Kunar, frontalière avec le Pakistan, et en vide la population.
19 mars	Première alliance des partis de Peshawar (à l'exclusion du Hezb-e Islâmi); Abdul Rassul Sayyâf en est élu président.

4 avril	Ratification par le présidium du Soviet suprême de l'U.R.S.S. de l'accord soviéto-afghan sur les conditions de la présence « temporaire » du contingent « limité » des troupes soviétiques en Afghanistan.
20 avril	Publication à Kaboul des « principes de base de la révolution », en attendant l'adoption d'une Constitution.
21 avril	Un nouveau drapeau remplace le drapeau rouge institué en octobre 1978.
Fin avril-début mai	Nombreuses manifestations étudiantes violemment réprimées à Kaboul. Des jeunes filles sont tuées.
8 juin	Radio-Kaboul annonce l'exécution de Kalakâni, leader de la résistance « maoïste ». Plusieurs anciens ministres *khalqi* de H. Amin sont également exécutés.
15 juin	La mission de la Croix-Rouge internationale est expulsée d'Afghanistan.
23 juin	L'annonce du retrait d'une division soviétique se révèle n'être finalement qu'un bluff diplomatique.
Juillet	Une réorganisation gouvernementale consacre la suprématie du courant *partcham* sur le courant *khalq*. Assadullah Sarwâri, vice-premier ministre et chef de la police secrète sous Amin, est nommé ambassadeur en Mongolie.
Juillet	Malgré le mot d'ordre de boycott lancé par les États-Unis, un certain nombre de pays non communistes, dont la France, participent aux Jeux olympiques de Moscou.
Septembre	Première offensive soviétique en vue de reprendre le contrôle de la vallée du Pandjchir.
11 septembre	Le ministre des Affaires frontières est tué en tentant d'obtenir le ralliement de certaines tribus.
20 novembre	L'Assemblée générale de l'O.N.U. renouvelle sa demande de retrait immédiat des troupes étrangères d'Afghanistan et recommande la nomination d'un représentant spécial du secrétaire général des Nations unies en vue d'amorcer des négociations entre les parties intéressées.
1981	
Janvier	Un an après le début de l'occupation soviétique le nombre de réfugiés afghans au Pakistan dépasse 1,4 million. La guerre a fait de 3 000 à 4 000 morts dans les rangs soviétiques.
28 janvier	Sans nommer l'U.R.S.S., la conférence islamique de Taef réclame « le retrait immédiat, total et inconditionnel des forces étrangères » d'Afghanistan. Les résistants afghans n'obtiennent pas le statut d'observateurs.
13 février	La Conférence des ministres des Affaires étrangères des pays non alignés appelle au retrait des troupes étrangères d'Afghanistan.
3 mars	L'Afghanistan est suspendu de la Banque islamique de développement.

5 mars	Détournement d'un avion pakistanais sur Kaboul.
Mars	On signale que l'Égypte et la Chine fournissent des armes à la Résistance.
Du 1er au 5 mai	Le Tribunal permanent des peuples réuni à Stockholm condamne l'intervention soviétique comme une agression au sens du droit international.
2 juin	Les partis nationalistes de la Résistance afghane constituent une alliance tripartite.
11 juin	Sultân Ali Kechtmand devient Premier ministre. Le ministère des frontières devient celui des tribus et nationalités.
15 juin	B. Kârmal forme un front patriotique regroupant les diverses « organisations de masse » créées par le régime.
Août et octobre	Vague d'arrestations dans les milieux de la gauche antisoviétique de Kaboul.
Septembre	Mobilisation des réservistes afghans de moins de trente-cinq ans.
Fin septembre	Les partis libéraux de la résistance organisent une *djirga* (assemblée traditionnelle) dans la région de Quetta ; il n'en ressort pas de décision concrète.
	Le nombre de réfugiés afghans au Pakistan atteint 2,4 millions. Il serait de 1 million en Iran.

1982

13 mars	Nouvelle tentative d'union de la résistance afghane.
14-15 mars	Le premier congrès national du P.D.P.A. à Kaboul doit être écourté en raison des rivalités entre le Khalq et le Partcham.
Du 26 au 28 mars	Conférence internationale de solidarité avec l'Afghanistan à Florence.
12 mai	Inauguration d'un pont routier et ferroviaire sur l'Amou-Daria (à Termez) entre l'U.R.S.S. et l'Afghanistan.
Mai-juin	Nouvelle offensive soviétique dans le Pandjchir. Après en avoir pris partiellement le contrôle, les forces d'occupation ne peuvent s'y maintenir.
28 mai	Arrivée à Genève des trois premiers prisonniers soviétiques confiés par la Résistance afghane à la Suisse.
16 juin	Début de la première série d'entretiens indirects entre le gouvernement pakistanais et les autorités de Kaboul par l'intermédiaire de l'O.N.U. L'Iran refuse d'y participer en l'absence de la Résistance afghane.
16 juin	Adoption par le Parlement européen d'une résolution invitant les gouvernements nationaux à un soutien plus actif à la Résistance afghane.
2 novembre	700 soldats soviétiques et de nombreux civils trouvent la mort, engagés dans le tunnel du Sâlang.
16 novembre	A l'occasion des obsèques de L. Brejnev, Y. Andropov s'emploie à donner l'impression de vouloir se désengager en Afghanistan.

25 novembre	Le gouvernement américain, dans un rapport à l'O.N.U., affirme détenir des preuves irréfutables de l'utilisation par l'U.R.S.S. d'armes chimiques et biologiques.
Décembre	Les autorités militaires soviétiques acceptent un cessez-le-feu temporaire au Pandjchir.
Du 16 au 20 décembre	Deuxième session du Tribunal des peuples qui condamne l'U.R.S.S. pour violation du droit de la guerre en Afghanistan.
20 décembre	L'Afghanistan ouvre un consulat général à Tachkent.
1983	
29 janvier	Arrestation du docteur Augoyard qui sera condamné à huit ans de prison, puis libéré le 9 juin 1983.
23 mars	Le pape Jean-Paul II reçoit trois représentants de la Résistance afghane.
18-23 mai	Un commentateur de Radio-Moscou parle des « envahisseurs soviétiques »...
22 juin	L'ex-roi Zâher Châh souhaite la création d'un front représentatif et uni pour coordonner les activités de la Résistance. Cette initiative entraîne une série de contacts en vue de faire jouer au roi un rôle fédérateur.
24 juin	Échec des conversations indirectes de Genève.
Octobre-décembre et février	Série d'offensives soviétiques sur la plaine du Chamâli au nord de Kaboul. De nombreuses victimes civiles.
19-23 décembre	La Résistance afghane occupe pendant quatre jours le poste frontière de Torkham avec le Pakistan.
1984	
16-19 janvier	Pour la première fois un représentant de la Résistance afghane, le professeur Rabbâni, est admis comme observateur au sommet de l'Organisation de la conférence islamique à Casablanca.
9 février	La mort de Youri Andropov et son remplacement par Tchernenko entraînent un renforcement des opérations et des effectifs militaires soviétiques en Afghanistan.
1er mars	La durée du service militaire obligatoire passe de trois à quatre ans pour les unités stationnées à Kaboul.
20 avril	Début de la septième et plus importante offensive soviétique en vue de prendre le contrôle de la vallée du Pandjchir. Près de 20 000 hommes, en majorité soviétiques, sont engagés dans la bataille.
Août	Des bombardements de l'aviation afghane font plus de cinquante morts en territoire pakistanais.
17 septembre	Un journaliste français d'Antenne 2, Jacques Abouchar, est arrêté au cours d'un reportage qu'il effectuait en Afghanistan. Condamné à dix-huit ans de prison, il sera libéré en octobre.

LE CLANDESTIN
ET QUELQUES AUTRES...

C'est en lisant les livres des autres que j'ai découvert l'Afghanistan. Mes lectures ont été désordonnées, pour ne pas dire anarchiques, à l'intuition, guidées par une curiosité qui s'est peu à peu muée en passion. Sans ordre donc, voici quelques titres d'ouvrages et d'articles auquel le lecteur peut se reporter pour aller plus loin dans sa découverte d'un pays et de ses hommes :

Des ouvrages généraux et historiques

Afghanistan (Princeton University Press 1973, rééd. 1980), Louis Duprée.
Un ouvrage de référence pour découvrir le pays, les hommes et leurs coutumes.

Afghanistan (Le Seuil, coll. Petite Planète, 1976), Michael (Mike pour les amis) Barry.
Le premier livre sur l'Afghanistan vu par cet Américain, poète et voyageur, mais aussi chercheur en langues et civilisation musulmanes à l'université McGill de Montréal. Cet ouvrage avait, en son temps, reçu le Prix des Voyages et celui de la Société nationale de géographie.

L'Afghanistan (P.U.F. « Que sais-je ? »), Michelle et Robin Poulton.
Numéro 1922 d'une collection à l'abord facile et rapide.

Afghanistan (Éditions Silva, Zurich, 1974), Georges Redard.

La Cité des murmures : l'enjeu afghan (J.-C. Lattès, 1983), Jean-Christophe Victor.
Un livre agréable à lire, riche en témoignages, précis dans ses analyses, actuel.

Le Royaume de l'insolence (Flammarion, 1984), Michael Barry.
Un remarquable récit historique qui permet de comprendre les événements d'aujourd'hui. Plus qu'un ouvrage vulgarisateur, le livre de Barry nous fait accéder, par sa poésie intrinsèque, à la dimension magique de ce pays et de ce peuple.

A propos de géographie et d'archéologie

L'Afghanistan (Payot, 1937), R. Dollot.
L'Afghanistan et son art (Ed. du Cercle d'art, 1968), J. Auboyer.
La Géographie de l'Afghanistan (Scandinavian University Books, 1959), J. Humlum.
Tout sur l'Afghanistan (Fernand Nathan, 1977), Anne Yelen.
Tout c'est trop... mais une partie instructive.

Des photographies qui racontent

Caravanes de Tartarie / Mémoires d'Afghanistan (Chêne, 1977/1980).
Afghanistan (Points cardinaux/Réalités/Hachette 1970), Roland et Sabrina Michaud.
Des images merveilleuses sur des espaces et des hommes au temps révolu de la paix. Une invitation au voyage et au rêve.
Afghanistan (Thames et Hudson, Londres, 1959), Max Klimburg, avec Karl Flinker, introduction de Joseph Kessel.
De superbes photographies d'autrefois.

Les peuples afghans, des approches plus ou moins vécues

L'Afghanistan et ses populations (Complexe, 1976), Jean-Charles Blanc.
Au Registan inexploré (Berger-Levrault, 1972), François Balsan.
Contes d'Afghanistan (Stock Plus, 1981), Abdurrahman Pazwak.
Contribution à l'étude des Kirhiz du Pamir afghan (Publications orientalistes de France, 1975), Rémy Dor.
Le Pamir : une langue de territoire afghan, entre l'U.R.S.S., la Chine et le Pakistan, d'où les populations ont été déplacées depuis 1980.
Légendes et coutumes afghanes (P.U.F., 1953), Ria Hackin et Ahmad Ali Kohzad.

La société afghane

Aperçu sur quelques techniques afghanes (in « Objets et Mondes », Musée de l'Homme, Paris, 1968), Bernard Dupaigne.
Un ethnologue qui ose être parfois clandestin pour continuer à étudier le peuple afghan malgré la guerre. Il est aussi un des plus discrets auteurs spécialistes de la revue éditée par l'AFRANE (Amitié franco-afghane) *Les Nouvelles d'Afghanistan.*
Condition de femmes en Afghanistan (Éditions sociales, 1980), Simone Bailleau-Lajoine.
Un livre favorable aux actions du régime de Kaboul.
Des femmes d'Afghanistan (Éd. Des femmes, 1980), Isabelle Delloye.
Étude et expérience d'une Française qui a longtemps vécu en Afghanistan.
Un bazar d'Asie Centrale, forme et organisation du bazar de Tashourghan (Wiesbaden, Reichert Verlag, 1971), Pierre Centlivres.
Ethnologue suisse, l'auteur est un excellent spécialiste de l'Afghanistan. Avec

Micheline Centlivres-Demont, on lui doit aussi de nombreux articles comme ceux parus dans la revue « Commentaire » n° 16 (hiver 81/82), dans la « Revue européenne des sciences sociales et Cahiers Vilfredo Pareto, Genève » 18, n° 53, 1980, dans « Actes de la recherche en sciences sociales, Paris » n° 34, 1980.

La guerre des paysans.
Important papier de Olivier Roy, paru dans « Les Révoltes logiques, n° 13, 1981 » qui donne une bonne explication de la réalité de la résistance, à une époque où les autorités de Kaboul faisaient encore état de lutte « contre des bandits ».

Les bazars de Kaboul (Hier et demain, 1979), A. Velter, E. Delloye, M.-J. Lamothe.
Un voyage rigoureux et passionnant à travers les ruelles les plus secrètes des bazars de Kaboul. Un puits de science sur l'artisanat local, le commerce et les commerçants afghans, lorsque les militaires soviétiques étaient encore absents de ce pays.

Le K.G.B.; une nouvelle politique en Afghanistan.
Un remarquable et brillant article de Jean-José Puig, paru dans « Afghanistan Info », janvier-février 1984.

Pour comprendre l'Islam made in Afghanistan

An account of the Kingdom of Caubul (Oxford University Press, 1815, rééd. en 1972), Mountstuart Elphinstone.
Un indispensable ouvrage en deux volumes.

Governement and Society in Afghanistan (University of Texas Press, Austin and London, 1979).

L'Islam en Afghanistan (Dossier spécial publié par « Les nouvelles d'Afghanistan »), n° 12-13, éd. AFRANE, 1983.
A lire pour ceux qui ont peur de l'Islam.

The Islamic Law and Constitution (Lahore, ed. Islamic Publications, 1955 & 1980).

The Jama'at-i Islami of Pakistan (Lahore, Progressive Books, 1978).

The Politics of Afghanistan (Cornell University Press, 1972).

Qu'est-ce qu'une révolution religieuse? (Les Presses d'aujourd'hui, 1982).

Religioses volksbrauchtum in Afghanistan (Wiesbaden, Franz Steiner Verlag, 1977).

Des ouvrages et des articles favorables à l'U.R.S.S.

Dans Kaboul aux prises avec ses rebelles (Le Monde diplomatique, septembre 1983), Konrad Ege.

In Afghanistan's shadow : Baluch Nationalism (New York, 1981), Selig Harrison.
Défendre le nationalisme baloutche pour justifier l'intervention soviétique en réponse à l'intransigeance des États-Unis. Il est vrai qu'à une époque, Kissinger a rejeté le problème baloutche d'un revers de la main comme n'ayant aucun intérêt...

L'Union soviétique peut-elle retirer ses troupes? (Le Monde diplomatique, septembre 1983), Lawrence Lifschultz.
Papier qui justifie la présence soviétique. Traduit en anglais il a contribué à

amener plusieurs intellectuels indiens à « soutenir » la présence soviétique en Afghanistan.
Revolution in Afghanistan (New Left Review, London, nov./déc. 1978).
Révolutionary Afghanistan (Londres, 1982), Berverly Male.
Origines et mécanismes de la prise du pouvoir du Parti communiste afghan.
La vérité sur l'Afghanistan (Agence Novosti, Moscou, 1980).

Pour savoir comment est né l'État afghan

Afghanistan (Princeton University Press, 1974), Kerr Fraser-Tytler.
Afghanistan (The Modernization of Afghanistan, 1964), F. R. Farid.
Afghanistan dar Qoran-e Nozdah (Imprimerie du gouvernement, Kaboul, 1964).
Idéologie et pouvoir en Afghanistan (DES Paris I, 1976), Habib A. Zekria.
Istorija Afghanistana (Moscou 1964-1965), V. M. Masson et V. A. Romodin.
Journal of a Political Mission in Afghanistan (London, Smith and Elder, 1857), H. W. Bellew.
The emergence of modern Afghanistan (Stanford University Press, 1969), Vartan Gregorian.
Couvre la période située entre 1880 et 1946.
The Life of Amir Dost Mohammed Khan (Londres, Longmans, 1846), Mohan Lal.
Les institutions afghanes et le droit musulman traditionnel (Université de Paris I, 1974), Gilles Rossignol.
Période allant de 1747 à 1974.

Des ouvrages sur l'économie

L'Afghanistan et les aléas de la coopération (P.U.F., 1972), Gilbert Étienne.
L'industrie dans l'économie afghane (CINAM, 1970).
Les intérêts économiques et l'U.R.S.S. en Afghanistan (Dossier n° 7 des « Nouvelles de l'Afghanistan », éd. Afrane, 1981).

Les communistes d'Afghanistan

Afghanistan's two party communism : parcham and Khalq (Stanford University Press, 1983), Antony Arnold.
Afghanistan and the Soviet Union (Duke University Press, Durham, N.C., 1983), Henry S. Bradsher.
Afghanistan under the Khalq (in « Problems of Communism », juillet-août 1979), Louis Duprée.
L'Afghanistan, structures sociales et enjeux politiques (Polycopié, 1982), François Houtart.

The Soviet invasion in perspective (Stanford University Press, 1981), Antony Arnold.
Revolution in Afghanistan (In New Left Review, Londres, n° 112, novembre-décembre 1978), Fred Halliday.

A propos de l'occupation soviétique et de la résistance

Afghanistan, le poids du réel (in Études polémologiques n° 27, 1983), Gérard Viguié.
Guerre en Afghanistan (Table Ronde, 1984), Patrice Franceschi.
Un ouvrage simple et clair.
Guerre et déplacement en Afghanistan (in Ethnologica Helvetica, 1984), Guillo, Puig, Roy.
Ils ont choisi la liberté : la guerre d'Afghanistan (Arthaud, 1981), Patrice Franceschi.
Six mois en Afghanistan racontés comme si vous y étiez. Le premier long récit d'un voyageur dans les maquis afghans.
Rapport sur la résistance afghane (Berger-Levrault, 1981), Gérard Chaliand.
Un spécialiste des mouvements de guerilla analyse la résistance à travers une expérience sur le terrain.
The Soviet occupation of Afghanistan (Far Eastern Economic Review Ltd ed., Hongkong, 1983), John Fullerton.

A paraître au cours de l'année 1985

Afghanistan : Islam et résistances (Le Seuil), Olivier Roy.
Sans aucun doute le futur livre de référence sur l'Afghanistan. Un ouvrage attendu, écrit par un spécialiste qui ne manque pas d'humour et a l'avantage, outre sa science, de s'être rendu régulièrement sur le terrain pour parfaire ses analyses. Un homme de pensée et d'action...
Afghanistan : occupation and résistance (Croom, Helm Limited, London/Saint-Martins Press, New York), Edward Girardet.
Un survol des cinq premières années de la guerre. Écrit par un journaliste américain qui connaît bien le terrain puisqu'il a fait un séjour officiel à Kaboul et cinq voyages avec la résistance.

Des périodiques favorables à la résistance

Afghan Information Center (Peshawar, 55-B Jamaluddin Afghani Road, University Town; PO Box 228 : S. B. Madroûh; tél. : 40943).
Réalités afghanes/Afghan Realities (Relais européen de l'Afghan Information Center, Paris 1981-1982 : H. Assefy et M. Barry).
Les nouvelles d'Afghanistan (Édité par AFRANE, Amitié franco-afghane : BP 254, 75524 Paris Cedex 11).
Afghanistan Info (Comité suisse de soutien au peuple afghan; M. Centlivres : 2, rue de la Serre, Neuchâtel).
Défis Afghans (Revue d'information et d'analyse éditée par le Bureau International Afghanistan : 24, rue de Chaligny, 75012 Paris).

Achevé d'imprimer
le 3 janvier 1985
sur les presses de
l'Imprimerie Hérissey
à Évreux (Eure)

Imprimé en France
Dépôt légal : janvier 1985
N° d'édition : L 184 — N° d'impression : 36217
ISBN 2-221-04709-5